Liebe Leserin, lieber Leser

Warum hat niemand Hitler schon vor dem Ausbruch des Zweiten Weltkriegs gestoppt? Innenpolitisch ist diese Frage schnell zu beantworten: weil es den Nationalsozialisten 1933 innerhalb weniger Monate gelang, jede Opposition brutal zu zerschlagen – und weil die Reichswehr, der wichtigste Machtfaktor in Deutschland, die Politik Hitlers unterstützte.

Aber außenpolitisch? Wieso haben die großen Mächte lange Zeit nicht erkannt, dass keine 20 Jahre nach dem Ende der ersten Weltenschlacht erneut ein Kriegstreiber an der Spitze des Deutschen Reichs stand? Weshalb hat sich ihm keiner vor jenem verhängnisvollen 1. September 1939, an dem der Zweite Weltkrieg begann, in den Weg gestellt?

Die Antwort ist ernüchternd: weil die meisten Mächte entweder mit Hitlerdeutschland verbündet waren oder kein Interesse an einer Auseinandersetzung hatten – oder weil sie sich schlicht zu schwach fühlten.

Zu der ersten Gruppe gehörten Japan und Italien, die eine ähnlich rechtsradikale Politik verfolgten wie Deutschland, zur zweiten vor allem die USA, in denen einflussreiche „Isolationisten" durchsetzten, dass sich Washington aus den Konflikten jenseits des Atlantiks heraushielt. Und zur Gruppe der Schwachen gehörten die UdSSR, Frankreich und Großbritannien:

• In Moskau versuchte der Sowjetdiktator Josef Stalin, durch einen Nichtangriffspakt mit Berlin ein paar Jahre Zeit zu gewinnen, um seine Armee auf den von

Heft 1 über die frühen Jahre der NS-Diktatur

2010 erschienen: zwei Ausgaben über den Weltenbrand

ihm erwarteten Krieg gegen Deutschland vorzubereiten;

• in Paris regierte eine sozialistische Koalition, die mit massiven innenpolitischen Konflikten befasst war und zudem nur gemeinsam mit Großbritannien gegen Deutschland vorgehen wollte;

• und in London stand mit Premier Neville Chamberlain ein „Appeaser" an der Spitze des Kabinetts, ein Beschwichtiger, der es als seine unbedingte Aufgabe ansah, einen weiteren europäischen Krieg zu verhindern (und der lange Zeit in Stalin eine größere Gefahr sah als in Hitler).

Trotzdem wäre es vielleicht noch im September 1938 möglich gewesen, das NS-Regime (zumindest außerhalb der Grenzen Deutschlands) zu stoppen, wenn sich die drei großen europäischen Mächte in ihrem Vorgehen einig gewesen wären.

Ihre Schwäche – eine Kombination aus militärischer Machtlosigkeit und politischem Unvermögen – war die Stärke des Gewaltherrschers Hitler.

*

Das vorliegende Heft ist die Fortsetzung der im Oktober 2012 erschienenen Ausgabe über die ersten Jahre des NS-Regimes – und schließt die Lücke zu den zwei im Sommer 2010 herausgegebenen Heften über den Zweiten Weltkrieg.

Damit haben wir der finstersten Periode der deutschen Geschichte insgesamt rund 700 redaktionelle Seiten gewidmet – wenn man die vor einigen Jahren erschienenen Ausgaben über das Kriegsende und die Nachkriegszeit hinzurechnet, sind es sogar gut 1000.

Ich vermute, Sie teilen unsere Einschätzung, dass dies dem für uns Deutsche so bedrückenden Thema angemessen war.

*

Ich darf Sie über zwei neue Projekte unserer Redaktion informieren. Zum einen stehen seit einigen Wochen erstmals drei GEO*EPOCHE*-

eBooks mit jeweils acht bis zehn historischen Reportagen zum Download bereit (*www. geo.de/ebooks*).

Die Themen dieser Bücher, die aus bereits veröffentlichten Beiträgen neu zusammengestellt wurden: „Die großen Katastrophen" (vom Untergang Pompejis bis zum 11. September), „Gangster, Mörder, Attentäter" (von Al Capone bis Lee Harvey Oswald) sowie „Die großen Entdecker" (von Leif Eriksson bis Thor Heyerdahl). Dies sind die ersten digitalen Produkte aus unserer Redaktion – weitere werden folgen.

Zum anderen starten wir am 13. Februar 2013 eine neue Magazinreihe: GEO*EPOCHE* PANORAMA. Dieses Heft, das im Großformat und auch sonst in gleicher Ausstattung erscheint wie GEO*EPOCHE* EDITION, setzt noch stärker als GEO*EPOCHE* auf die Macht des Bildes: Auf 132 Seiten werden wir in Zukunft alle sechs Monate einen historischen Zeitabschnitt in opulenter Optik vorstellen – in großen Fotostrecken, die einen starken visuellen Eindruck von dieser längst vergangenen Ära vermitteln sollen. Ergänzt werden die Bilderschauen durch kurze Textessays zu den wichtigsten Themen der damaligen Zeit.

Die erste Ausgabe von GEO*EPOCHE* PANORAMA präsentiert „Deutschland zur Kaiserzeit". Mehr über das neue Projekt erfahren Sie auf Seite 170 – und in der nächsten Ausgabe von GEO*EPOCHE*.

Ihr

Geschichten über Gangster und andere: die neuen eBooks von GEO*EPOCHE*

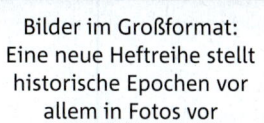

Bilder im Großformat: Eine neue Heftreihe stellt historische Epochen vor allem in Fotos vor

DIE GENERALPROBE

Am 26. April 1937 greifen Piloten der deutschen «Legion Condor» das baskische Städtchen Guernica an, zerstören den Großteil der Gebäude und töten mehrere Hundert Männer, Frauen und Kinder. Deutschland unterstützt im Spanischen Bürgerkrieg die Truppen unter dem Putsch-General Francisco Franco. Die Einsätze dienen der Luftwaffe zum Training ihrer Piloten – für das Rest Europas sind sie eine Vorahnung des kommenden Bombenkriegs.

HOFSTAAT in den Alpen

Die KUNST und die MACHT

EIN VOLK VOR DEM GERICHT DER GESCHICHTE

Die Verbrechen des NS-Regimes sind erforscht und dokumentiert, doch die Schuldfrage bleibt bis heute offen: Waren die größtmöglichen Deutschen Komplizen oder Opfer? Wollten sie den Krieg? Hätten sie Adolf Hitler stoppen können? Der britische Historiker Sir Richard J. Evans über die Thesen von Tätervolk, die Möglichkeit zum Widerstand – und die Verantwortung der Nachgeborenen

VOR aller AUGEN

Am 9. November 1938 eskalieren die seit Jahren andauernden antisemitischen Schikanen zu blinder Gewalt. In einem sorgfältig inszenierten Pogrom lässt das NS-Regime jüdische Gotteshäuser und Geschäfte verwüsten. In Bremen leiden der 15-jährige Martin Bialystock, seine Mutter und ihre Schwester Todesangst.

EINE STADT FÜR DIE »WELTHERRSCHER«

GERMANIA

GRÖSSENWAHN Adolf Hitler träumt von der Weltherrschaft.
Und will Berlin zur »Welthauptstadt Germania« umbauen.
Seite 42

1935–1939: »APPEASEMENT«

DER BETRUG VON MÜNCHEN

»APPEASEMENT« Hitlers Außenpolitik wird immer
aggressiver. Trotzdem machen die Westmächte Zugeständnisse.
Seite 100

SOMMER 1939

Abschied vom FRIEDEN

SOMMER 1939 Während die einen sonnenbaden, erhalten
andere Einberufungsbefehle – und warten auf den Krieg.
Seite 130

REDAKTIONSSCHLUSS: 23. November 2012

Alle **FAKTEN,** Daten und Karten sind vom GEOEPOCHE-Verifikationsteam auf
ihre Richtigkeit überprüft worden. Kürzungen in Zitaten sind nicht kenntlich
gemacht. **FOTOS** dienten im Nationalsozialismus vor allem der Propaganda.
Die Redaktion ist sich dessen bewusst und hat darauf geachtet, diese Bilder so
zu präsentieren, dass sie sich selbst entlarven: als Dokumente einer dunklen
Zeit. Zudem sind **NS-BEGRIFFE** in Anführungszeichen gesetzt, etwa das von
der Propaganda beschworene „Sudetenland" (der deskriptive Terminus
Sudetengebiete dagegen nicht). Im ersten Heft über „Deutschland unter dem
Hakenkreuz" ist ein **GLOSSAR** abgedruckt, das die wichtigsten NS-Begriffe
erklärt. Dort findet sich auch der erste Teil der **GALERIE** von NS-Protagonisten,
die hier fortgeführt wird.

Ein Verzeichnis mit den Themen aller
GEOEPOCHE-Ausgaben ist im Internet
unter *www.geo-epoche.de* zu finden.

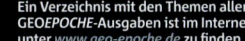

GEOEPOCHE.de

DIE RUHE

1937: Vier Jahre ist das NS-Regime nun an der Macht. Es hat den Rechtsstaat
den Versailler Vertrag gebrochen. Und dennoch ist die Zustimmung in der Bevölke
Die Deutschen feiern Adolf Hitler dafür, dass er Ordnung und beginnen
Und so trägt das Volk die Regierung auch, als die – nach kurzer Phase der Ruhe
Rüstung intensiviert und sich auf einen Kampf um die Welt

Zur Eröffnung des Reichsparteitags im September 1937 posieren
NS-Größen mit Adolf Hitler – darunter SS-Führer Heinrich Himmler, SA-Chef
Viktor Lutze, der NSDAP-Spitzenfunktionär Rudolf Heß sowie Julius
Streicher, Herausgeber des antisemitischen Kampfblatts »Der Stürmer«
(erste Reihe, von links). Während der Zusammenkunft verstärkt der
Diktator seine Hetze gegen die Juden und kündigt kurz darauf bei einer
Geheimbesprechung einen baldigen Expansionskrieg an

VOR DEM STURM

durch Terror und Willkür ersetzt, Juden und politische Gegner verfolgt und ermordet,
rung hoch, ist der Widerstand, nicht allein wegen Geheimpolizei und Propaganda, minimal.
den Wohlstand gebracht hat, Arbeit und neues nationales Selbstbewusstsein.
– ihren Kurs weiter radikalisiert. Als sie die Ausgrenzung der Juden verschärft, die
herrschaft vorbereitet TEXTE: JENS-RAINER BERG

Schüler treten in Reih und Glied mit Hitlergruß vor ihrem Lehrer an. Zu Beginn und am Ende des Unterrichts müssen die Kinder dem Reichskanzler Salut entbieten. Vor allem die Fächer Deutsch und Geschichte sind nun auf die NS-Ideologie ausgerichtet. Zudem stehen viel »körperliche Ertüchtigung« sowie »Rassenkunde« auf dem Lehrplan. Und militärisch Relevantes wie etwa Funktechnik

NACHWUCHS FÜR DEN GROSSEN KAMPF

Längst hat das Regime alle Lebensbereiche durchdrungen, formt durch
Propaganda und eine gelenkte Kunst das Denken der Bevölkerung. In den
Schulen werden Kinder nicht nur auf den Glauben an den »Führer« getrimmt,
sondern auch auf Wehrhaftigkeit und Opferbereitschaft – Eigenschaften,
die sie auf das Soldatendasein einstimmen sollen

Die schärfste antisemitische Agitation betreibt allwöchentlich die
Zeitung »Der Stürmer«, die Hunderttausende Exemplare pro Ausgabe
verkauft und auch an vielen öffentlichen Schaukästen gelesen wird.
Manche Berichte sind so abstrus und mitunter pornografisch aufberei-
tet, dass sogar die NSDAP einzelne Ausgaben verbieten lässt

ESKALATION DES HASSES

Schritt für Schritt hat die Entrechtung der Juden seit 1933 zugenommen – und verschärft sich 1938 nochmals: Der Staat und deutsche Firmen bereichern sich massiv an jüdischem Besitz; jüdische Kinder dürfen keine deutschen Schulen mehr besuchen; fast alle selbstständigen Berufe sind Juden nun verboten. Im November 1938 wird aus bürokratischer Diskriminierung brachiale Gewalt: bei landesweit inszenierten antisemitischen Pogromen

Waffen um jeden Preis

Seit 1936 gilt ein »Vierjahresplan«, der Deutschland bis 1940
mit aller Macht aufrüsten und autark machen soll. Der Kraftakt,
der die Leistungsfähigkeit der Wirtschaft eigentlich übersteigt,
wird zumeist über die Notenpresse finanziert, ohne Rücksicht auf
ökonomische Konsequenzen – und schließlich nur noch mit
einer Alternative: Bankrott oder Krieg

Heer, Luftwaffe und Marine werden drastisch ausgebaut, hier der Stapel-lauf des Schlachtschiffs »Gneisenau« (rechts, daneben der Schwere Kreuzer »Blücher«) in Kiel Ende 1936. Doch viele Rüstungsvorhaben sind nicht durchdacht: So wäre der Mineralölbedarf der im Jahr 1938 geplanten Schiffe fast so hoch wie der Verbrauch des gesamten Landes in einem Jahr

ARBEITSSKLAVEN DES REGIMES

Systematisch und mit Blick auf den zukünftigen Krieg erweitern SS und
Gestapo ihren Komplex von Konzentrationslagern – wohl um durch Terror
die Heimatfront zu festigen, aber auch, um die Inhaftierten wie Leibeigene
für Rüstung und Hitlers monumentale Bauprojekte auszubeuten

Von Uniformierten bewacht, schuften Häftlinge 1938 im KZ Dachau. Die Insassen – vor den antisemitischen Pogromen im November 1938 vor allem sogenannte »Asoziale«: Bettler, Alkoholiker, Prostituierte sowie Sinti und Roma – werden von sadistischen Wärtern gequält, viele sterben. Später, im Krieg, wird der Mord zum System

Die Begeisterung von Frauen für Adolf Hitler nimmt mitunter fast erotische Züge an.
Bewusst kultiviert der Diktator das Bild des ungebundenen, mönchischen Erlösers, auf
den sich weibliche Sehnsüchte richten können. Nähe lässt er kaum zu, es sei denn,
es ist – wie bei diesem Besuch einer Gruppe vom »Bund Deutscher Mädel« auf seiner
Sommerresidenz am Obersalzberg im Juli 1939 – propagandistisch geboten.

VEREHRUNG DES TYRANNEN

Adolf Hitlers Beliebtheit bei den Deutschen ist groß. Die meisten
sehen in ihm jenen genialen Staatsmann, den die Propaganda unentwegt
beschwört, begrüßen außenpolitische Triumphe wie den »Anschluss«
Österreichs im März 1938, billigen Gewalt gegen »Volksfeinde«. Negatives
wird meist nicht ihm angelastet, sondern seinen Untergebenen

POLITIK DER OFFENEN AGGRESSION

Immer rabiater betreibt Hitler seine Außenpolitik. Der Einverleibung Österreichs folgt die Annexion des tschechoslowakischen »Sudetenlandes«. Die Westmächte lassen Hitler gewähren, weil sie die neue militärische Stärke des Deutschen Reichs fürchten – und die Skrupellosigkeit des Diktators unterschätzen

Als Zeichen der Stärke an das eigene Volk und zugleich zur Einschüchterung des Auslands präsentiert die NSDAP auf ihrem Parteitag 1937 schweres Geschütz. Inzwischen wird fast die Hälfte des deutschen Staatshaushalts für Waffen ausgegeben. Doch noch halten viele Militärs einen Krieg für nicht zu gewinnen

VORBEREITUNG AUF DEN WELTENBRAND

Im Frühjahr 1939 weist Hitler die Wehrmacht an, den Überfall auf
Polen zum Herbst zu organisieren. Für den Diktator beginnt damit der letzte
große Kampf: die Eroberung von »Lebensraum« im Osten, das Ringen
um die Weltmacht gegen den Bolschewismus. Das Volk lehnt diesen Krieg
zwar ab, stellt sich aber dennoch willfährig auf ihn ein

Gespenstisch mutet diese Luftschutzübung in einer Berliner Schule am
31. August 1939 an. Lehrer und Schüler tragen die »Volksgasmaske«, die bei
Angriffen helfen soll. Deutsche Truppen stehen bereits an der polnischen
Grenze. Einen Tag später wird der Zweite Weltkrieg beginnen ☐

VERFÜHRUNG

Hitlers Deutschland ist ein Unrechtsstaat. Doch obwohl die millionenfachen NS-Verbreche

VON MATHIAS MESENHÖLLER

Manche sagen nach wie vor unbeirrt „Guten Tag" oder „Grüß Gott" statt „Heil Hitler!". Andere ziehen weiterhin vor ihrem jüdischen Nachbarn den Hut. Kommunisten und Sozialdemokraten, die in den Untergrund gegangen sind, verbreiten illegale Broschüren und Flugblätter. Jugendliche pinseln nachts heimlich Anti-NS-Parolen auf Mauern. Ein Pastor lässt die Hakenkreuzflagge von seinem Kirchturm herunterholen, ein Amtsbruder verurteilt von der Kanzel die Gewalt gegen Juden. Freundeskreise verstecken Verfolgte, helfen ihnen bei der Flucht. Konservative Politiker versuchen auf konspirativen Wegen, der britischen Regierung einen härteren Kurs gegen Hitler abzuringen. Verzweifelte Offiziere planen einen Staatsstreich.

Es ist nicht so, als wenn es im Nationalsozialismus keinerlei Opposition gegeben hätte.

Doch die Zahl derjenigen, die dem Regime die Gefolgschaft verweigerten, blieb gering – und noch weitaus weniger Menschen leisteten aktiv Widerstand. Einzelpersonen, kleine Gruppen. Nie steht eine geschlossene Organisation, eine Klasse, ein größerer Teil der Nation gegen Hitler auf. Die große Mehrheit hält still oder begrüßt gar die Diktatur.

Die Voraussetzungen für die Stabilität des Regimes schaffen die Nationalsozialisten in den ersten Monaten ihrer Herrschaft, als sie die Organisationen von Kommunisten, Sozialdemokraten und Gewerkschaften zerschlagen. Zehntausende sitzen zeitweilig in Gefängnissen und Konzentrationslagern ein, viele werden gefoltert, Tausende ermordet. Anschließend ist die Arbeiterbewegung gebrochen.

Oft weniger brutal, aber ähnlich wirksam tyrannisiert das Regime Parlamente, Verwaltungen und Universitäten, löst bürgerliche Parteien, Jugendbünde, Vereine auf oder schaltet sie gleich. Auch werden „Blockleiter" ernannt – Parteiverantwortliche für 40 bis 60 Haushalte. Ihr Auftrag von der NSDAP: „Sich um alles zu kümmern. Der Blockleiter muss deshalb alles erfahren. Er muss sich überall einschalten."

Dazu führt ein Blockleiter penibel Kartei über „seine" Haushalte, wer welcher Vereinigung angehört, wer wie viel bei Sammelaktionen spendet, feiertags eifrig oder weniger eifrig flaggt, politisch zuverlässig oder suspekt erscheint.

Er ist der erste Ansprechpartner für Denunzianten und vermittelt den Menschen das Gefühl, permanent kontrolliert und beobachtet zu werden. Nachbarn, Kollegen und Bekannte, ja selbst Verwandte sollen von jedem Bürger als potenzielle Gefahr angesehen werden.

Dazu bedarf es nicht einmal eines sonderlich starken Sicherheitsdienstes: Schon bald liefern Deutsche andere Deutsche auch ohne Druck oder Not ans Messer der Gestapo, der „Geheimen Staatspolizei": aus Furcht, oder um einem Konkurrenten zu schaden, oder aus simpler Gemeinheit.

Und häufig aus voller Überzeugung.

DENN JE LÄNGER HITLER HERRSCHT, desto erfolgreicher ist die NS-Parole von der angeblichen „Volksgemeinschaft", in der die Unterschiede zwischen den Klassen aufgehoben sind und von der alle „Volksgenossen" auch wirtschaftlich profitieren. Und tatsächlich schaffen Konjunkturprogramme und Aufrüstung Arbeitsplätze (wenn auch weniger, als die Statistiken ausweisen). Es gibt soziale Vergünstigungen, populäre Angebote wie das Reiseprogramm der „Kraft durch Freude"-Organisation etwa. Doch ob die Reallöhne wirklich steigen, ist heute zumindest umstritten; allemal werden die Arbeitszeiten länger. Besondere Konsumgüter wie der „Volkswagen" bleiben zudem für die meisten Deutschen unerschwinglich, bloße Verheißung. Historiker werden später zeigen, dass auch im Nationalsozialismus die scharfen Klassengegensätze der Weimarer Republik fortbestehen.

Die Parole von der „Volksgemeinschaft" wirkt vor allem im Kopf, als Utopie. Als Glaube an eine Gesellschaft, in der jeder seinen Platz hat, auf dem er gewissenhaft wirkt und anerkannt ist, Schutz vor Not und „Volksfremden" genießt. In der Ordnung herrscht. Nach dem „Parteienhader" der ungeliebten Weimarer Demokratie liegt darin das vielleicht stärkste Motiv, den autoritären Staat anzunehmen: dass zumindest oberflächlich Deutschland einig ist, scheinbar straff und energisch geführt wird.

Oft jedoch treibt blanke Niedertracht die „Volksgenossen". Angestellte erpressen ihre Dienstherren; andere schwärzen jüdische Ladenbesitzer oder Apotheker an, um deren Geschäft zu übernehmen. Im Vertrauen auf die hergebrachte Diskretion schimpft der Vorsitzende des exklusiven hanseatischen Clubs „Wappen von Hamburg" über Hitlers „braune Pinscher" – und wird von einem Mitglied denunziert, aus persönlicher Feindschaft. Wo SA-Leute öffentlich „Rassenschänder" demütigen, verbündet sich ihr Sadismus mit dem Voyeurismus der Gaffer.

Derweil wähnen nicht wenige Täter und Mitläufer die Moral auf ihrer Seite: das „gesunde Volksempfinden" und den immer wieder beschworenen Idealismus der nationalsozialistischen „Bewegung" im Kampf gegen Materialis-

UND GEWALT

offensichtlich sind, regt sich bis zuletzt kein größerer Widerstand gegen das Regime. Warum?

mus, nationalen Defätismus, den vermeintlichen Sumpf der liberal-pazifistischen Künstlerkultur Weimars.

Als unanständig gilt ihnen nicht der Gestapo-Spitzel, sondern der „Volksverräter": derjenige, der „Gemeinschaftsfremde" und „Volksschädlinge" schützt. Manchem sind die Methoden nicht geheuer. Aber eine unduldsame Vorstellung davon, was ein „anständiger Deutscher" ist und tut, teilen auch die meisten, die einfach passiv bleiben. Und als ab 1937 zunehmend Menschen in den Lagern verschwinden, die nicht dem NS-Ideal vom guten „Volksgenossen" entsprechen – Alkoholiker, Bettler, Prostituierte, Homosexuelle, „Arbeitsscheue", aufsässige Jugendliche, Sinti und Roma –, da bringt das wenige auf, ja findet Anklang bei vielen.

Am ehesten reagieren die Deutschen noch unruhig, wenn das Regime mit allzu zügelloser Gewalt oder offenem Rechtsbruch gegen Juden vorgeht und so Erinnerungen an die bürgerkriegsähnlichen Wirren der Republik weckt, zumal dann, wenn der Terror respektable Bürger trifft, die mancher vom allgemeinen Antisemitismus ausnehmen möchte.

Aber auch damit findet die Mehrheit sich ab, schaut weg, macht mit (und profitiert oft genug von Enteignungen und Zwangsverkäufen jüdischen Besitzes). Die Deutschen gewöhnen sich rasch an die neue Normalität, die Stigmatisierung, die Gewalt gegen Minderheiten, vor allem Juden. Einige Historiker vermuten sogar, dass erst durch diese Ausgrenzung der „anderen" die „Volksgemeinschaft" erlebbar wird.

Auf fast einhelligen Beifall vor allem der Mittel- und Führungsschichten kann das Regime rechnen, wo die Gewalt sich gegen Kommunisten und Sozialisten richtet. Denn mit hasserfüllter Furcht beobachten die Bürger, wie Josef Stalin die Sowjetunion radikal umgestaltet. Entrechtung und Enteignungen unerhörten Ausmaßes, massenhafter Mord, Zwangsumsiedlungen, ein System von Arbeitslagern.

Und so sind es nicht zuletzt die Horrormeldungen aus der UdSSR, die den nationalsozialistischen Terror gegen Stalins deutsche Gefolgsleute für viele akzeptabel machen. Ein Weltbürgerkrieg der Radikalen scheint entbrannt, in dem der liberale Rechtsstaat ohne Chance ist. Nicht nur in Deutschland: Seit den 1920er Jahren fällt von Spanien bis Polen, von Italien bis ins Baltikum eine Demokratie nach der anderen rechten Diktatoren zum Opfer, die sich auf nationalistische oder rassistische Parolen stützen, oft Großmachtträume hegen.

Allerdings wird keines dieser Regime eine dem deutschen vergleichbare Aggressivität und Zerstörungswut entfalten. Und nirgends wird eine Bevölkerung ihrem Führer so ergeben in die Katastrophe folgen.

Anfangs kann Hitler außenpolitische Erfolge vorweisen, die der Nation ein Gefühl wiedergewonnener Stärke vermitteln, auch ideologische Skeptiker beeindrucken. Besonders unter den Jüngeren wächst die Hitler-Begeisterung mehr oder weniger kontinuierlich an. Wie verbreitet Zustimmung und Ablehnung zu welchem Zeitpunkt genau sind, lässt sich indes kaum mehr rekonstruieren. Weder eine freie Presse noch offene Wahlen bieten Aufschluss; interne Berichte der Sicherheitsdienste erweisen sich als unzuverlässig, von den Interessen der Beteiligten oder von Ideologie geleitet.

Historiker versuchen dennoch, die sich wandelnde Konformität zu messen, etwa mithilfe statistischer Indikatoren, so der Häufigkeit von Kirchenaustritten oder der Vergabe bestimmter Taufnamen („Adolf", „Hermann", „Horst") – woraus sich immerhin Tendenzen erkennen lassen.

Bei allen fortdauernden Disputen unter Forschern scheint als gemeinsamer Nenner feststellbar: Bis weit in den Krieg hinein sind die „Zwillingstechniken Verführung und Gewalt", wie der Soziologe Ekkehard Klausa es nennt, überaus erfolgreich. Andere Forscher sprechen denn auch von einer „Zustimmungsdiktatur".

Diese Zustimmung liegt zumal zwischen 1936 und Anfang 1943 allgemein sehr hoch, zeigt indes Konjunkturen, die ungefähr zu bestimmen sind. So lösen 1935 bis 1937 steigende Preise Unzufriedenheit und Skepsis aus, sogar Streiks. Auch Hitlers Kriegskurs 1938 verschreckt viele Deutsche und drückt die Stimmung – bis sie nach den militärischen Erfolgen, dem Triumph über Frankreich im Sommer 1940 in euphorischen Führerglauben umschlägt.

Erst mit der Niederlage vor Moskau im Winter 1941, endgültig nach dem Debakel von Stalingrad wird die Popularität des Regimes deutlich zurückgehen.

Konkrete Zahlen, etwa prozentuale Zustimmungsraten, geben die Quellen aber vor allem deshalb nicht her, weil die Menschen nie vor der Entscheidung stehen, eindeutig für oder gegen das Regime zu votieren. Vielmehr bleibt es stets möglich (und verbreitet), auf den örtlichen NSDAP-Funktionär oder die „Bonzen" allgemein zu schimpfen – und zugleich Adolf Hitler zu verehren. „Wenn das der Führer wüsste", lautet ein beliebter Satz bei Missständen. Der Historiker Joist Grolle spricht von einer „Wahrnehmungsschizophrenie", die es dem Einzelnen erlaubt, Unerträgliches abzuspalten – Gewaltexzesse, Korruption, ideologische Zumutungen –, um seinen Frieden mit dem Regime zu wahren. Analog besteht für heutige Historiker das Problem, Widerstand zu definieren. Wo zwischen Nörgelei und Staatsstreichplan beginnt er? Was ist ein gewöhnlicher sozialer Konflikt, jugendliches Ungebaren – und was Ausdruck einer spezifisch NS-feindlichen Haltung?

Alles Fragen, die umso schwieriger zu beantworten sind, als das Regime selbst überaus empfindlich auf geringfügige Verstöße gegen seine zahlreichen Ver- und Gebote reagiert. Bereits das Hören von Swing-Musik oder eines ausländischen Senders im Radio kann als Vergehen gelten, die falsche Liebschaft als „Rassenschande"; eine kritische Postkarte kann ein Todesurteil nach sich ziehen.

Historiker verwenden deshalb eine ganze Palette von Begriffen, um die Skala abweichenden Verhaltens zu kategorisieren: von „Nonkonformismus" und „Selbstbehauptung" über „Widerspruch" und „Protest" bis hin zu illegalen Aktionen und direkten Angriffen auf die Macht der Partei oder die Person Hitlers.

Zweierlei scheint Voraussetzung, um von „Widerstand" zu sprechen: eine Tat und ein politisches Motiv. Wer beim Bier

„Judenchristen" ausgeschlossen werden sollen, begehrt er auf. Im September 1933 übernimmt Niemöller den Vorsitz eines „Pfarrernotbundes", der finanziellen, juristischen und seelsorgerlichen Beistand für Pastoren im Konflikt mit der Regierung organisiert. Ein halbes Jahr später fördert er die Gründung der „Bekennenden Kirche", die beansprucht, allein Gottes Wort verpflichtet zu sein – nicht Volkstum oder Rasse.

Mehr als ein Drittel der 18 000 evangelischen Geistlichen in Deutschland tritt dem Notbund bei. Allerdings ringen sich die meisten, auch Niemöller selbst, erst spät oder nie dazu durch, den NS-Staat insgesamt abzulehnen.

Für das Regime aber ist der bloße Wille zur Selbstbehauptung schon Provokation genug: Kollekten- und Redeverbote, Amtsenthebungen, Verhaftungen, schließlich Morde brechen einen erheblichen Teil des evangelischen Widerstands. Niemöller wird 1937 festgenommen und kommt erst 1945 aus dem Konzentrationslager frei.

Auch die Katholische Kirche glaubt zunächst, sie könne sich mit den Nationalsozialisten arrangieren. Doch schon bald kommt es zu Konflikten: bei dem Versuch der NSDAP

ANFANGS HAT DIE ARMEE NOCH DIE KRAFT, HITLER ZU STÜRZEN. DOCH DIE

auf „die da oben" schimpft, handelt ebenso wenig oppositionell wie ein ordinärer Subventions- oder Steuerbetrüger.

Der offenste Widerstand erwächst dem Nationalsozialismus in Kreisen, die Hitlers Machtübernahme anfangs abwartend oder gar mit Sympathie verfolgt hatten: unter den Geistlichen. Dabei steht der prominenteste Vertreter evangelischen Widerspruchs, der Berliner Pastor Martin Niemöller, zugleich für den Zwiespalt vieler Protestanten. Niemöller – deutschnational, antimarxistisch und obrigkeitstreu, im Ersten Weltkrieg U-Boot-Kommandant, dann geschworener Feind der Republik von Weimar – begrüßt die „nationale Erhebung" zunächst sogar euphorisch.

Als jedoch das Regime daran geht, auch die Kirche zu unterwerfen, Pastoren jüdischer Abstammung abgesetzt,

Literaturempfehlungen: Peter Steinbach, Johannes Tuchel (Hg.), „Widerstand gegen die nationalsozialistische Diktatur 1933–1945", Bundeszentrale für politische Bildung: nüchterne und ausgewogene Gesamtschau. Hans-Ulrich Thamer, Simone Erpel (Hg.), „Hitler und die Deutschen", Sandstein: kontroverse Antworten namhafter Forscher auf die Frage nach Hitlers Erfolg. Sarah Stewart, „Anständig gehandelt. Widerstand und Volksgemeinschaft 1933–1945", Haus der Geschichte Baden-Württemberg: aktueller Ausstellungskatalog mit vielen, zum Teil wenig bekannten Beispielen für eine Opposition gegen das NS-Regime.

etwa, katholische Zeitungen und Vereinigungen auf nationalsozialistischen Kurs zu bringen; oder bei der Frage, ob erblich kranke Menschen sterilisiert werden dürfen. 1937 lässt der Papst von den deutschen Kanzeln die Enzyklika „Mit brennender Sorge" verlesen, die den fortgesetzten Rechtsbruch des Regimes anprangert. Die Reaktion sind Verhaftungen und scharfe Repressalien gegen kritische Katholiken.

Gleichwohl gelingt es beiden Kirchen, als einzige nennenswerte gesellschaftliche Institutionen zu überdauern, in denen die NS-Ideologie nicht das letzte Wort hat. Einen organisierten, über Selbstverteidigung hinausgehenden Widerstand gegen die allgemeine Entrechtung und Unterdrückung aber wagen sie nicht. Solche Konspiration bleibt die Sache Einzelner, des evangelischen Theologen Dietrich Bonhoeffer etwa oder des katholischen Pfarrers Alfred Delp, deren frühe Gegnerschaft beide schließlich in das Umfeld der Attentäter vom 20. Juli 1944 führen wird.

In großer Zahl hingegen verweigern sich Anhänger kleiner Glaubensgemeinschaften. So die Zeugen Jehovas, denen ihre Konfession den Wehrdienst ebenso verbietet wie den Hitlergruß oder die Mitgliedschaft in NS-Institutionen; oder die winzige Schar der Quäker, die aus Nächstenliebe politisch Verfolgten helfen.

Darüber hinaus sind es vor allem einfache Bürger, die insbesondere Juden mit Unterkunft, Lebensmitteln oder falschen Papieren helfen. Unerschütterliche Kommunisten, Sozialdemokraten und Mitglieder linker Splittergruppen schmuggeln Schriften ins Land, veranstalten intern illegale Schulungen, kleben nachts Zettel oder Plakate mit Anti-NS-Parolen, unterstützen die Familien Verhafteter (verwenden aber zugleich viel Energie auf den fortgesetzten Fraktionskampf untereinander). Intellektuelle treffen sich in geheimen Gesprächskreisen, um lagerübergreifende Allianzen für eine Zeit nach Hitler zu schmieden.

Doch kaum ein oppositioneller Zirkel kann sich über längere Zeit halten, ehe er enttarnt, seine Mitglieder interniert oder umgebracht werden. Und oft genug strafen die Verfolger im Rahmen einer „Sippenhaft" auch Angehörige.

Wäre unter dem Nationalsozialismus mehr möglich gewesen – mehr Mut, mehr Einigkeit, weniger Vorbehalte, mehr Empathie für die Opfer? Vermutlich. Immerhin konnte der Einzeltäter Georg Elser, ein Tischler, mit aufopferungsvoller Mühe im November 1939 eine Bombe in Hitlers Nähe bringen; am Ende fehlten nur 13 Minuten, um den Diktator zu töten und aller Wahrscheinlichkeit nach Millionen Leben zu retten. Und natürlich verdient angesichts des alltäglichen Terrors, der

schen Bedenken, sondern weil sie fürchten, Deutschland könnte erneut in einen Krieg gegen die Westmächte geraten, den sie für ungewinnbar halten, für nationalen Selbstmord.

Koordiniert wird die Verschwörung von einem langjährigen Gegner des Nationalsozialismus: Oberstleutnant Hans Oster in der Zentrale des militärischen Nachrichtendienstes. Ende September 1938, als Hitlers Aggression eine europäische Krise auslöst, sind Generalstabschef Franz Halder, wichtige Truppenkommandeure in und um Berlin, der Berliner Polizeipräsident Wolf Heinrich Graf von Helldorf zum Putsch bereit; mit kritischen Beamten wie Reichsbankdirektor Hjalmar Schacht und sozialdemokratischen Ex-Politikern ist eine neue Regierung abgesprochen. Schließlich wird der Oberbefehlshaber des Heeres Walther von Brauchitsch eingeweiht. Ein geheimer Stoßtrupp hält sich bereit, um die Reichskanzlei zu stürmen, sobald Hitler den Krieg auslöst.

Doch dann weichen Großbritannien und Frankreich vor Hitlers Drohpolitik zurück und geben im „Münchner Abkommen" die Tschechoslowakei preis. Ohnehin uneins in ihren Zielen und Motiven, fällt die Gruppe der Verschwörer auseinander.

MILITÄRS PROFITIEREN ZU SEHR VON DEN KRIEGSPLÄNEN DES DIKTATORS

Tausende traf, die dennoch so etwas wie Widerstand wagten, jede noch so kleine Tat Respekt.

Es bleibt aber auch dabei: Eine Gefahr für das Regime geht von den Dissidenten zu keiner Zeit aus. Nicht zuletzt, weil ihnen der Zugang zur Macht fehlt.

An deren Schaltstellen sitzen nach 1933 zunehmend loyale Nationalsozialisten – oder Vertreter der alten Elite, die wesentliche Ziele mit Hitler teilen: Zerschlagung der Arbeiterbewegung und des parlamentarischen Systems, Revision der Friedensauflagen von Versailles und der Gebietsverluste im Osten, eine deutsche Hegemonie über Mitteleuropa.

Eingeschüchtert von den politischen Morden während der Röhm-Krise 1934, halten sich die meisten Konservativen selbst im Kirchenkampf abseits. Wohl gibt es Ausnahmen: Einzelne Beamte wie Carl Goerdeler, Offiziere wie Henning von Tresckow oder Hans Oster brechen früh mit dem Regime, weil sie dessen rohe Gewalt, den Machtmissbrauch und die Verachtung für den Rechtsstaat unerträglich finden.

Die Tyrannei beenden können hätte aber nur die einzige verbliebene Macht neben der Partei: die Wehrmacht.

Doch fast allen Generälen erscheint der Gedanke an „Meuterei" und „Revolution" geradezu infam – zumal gerade sie die expansionistischen Ziele Adolf Hitlers grundsätzlich gutheißen, den Traum vom Reich als europäischer Vormacht.

Erst als Hitler ab Ende 1937 auf Kriegskurs gegenüber der Tschechoslowakei geht, verbünden sich führende Militärs mit der Gewissensopposition – doch nicht etwa aus ethi-

Hatte zuvor die Angst vor einem großen Krieg erstmals weite Teile der Bevölkerung auf Distanz zum Regime gebracht, so strahlt nun der Mythos Hitler heller denn je. Deutschland ist scheinbar geeint, geordnet, entschlossen geführt, auf dem Weg zurück zur Größe, die ihm vermeintlich zusteht.

Erst als der Krieg dann doch kommt und jedes vorstellbare Maß überschreitet, als das Regime den Massenmord an den Außenseitern der „Volksgemeinschaft" industriell betreibt, zeigt die Führertreue Risse, bekunden etwa Münchner Studenten um Hans und Sophie Scholl aufsehenerregend Protest. Angesichts einer sich abzeichnenden Niederlage formiert sich schließlich auch der Widerstand im Zentrum der Macht neu – und scheitert mit dem Bombenattentat Claus Schenk Graf von Stauffenbergs auf Hitler am 20. Juli 1944 endgültig.

Stauffenberg, Oster, Goerdeler, Bonhoeffer und andere werden hingerichtet; Tresckow wählt den Freitod.

Bis zum Ende befreien die Deutschen sich nicht aus eigener Kraft von dem Mann, der sie zugleich verführt und unterworfen, zu Komplizen gemacht hat. □

Dr. Mathias Mesenhöller, 43, ist Historiker in Berlin. Wie er unter der „Zustimmungsdiktatur" gehandelt hätte? Er weiß es nicht. Und hofft, es auch nie herausfinden zu müssen.

DIE GENERALPROBE

Guernica nach dem Angriff der Deutschen, deren Heinkel-He-111-Bomber unter den Tragflächen das Andreaskreuz der faschistischen Flieger tragen

Am 26. April 1937 greifen Piloten der deutschen »Legion Condor« das baskische Städtchen Guernica an, zerstören den Großteil der Gebäude und töten mehrere Hundert Männer, Frauen und Kinder. Deutschland unterstützt im Spanischen Bürgerkrieg die Truppen unter dem Putsch-General Francisco Franco. Die Einsätze dienen der Luftwaffe zum Training ihrer Piloten – für den Rest Europas sind sie eine Vorahnung des kommenden Bombenkriegs

VON CHRISTOPH KUCKLICK

itoria, Nordspanien, Fliegerhorst der „Legion Condor", 25. April 1937, 14.30 Uhr. „Meine Herren, wissen Sie irgendetwas über Guernica?" Kühl schaut Wolfram Freiherr von Richthofen auf seine Adjutanten. Der Blick des 41-jährigen Stabschefs, der die Kampfeinsätze der deutschen Flieger in Spanien leitet, ist wie seine Sprache: scharf, schneidend, frei von jeder überflüssigen Regung. Die jungen Offiziere betrachten die Kriegskarten vor ihnen, darauf ein baskisches Städtchen namens Guernica.

Dann schütteln sie den Kopf: Nein, sie wissen nichts über den Ort.

Nur über die Lage an der Front: Die republikanischen Truppen, der Feind, sind dort auf dem Rückzug. Und sie könnten Guernica, das in einem schmalen Tal liegt, zur Festung ausbauen. Um das zu verhindern, referiert einer der Adjutanten, müsse der Zugang zur Stadt zerstört werden, die Rentería-Brücke.

Es geht den Offizieren um das Angriffsziel der deutschen Legion für den nächsten Tag. „Das übliche Ritual", erinnert sich einer später: Lagebeurteilung, Optionen abwägen, und am Ende zeichnet einer der Männer einen roten Kreis: das wahrscheinliche Ziel. Der Kreis umschließt die Brücke in Guernica.

25. Juli 1936, neun Monate zuvor, Bayreuth, Festspielhaus. Die letzten Takte von Richard Wagners „Siegfried" sind erst vor wenigen Minuten verklungen, da trifft Hitler zwei Abgesandte aus Spanien: Der nationalistische General Francisco Franco bittet um Beistand.

Seine Truppen sitzen im spanischen Teil Marokkos fest und brauchen einen Transport auf die Iberische Halbinsel, um dort ihren Putsch gegen die linke Volksfront-Regierung des Landes mit Gewalt weiterzuführen.

Hitler ruft seinen engsten Führungskreis zusammen: Luftfahrtminister Hermann Göring und Kriegsminister Werner von Blomberg. Doch statt die Lage zu beurteilen oder Optionen abzuwägen, hält Hitler einen Monolog von Wagnerschen Ausmaßen, stundenlang.

Eigentlich wäre wenig zu sagen. Spanien spielt in seinen Plänen keine Rolle, der künftige Krieg entscheidet sich im Osten, nicht im Süden. Aber die Angst vor dem Bolschewismus: Wenn Spanien fällt, welches Land ist das nächste?

Außerdem lassen sich vielleicht Rohstoffe aus dem Land schaffen für die deutsche Rüstung. So beschließt die Runde weit nach Mitternacht ein bisschen Hilfe. Ein paar Flugzeuge, wenige Soldaten, eine Verlegenheitslösung: „Unternehmen Feuerzauber".

Göring hat das Kommando. Und alle glauben, der Einsatz werde kurz währen.

26. April 1937, 8.00 Uhr, Guernica. Das Kloster La Merced liegt in Sichtweite der Rentería-Brücke, ein trutziger Bau, ein Soldat hält auf dem Dach Ausschau nach deutschen Bombern. Ebenso zwei Nonnen auf dem Dach des nahen Karmeliterinnenklosters. Sie haben eine Handglocke, um die Stadt zu warnen.

In einem Büro des Klosters La Merced sitzt Leutnant Ramón Gandaría, 20 Jahre alt und bereits ein Veteran blutiger Kämpfe. Gandaría wurde in einem Armenviertel in Barcelona geboren, seine Mutter starb bei seiner Geburt, einige Jahre später sein Vater. Nonnen zogen ihn groß, doch er lernte, den Katholizismus zu verachten. Bonzenreligion.

Ebenso wenig mag er Guernica und seine Bewohner. Arrogant sind sie, als könne ihnen der Krieg nichts anhaben. Und sie sperren sich gegen seinen Auftrag: die Stadt zur Festung zu machen.

„Jede Stunde, die Sie länger Widerstand leisten", hat ihm sein Kommandeur eingeschärft, „bedeutet eine Stunde mehr Zeit, um Verstärkungen heranzuführen." Auch die Republikaner wissen, dass Guernica eine Schlüsselstelle für den Krieg im Norden Spaniens ist.

Aber wie soll Gandaría sie halten? Seine erschöpfte Truppe löst sich nach und nach auf, in Grüppchen desertieren die Kämpfer in die umliegenden Wälder, verschwinden in den nahen Dörfern. Wie er diese Feiglinge verabscheut! Sie haben den Genickschuss verdient.

7. August 1936, ein Flugplatz bei Sevilla. Unsägliche Hitze umfängt das „Unternehmen Feuerzauber". Die ersten 86 deutschen Freiwilligen sind per

Seit Juli 1936 bekämpft der nationalistische General Franco (Mitte) mit seinen aufständischen Truppen die demokratisch gewählte Volksfront-Regierung Spaniens

Im April 1937 kontrollieren Francos Truppen Spaniens Westen fast vollständig. Der Angriff auf Guernica soll die Gegner aus einer Exklave an der Biskaya vertreiben

Guernica

Burgos ○ ○ Vitoria
○ Barcelona

NATIONALISTEN

○ Madrid

REPUBLIKANER

○ Sevilla

Schiff in Südspanien eingetroffen, dazu sechs in Kisten verpackte Jagdflugzeuge vom Typ He 51, einige Flakgeschütze und 100 Tonnen Material; außerdem haben Lufthansa-Piloten zehn Transportmaschinen vom Typ Ju 52 überführt.

Kommandeur dieses Verbandes ist Rudolf von Moreau, einer der Piloten in der Legion Condor, die so noch nicht heißt, weil sie nur ein Trupp von Abenteurern ist. Moreau gilt als der schneidigste von ihnen: ein schmächtiger Kerl, Typ Rennreiter, in Khakihemd und großem Cowboyhut, den seine Männer bald verehren werden wie einen Helden.

Der 26-Jährige befehligt die erste Luftbrücke der Geschichte. Drei, vier Mal am Tag heben er und die anderen Hasardeure mit ihren Ju 52 Richtung Afrika ab, wo sie marokkanische Soldaten an Bord nehmen, die im Sold des Putschisten-Generals Franco stehen.

Hermann Göring bei einem Werftbesuch in Hamburg: Der Einsatz in Spanien untersteht seinem Kommando. Er will dort die junge Luftwaffe testen – und Rohstoffe für die Rüstung erbeuten

Die Flüge über die Meerenge sind gefährlich, weil alle Navigations- oder Funkhilfen fehlen. Zehn Stunden fliegen die deutschen Piloten jeden Tag, bis zur Erschöpfung, um einen Krieg zu entfachen, von dem sie nichts verstehen. Aber die meisten Neuankömmlinge schwärmen, endlich im „richtigen Krieg" zu sein, im „spanischen Abenteuer".

Nach fünf Tagen entscheidet Moreau, zwei Flugzeuge mit Bomben auszustatten, um den republikanischen Panzerkreuzer „Jaime 1" in der Straße von Gi-

KAMPF UM SPANIEN

Fast drei Jahre lang ringen Nationalisten und Republikaner um die Macht

Der Spanische Bürgerkrieg beginnt mit einem missglückten Militärputsch. Am 17. Juli 1936 erheben sich in Spaniens Protektorat Marokko Truppen gegen die Zentralregierung in Madrid. Zu diesem Zeitpunkt ist das iberische Land bereits gespalten. Auf der einen Seite stehen die Arbeiterschaft und die gebildete Mittelschicht; sie unterstützen die demokratisch gewählte Koalition aus Republikanern, Sozialisten und Kommunisten. Ihre Gegenspieler sind die entmachteten traditionellen Eliten: Aristokraten, Großgrundbesitzer, die katholische Kirche, Militärs. Sie setzen nun auf die Putschisten, die ein konservativ-autoritäres Regime wollen.

Zwar beteiligen sich binnen Kurzem auch Garnisonen im Mutterland an dem Aufstand, der sich trotz des gescheiterten Putschversuchs ausbreitet – etwa in Andalusien. Doch viele Generäle bleiben der Republik treu; loyale Truppen und bewaffnete Arbeiter sichern die Kontrolle der Regierung über etwa die Hälfte des Landes, darunter die industriellen Zentren in Katalonien und dem Baskenland.

Ab September 1936 kämpfen alle 100 000 Aufständischen unter dem Oberbefehl des Generals Francisco Franco, der in den eroberten Gebieten Kriegsgefangene und Zivilisten erschießen lässt. Mit harter Hand eint Franco die unterschiedlichen rechten Gruppen, darunter die faschistische Falange-Partei, unter dem Banner einer neuen Organisation. Doch obwohl die Verteidiger der Republik zersplittert sind – Kommunisten, Sozialisten, Anarchisten kämpfen ohne gemeinsames Kommando –, gelingt ihm kein entscheidender Sieg.

Schon früh suchen beide Seiten ausländische Hilfe. Das faschistische Italien unterstützt die Franquisten mit 80 000 Soldaten, Hitler entsendet die Legion Condor. Frankreich und Großbritannien beharren trotz republikanischer Bitten auf ihrer Politik der Nichteinmischung. Die UdSSR stellt zwar Waffen und Berater – aber keine Soldaten. Berühmt werden die „Internationalen Brigaden": 44 000 Freiwillige vor allem aus Europa und Nordamerika, die die Republikaner unterstützen.

Die sowjetische Intervention stärkt die spanischen Kommunisten, die schon bald gewaltsam gegen „Trotzkisten", Anarchisten und andere vermeintliche Abweichler im linken Lager vorgehen. Gleichzeitig erobern die Franco-Truppen bedeutende Industriegebiete im Norden. Nach langen Verteidigungskämpfen fällt im Januar 1939 die Bastion Barcelona. Das republikanische Kabinett und Hunderttausende Flüchtlinge retten sich über die Grenze nach Frankreich. Am 31. März 1939 kontrolliert Franco ganz Spanien und errichtet kurz darauf einen autoritären Staat unter seiner Führung.

Mehr als 150 000 Menschen sterben in den Kämpfen des Bürgerkriegs. Die Bevölkerung bleibt auch nach seinem Ende tief entzweit. Erst Francos Tod 1975 leitet die Rückkehr des Landes zur Demokratie ein.   *Christian Bartlau*

Barrikade regierungstreuer Truppen in den Straßen von Madrid: Bis zum März 1939 können sie die Hauptstadt halten

Flüchtlinge an der französischen Grenze: In den eroberten Gebieten richten die Nationalisten Zehntausende Gegner hin

Franquisten mit einem erbeuteten sowjetischen Panzer: Moskau unterstützt die republikanischen Truppen

braltar zu versenken – der hatte zuvor die Flieger beschossen. Vor der Morgendämmerung heben die Maschinen ab, zwei Volltreffer machen das Schlachtschiff manövrierunfähig. Es sind die ersten deutschen Bomben seit dem Ersten Weltkrieg. In der Rückschau beginnt für manche an diesem Tag der Zweite.

26. APRIL 1937, 9.00 UHR, Guernica. Montag ist Markttag, María Ortuza weiß es zu schätzen, die Hausangestellte von Señora Arriendiara mag den Tratsch und die Feilscherei. Heute kauft die junge Frau Gemüse und eine Flasche Bratöl, beides bitte mit Quittung, die ihre misstrauische Herrin zu prüfen wünscht.

In der Nähe des Fischmarkts begegnet sie einem ihrer Tanzpartner von gestern Abend; auf der Plaza Las Escuelas hatten sich bis spät in die Nacht Stadtbewohner und republikanische Soldaten zu einer ausgelassenen Feier getroffen: ein Tanz gegen den herannahenden Krieg.

Es könnte fast ein normaler Tag sein. Wenn nur die Soldaten nicht wären, die sich benehmen wie Besatzer, dabei sollen sie doch verteidigen. Stattdessen trinken, essen sie die letzten Vorräte weg und rufen Anzüglichkeiten.

Sogar das Kloster der Franziskanerinnen im Westen der Stadt haben sie besetzt, zum ersten Mal seit 300 Jahren sind Männer in diesen heiligen Ort eingedrungen. María schüttelt sich.

AUGUST 1936, Berlin. Im olympischen Sommer legt sich Hitler fest. Kein Zögern mehr, kein Wanken: In vier Jahren muss die Wehrmacht einsatzfähig sein für den Krieg im Osten. Der Reichskanzler dekretiert es kurz darauf in der geheimen „Denkschrift zum Vierjahresplan", einer vorgezogenen Kriegserklärung. Es ist auch die Mobilmachung gegen jede wirtschaftliche Vernunft.

Das Ziel: Auf möglichst vielen Gebieten soll Deutschland autark werden und sich vom Weltmarkt abkoppeln – um so alle Ressourcen in die Rüstung investieren zu können. Der Plan entspringt der Not. Zum wiederholten Male steckt das Reich in einer Krise, weil es nicht genug exportieren kann, um die dringend benötigten Devisen zu erwirtschaften für Rohstoffe wie Eisenerz und Erdöl.

So müssen es die Deutschen allein schaffen. Dabei beuten sie sich schon weit über ihre Kräfte aus. Hitlers Rüstung lastet ja auf einer schwachen Wirtschaft, das deutsche Pro-Kopf-Einkommen liegt hinter dem vieler Nachbarländer, die USA, so schätzt man, haben gar einen Entwicklungsvorsprung von fast 30 Jahren, ihre Wirtschaft ist beinahe viermal so groß wie die deutsche.

Schon vom britischen Lebensstandard kann ein deutscher Arbeiter nur träumen, er lebt noch überwiegend von Kohl und Brot, für ein Kilogramm Speck muss er einen halben Tag arbeiten, ein neuer Anzug ist eine Lebensanschaffung.

Diesem Land pressen die Nationalsozialisten eine gewaltige Kriegsmaschinerie ab: Mehr als zehn Prozent des Volkseinkommens lenken sie alljährlich in die Rüstung, nie zuvor hat ein Land rücksichtsloser in Krieg investiert, bald dient die Hälfte aller Staatsausgaben der Waffenbeschaffung. Bezahlt wird der Wahn mit Schulden, versteckter Inflation, der Einschränkung des privaten Verbrauchs und der schleichenden Enteignung der Bürger. Die Löhne hat Hitler eingefroren, sogar Rationierungen der Grundnahrungsmittel hat er bereits erwogen.

Doch Göring soll, so fordert es Hitler in seiner Denkschrift, noch viel schneller rüsten, noch gewaltiger.

26. APRIL 1937, 9.30 UHR, Vitoria. Vor drei Stunden ist Wolfram von Richthofen aufgestanden, hat in seinem Hotelzimmer die täglichen Leibesübungen absolviert, er hat sich rasiert und geduscht und ist unter einem kristallklaren „Bomberhimmel" zur Basis der Legion Condor hinausgefahren. Nun bestätigt der Meteorologe die Wetterlage: drei Zehntel Bewölkung über Guernica, schwacher Wind, gute Sicht – nahezu ideal fürs Bombardieren.

Auf dem Schreibtisch des Oberstleutnants liegen die Fotoabzüge der Luftaufklärung, sie zeigen die Umgebung Guernicas: Straßen, Truppen darauf.

Was die Bilder nicht zeigen, ist das Städtchen selbst, im Norden die Rentería-Brücke, ein paar Hundert Meter weiter der Stadtkern mit Bahnhof und Marktplatz, am Stadtrand insgesamt vier Klöster und die Waffenfabrik Unceta, eine der größeren in Spanien. Auch das Gebäude des baskischen Parlaments zeigen sie nicht mit der heiligen Eiche davor, die den Basken ein wichtiges Symbol ihrer Unabhängigkeit ist. Später wird es heißen, die Piloten hätten die Seele der Basken treffen wollen.

18. OKTOBER 1936, Berlin. Hermann Göring, 43, verwitwet, übergewichtig, Morphin-süchtig, impotent, Präsident des Reichstages, preußischer Ministerpräsident, Reichsluftfahrtminister, General der Flieger, Reichsjägermeister, Reichsforstmeister sowie „Beauftragter des Reiches für Rohstoff- und Devisenfragen", wird an diesem Sonntag auch noch zum „Beauftragten für den Vierjahresplan" ernannt.

Damit hat er die Vollmacht, fast alle wirtschaftspolitischen Behörden und Verbände „mit Weisungen zu versehen". In den nächsten vier Jahren ist er für ein Viertel aller Investitionen in die deutsche Wirtschaft zuständig. Den Militärhaushalt überwacht der zweite Mann nach Hitler sogar ganz allein.

Aber was heißt schon überwachen: „Geld spielt keine Rolle", sagt er einige Zeit später. „Es darf nicht kalkuliert werden, was es kostet. Wir spielen jetzt um den höchsten Einsatz."

Ökonomen wissen, was das bedeutet. Eine solche Rüstung kann nur auf zwei Weisen abgebaut werden. Durch Ruin. Oder Krieg.

26. APRIL 1937, 11.00 UHR, Guernica. Bin ich ein Held? Oder ein Verräter? Der Bürgerkrieg bringt quälende Fragen.

Gestern fühlte sich Pater José Domingo de Iturran wie ein Held. Als er der Gemeinde seine zerrissene Seele entblößte. „Seit Monaten habe ich an euch gefehlt, indem ich von abstrakten Dingen sprach – und nicht von dem, was euch alle leidenschaftlich beschäftigen muss." Und ihn wie alle anderen martert die Frage: Auf welche Seite soll man sich schlagen in diesem Krieg?

Für Basken ist das Problem besonders schneidend: Sie sind streng katholisch, sodass sie dem Papst folgen müssten, der Francos Politik mit keinem Wort kritisiert. Doch sie lieben ihre Unabhängigkeit, die ihnen nur die Republikaner garantieren.

„Ich muss jetzt ganz offen sprechen und euch warnen vor dem Bösen, dass sich unserer Stadt nähert", fuhr der alte Priester tags zuvor fort mit fester Stimme, wie sie die Gemeinde noch nie gehört hatte. „In Spanien werden Männer und Frauen und Kinder im barbarischen Namen der Nationalisten getötet. Es ist tragisch, dass die Kirche durch das Schweigen ihrer Führer diese Schandtaten zu billigen scheint."

Pater Iturrans Bruch mit Rom, seine Abkehr von der Weisheit des Papstes – er konnte sie nur mühsam bemänteln mit der Hoffnung, dass der Heilige Vater die Gräuel niemals billigen würde, wenn er nur wüsste, was geschieht. Die Gemeinde versank in Schweigen. Und Pater Iturran schaute zum Hauptaltar empor, zur Jungfrau Maria, zur Gestalt von Jesus Christus. Held oder Verräter?

Ramón Gandaría interessiert die Antwort nicht. Der junge Leutnant hat gerade Pater Iturrans Kirche betreten und blickt an den Säulen hinauf; er schätzt die Dicke der Mauern ab und wie viele Treffer sie ertragen würden, bevor der Bau zusammenstürzt, postiert im Geiste die Maschinengewehrnester. Die Kirche Santa Maria ist Teil seiner Festung.

Pater Iturran tritt zu ihm. Und protestiert gegen die Entweihung der Kirche. Vergebens.

„Dann sind Sie also fest entschlossen", fragt der Geistliche.

„Pater, mir bleibt keine Wahl."

„Sie werden für Ihre Tat verdammt werden."

Er solle schweigen, entgegnet Gandaría erregt, bis der Vatikan auch die Nationalisten wegen der Entweihung von Kirchen verdamme.

WINTER 1936, Berlin. Göring hat nun freie Hand für seinen großen Traum – die mächtigste Luftwaffe der Erde.

Mögen Heer und Marine auch rüsten, er wird: erschaffen. Eine Macht, die wie „ein Chor der Rache über den Gegner hereinbricht". Und vielleicht muss man so gewissenlos wie Göring alle Widersprüche vereinen, um solchen Größenwahn zu pflegen.

Ein Mensch für alle Adjektive: Er ist verschlagen und populär, loyal und korrupt (die Industrie füttert ihn alljährlich mit Millionen), herablassend und leutselig, sentimental und mörderisch.

„Ich will aus der Menschenherde herausragen", schreibt der gefeierte Jagdflieger im Ersten Weltkrieg, wenige Jahre später diagnostiziert man in einer Irrenanstalt, in die Göring vorübergehend eingewiesen wird: „egozentrisch, übertriebenes Selbstbewusstsein, geschwätzig, hasst Juden".

Noch diesen Hass aber punktet Göring nach 1933 mit Ausnahmen: „Wer Jude ist, bestimme ich", posaunt er und rettet einigen das Leben, während er Hunderttausende andere so rücksichtslos wie kein Zweiter enteignet.

Und auch die Luftwaffe spiegelt alle Widersprüche ihres Schöpfers: Sie ist mächtig und schwächlich zugleich, ein unvergleichlicher Triumph und ein beschämendes Desaster.

Die Flugzeugindustrie wächst schneller, als irgendjemand sie beherrschen könnte. Innerhalb von nur zwei Jahren steigert Göring die Zahl der Beschäftigten im Flugzeugbau um das 13-Fache, erhöht immer wieder die Planungen, um schließlich sein „Wunschprogramm" aufzulegen: 990 Flugzeugstaffeln bis 1942, was den Neubau von 40 000 Flugzeugen erfordern würde sowie die monatliche Produktion von 6000 Ersatzflugzeugen – eine Steigerung um das 22-Fache über die kühnsten Planungen hinaus.

Nationalisten mit faschistischem Gruß: Während die Diktatoren Hitler und Mussolini die Putschisten unterstützen, weigern sich Frankreich und England, der Republik zu Hilfe zu eilen

Kleines Problem dabei: Allein die Herstellung der *Werkzeuge* für den Bau dieser Flotte würde 60 Prozent des deutschen Rohstahls verschlingen, der Treibstoff für die Flugzeuge das Doppelte der Erdöl-Weltproduktion.

Doch Göring verbeißt sich in die Planung, da können seine Untergebenen warnen, wie sie wollen. Immer massiver treibt er die Industrie an, so lange, bis sie – weniger produziert. Unter Görings Rüstungsvorgaben bricht ein unkoordinierbares Durcheinander aus, und die Rohstoffknappheit nimmt sogar zu.

Die großen Flugzeughersteller Heinkel, Junkers, Arado, Dornier, Focke-Wulf, Messerschmitt und ihre Zulieferer werden auf wenige Standardtypen festgelegt, um so die Massenproduktion zu ermöglichen. Das begünstigt aber auch Fehlschläge, zumal die meisten dieser Flugzeugtypen noch im Versuchsstadium sind. Nun häufen sich die Konstruktionsfehler. Durchdachte Entwürfe benötigen einfach mehr Zeit. Auch fehlt es an Werkzeugen, die Arbeiter können nicht rasch genug geschult werden. Die Produktion bricht ein.

Hinzu kommt, dass die Konzerne ganz andere Interessen haben als der Luftfahrtminister. Sie müssen auf sei-

nen Befehl für den Kriegsfall gigantische Überkapazitäten aufbauen, die nur Geld kosten. Deshalb betreiben die Firmen kreative Buchführung. Heinkel etwa berechnet für die Entwicklung eines Landehakens – Aufwand: vielleicht 150 Arbeitsstunden – 9000 Stunden zu insgesamt 39 000 Mark. Konsequenzen hat das nicht. Göring ist so abhängig von den Unternehmen wie die von ihm.

Trotz allem vollbringen die Ingenieure immer wieder technische Wunder. 1934 bauen sie noch Flugzeuge aus Holz und Stoff, fünf Jahre später das erste Düsenflugzeug. Und doch wird die Luftwaffe den Wettlauf um die überlegene Technik der Maschinen nicht gewinnen.

26. APRIL 1937, NACH 11.00 UHR, ein Feld in Nordspanien. Wolfram von Richthofen ist aus Vitoria gekommen, um seinen Verbindungsmann zu den

Fabrik für Panzerwagen: Im Sommer 1936 richtet das NS-Regime die Wirtschaft ganz auf Rüstung aus. Bald gibt es für Deutschland nur noch eine Alternative: wirtschaftlicher Ruin – oder Krieg

Spaniern zu treffen: Oberst Juan Vigón, den Stabschef der nationalistischen Truppen. Vigón ist der einzige spanische Offizier, den der Deutsche respektiert.

Die anderen? Stünden so spät auf, dass der Krieg immer erst gegen Mittag in Gang käme, notiert er in seinem Tagebuch. Besonders verärgert ihn, dass die Spanier nicht rasch genug in die Breschen vorstoßen, die die Legion Condor in die gegnerische Front schlägt.

So dürfte er froh sein, Oberst Vigón hier allein zu treffen, fern den Stäben,

FRANCISCO FRANCO

Der General weiß bei seinem Staatsstreich die spanischen Konservativen und die katholische Kirche hinter sich

In Spanien lässt Göring die neuen Heinkel-He-111-Bomber testen. Sie werden gleichzeitig als Passagierflugzeug für die Lufthansa und als Bomber für die Luftwaffe gebaut (hier ein späteres Modell)

fern den Zeugen, fern allen Bedenken. Die beiden studieren die Luftaufnahmen der Aufklärer, breiten wohl die Karte mit dem Frontverlauf aus, vielleicht wägen sie ab. Und dann entscheiden sie.

Entspricht das, was später in Guernica geschieht, ihrem Wunsch? Streben sie es an? Oder nehmen sie es bloß in Kauf?

JANUAR 1937, Vitoria. Die Stimmung unter den deutschen Legionären hat sich verdunkelt. Innerhalb weniger Monate sind sie von Jägern zu Gejagten geworden. Seit die Republikaner moderne sowjetische Jagdflugzeuge einsetzen, schießen sie die behäbigen He 51 in Rekordzahlen vom Himmel. Die Verluste der Deutschen werden unerträglich: Die Freiwilligen suchen Glorie, nicht einen schnellen Tod ohne eigene Abschüsse.

Bald kommen zwar neu entwickelte Typen an die Front, die Jäger Messerschmidt Bf 109 und die Bomber He 111, Görings ganzer Stolz, aber die naive Begeisterung der Anfangstage weicht der Realität des Krieges. Und der Langeweile.

Das Handwerk des Bombens ist Gelegenheitsarbeit, bei gutem Wetter haben die Flieger ein oder zwei Einsätze pro Tag, zusammen 20 bis 40 Stunden pro Monat. Einmal fliegen sie 19 Tage hintereinander überhaupt nicht.

Der Alltag sind „Gammelstunden": herumlungern, trinken und in die Bordelle der Legion gehen, die wie Kasernen organisiert sind. Aus ganz Spanien werden „Mädchen" rekrutiert, die in Schichten von zwölf Stunden arbeiten, eine Stunde Pause inklusive.

Die Soldaten treten, streng nach Rang getrennt, vor den Häusern an, bis sie an der Reihe sind, ein Unteroffizier stoppt die Zeit: 15 Minuten „Bettgymnastik" hat jeder bei den Frauen, die vom Stabsarzt regelmäßig auf Geschlechtskrankheiten untersucht werden. Nach Kampfeinsätzen sei der Andrang besonders groß, heißt es.

Insgesamt werden rund 19 000 Deutsche bis zum Ende des Bürgerkriegs im April 1939 in Spanien eingesetzt, jeweils 5000 bis 6000 sind vor Ort, sie fühlen sich fremd in diesem Land mit dem „schwerblütigen Hauch des Südlichen" und einer Sprache aus „seltsamen kehligen Lauten", wie ein Flieger ins Tagebuch schreibt.

Sie kämpfen mit dem merkwürdigen Essen, sie verfluchen die sommerliche Hitze, und der Krieg zerrt an den Nerven; Heldentum ist auch in der Legion Condor rar. Wichtiger ist vielen die Zulage: 600 Reichsmark Aufschlag auf das

Grundgehalt für einen Techniker, ein Offizier verdient das Doppelte obendrauf – manche sparen für ein Studium, andere auf ein Auto. Der Krieg soll ihren Lebenstraum bezahlen.

26. APRIL 1937, NACH 12.00 UHR, Vitoria. Als Wolfram von Richthofen von der Begegnung mit Vigón zurückkehrt, strahlt er eine „eigentümliche Erregung" aus, erinnert sich ein Adjutant später. Bald ist der ganze Stab wie „elektrisiert". So haben die Untergebenen ihren Chef noch nie erlebt, der doch so viel Wert auf Distanz legt.

Die Männer mögen den ehrgeizigen Oberstleutnant nicht, der sie rücksichtslos antreibt und Fehler verabscheut, aber Respekt haben sie, weil er wohl mehr vom Luftkrieg versteht als jeder andere.

Im Ersten Weltkrieg flog er an der Seite seines berühmten Vetters Manfred von Richthofen, später wurde er Ingenieur und Experte für die Flugzeugproduktion. Als Göring nach der Machtübernahme den Auftrag erhielt,

die Luftwaffe wieder aufzubauen, war Richthofen zur Stelle, obwohl er den eitlen, prunksüchtigen Parvenü nicht ausstehen kann. Aber er wollte an der „militärischen Wiedergeburt" Deutschlands mitarbeiten. Vermutlich steckt mehr Göring in ihm, als er zugeben würde: Den Tod aus der Luft liebt er so wie sein Chef im fernen Berlin.

FRÜHJAHR 1937, Berlin. Der Krieg der Deutschen in Spanien ist Görings Krieg. Der Einsatz untersteht seinem Kommando, er setzt gegen den Widerstand des Auswärtigen Amtes und des Kriegsministeriums immer neue Waffen- und Materiallieferungen an Franco durch.

Seine Ziele: die noch junge Luftwaffe ausprobieren. Und, vielleicht sogar wichtiger, Rohstoffe ergattern. Noch vor der offiziellen Entsendung der ersten Legionäre fordert er die „Beschaffung möglichst großer Mengen lebenswichtiger Rohstoffe aus Spanien", zugleich gilt als Zweck des Unternehmens die „Durchdringung Spaniens auf allen Gebieten mit deutscher Arbeit, deutschen Erzeugnissen und deutschem Wesen".

Das Land soll zu einer Art Kolonie werden – ein Testlauf für die geplante Ausbeutung Osteuropas.

Quasistaatliche Handelsfirmen beschaffen Göring die begehrten Eisenerze und den Schwefelkies, den er für die Herstellung synthetischer Stoffe benötigt; 1937 läuft zudem das „Montana-Projekt" an, der Kauf von spanischen Minenrechten im großen Stil. Das stößt sogar dem Günstling Franco auf, der ein Gesetz gegen den Erwerb von Bergwerken durch Ausländer verfügt.

Dennoch lässt Göring große Mengen Erz, Schwefelkies, Wolle, Felle und Harz aus dem Land schaffen, günstig über Verrechnungskonten bezahlt, so-

Heinkel-Bomber auf einem spanischen Luftwaffenstützpunkt. Die Deutschen sollen Breschen schlagen, in die Francos Bodentruppen vorstoßen können

WOLFRAM VON RICHTHOFEN

Der ehrgeizige deutsche Stabschef der Legion Condor gibt den Befehl zum Angriff auf Guernica

dass keine wertvollen Devisen fließen. Waffen gegen Rohstoffe, das ist das Geschäft.

Auch deshalb dringen die Deutschen so darauf, den Krieg nach Nordspanien zu tragen: Dort liegen die baskischen Erzvorkommen, von denen bis dahin vor allem die Engländer profitieren.

Guernica wird auch aus wirtschaftlichen Gründen sterben.

26. APRIL 1937, 14.00 UHR, Guernica. Endlich frei, für zwei Stunden immerhin. María Ortuzas Herrin besucht einen befreundeten Adeligen, so blättert die Angestellte in einer Frauenzeitschrift und denkt an einige ihrer Träume (wie sie sich später erinnert).

In einem dieser Träume, den sie niemandem anvertraut, weil er ihr so frivol, so wenig katholisch erscheint, liegt sie lässig zurückgelehnt auf einem prachtvollen Bett, ein Glas Champagner in der Hand, an dem sie wie eine Dame nippt.

26. APRIL 1937, 15.30 UHR. Rudolf von Moreau schnallt sich in den Pilotensitz seiner Heinkel. Neben ihm nimmt der Beobachter Platz, der ihn und die Bomben ins Ziel lotsen wird, dahinter sitzt der Funker. Der Bordschütze zwängt sich in den oberen Schießstand ans Maschinengewehr.

Moreaus He 111 ist eines der ersten Exemplare dieses neuen Bombertyps, vier Jahre hat die Entwicklung gedauert, nun soll die Legion Condor das bis zu 370 km/h schnelle Flugzeug erproben.

Moreau ist Kommandeur der „Versuchsbomberstaffel", der beste Pilot der Legion, aber der Auftrag des Verbandes wird nie deutlich umrissen. Eigentlich darf er machen, was er will, solange sein Flugzeug unbeschädigt bleibt.

Manches beherrscht auch nur er. Kaum hat Moreau die Startbahn verlassen, bedient er sich einer speziellen Technik, um schneller aufzusteigen: Er stellt die Landeklappen der He 111 so ein, dass die Maschine gleichsam in Sprüngen von 30, 40 Metern in die Höhe katapultiert wird. Er nennt es „Luftleiter".

Heute soll er zunächst ganz allein Guernica anfliegen, die Luftabwehr ausspähen und die ersten Bomben werfen. Ihm folgen die anderen Piloten der Versuchsbomberstaffel, dann Tiefflieger, danach die Ju-52-Bomber, zum Abschluss des Angriffs erneut Tiefflieger. Außerdem wird ein Kampffliegerverband der auf Francos Seite kämpfenden Italiener beteiligt sein.

So ist der Plan. Angriffsziel: die Rentería-Brücke. Verluste in der Zivilbevölkerung: in beliebiger Zahl einkalkuliert.

Moreau nimmt in 2000 Meter Höhe Kurs Richtung Norden, während sein Beobachter sich bäuchlings in den teilweise gläsernen Bug schiebt. Schließlich fliegt Moreau eine Kehre, um in südlicher Richtung auf Guernica zuzuhalten.

Er drosselt das Tempo für den Probeanflug, damit sich sein Beobachter mit dem Ziel vertraut machen kann. Bis zur „Zeit über Ziel", gibt dieser durch, sei es noch eine Minute.

Moreau kippt die rechte Tragfläche nach unten, um einen Blick auf den Fluss Mundaca zu werfen. Schließlich das letzte Dorf vor Guernica. „Ziel in Sicht", ruft der Bombenschütze.

GUERNICA, 16.30 UHR. Die Nonnen auf dem Karmeliterinnenkloster läuten die Handglocke und rufen: „Avión! Avión!"

Da hören sie auch schon das Geläut der Kirche Santa Maria. In der Stadt wundern sich viele, warum die Glocken um diese Zeit schlagen.

Die Arbeiter in der Waffenfabrik Unceta eilen zum Bunker, wenige andere Bürger machen sich auf zu den *refugios*, den Schutzräumen.

Vor seinem Hauptquartier im Kloster La Merced richtet Leutnant Gandaría sein Fernglas auf die Heinkel: „Es ist eine faschistische Maschine", brüllt er und hastet los, um „irgendeine Schusswaffe zu finden, die zum Beschuss von Flugzeugen geeignet" ist, wie er sich später erinnert.

ÜBER GUERNICA, 16.30 UHR. Moreau zieht das Flugzeug über dem Südrand der Stadt steil in die Höhe. Flugabwehrgeschütze hat er nicht entdeckt, die Brücke war leicht auszumachen. Die Heinkel fliegt einen großen Bogen, um den Anflug zu wiederholen. Höhe weniger als 1500 Meter, Geschwindigkeit rund 250 km/h, der Schütze meldet, die Bomben seien zum Abwurf bereit.

Nichts lenkt die Besatzung ab.

Dann klinkt die Ladung aus, sechs 250-Kilogramm-Bomben. Kaum ist das

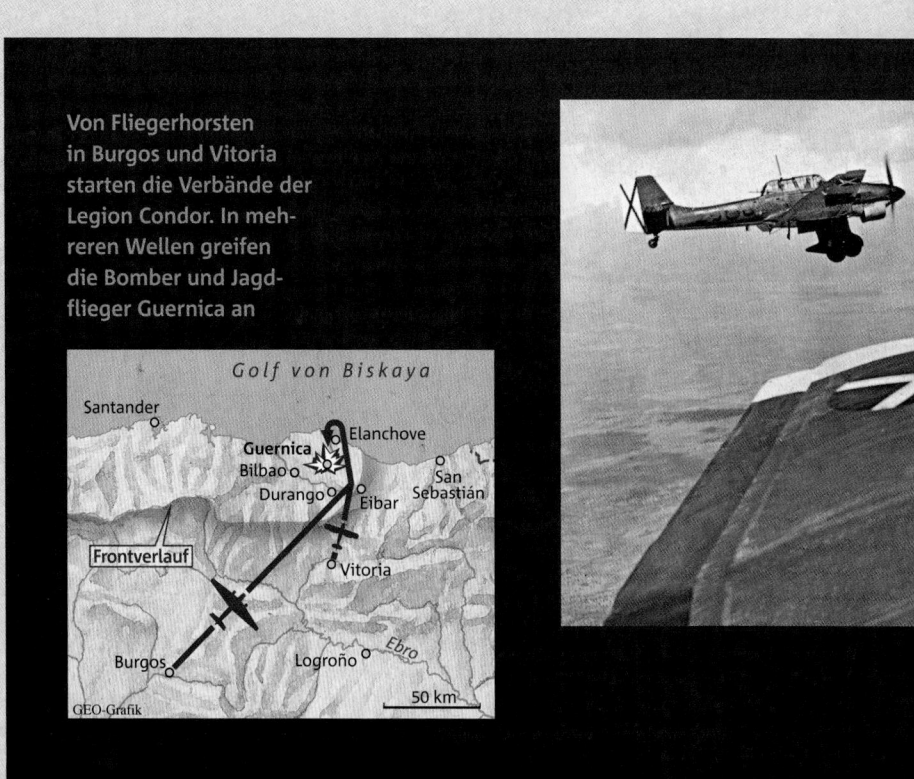

Von Fliegerhorsten in Burgos und Vitoria starten die Verbände der Legion Condor. In mehreren Wellen greifen die Bomber und Jagdflieger Guernica an

Golf von Biskaya

Santander

Guernica — Elanchove
Bilbao
Durango — Eibar
San Sebastián

Frontverlauf

Vitoria

Burgos — Logroño
Ebro

50 km

GEO-Grafik

Flugzeug von der Last befreit, springt es in die Höhe, in einer Linkskurve zieht Moreau hinweg über die Talsohle.

Die Bomben verfehlen die Rentería-Brücke um ein paar Hundert Meter. Sie schlagen im Zentrum von Guernica ein, nicht weit vom Bahnhofsplatz, wo sich viele Menschen nach dem Luftalarm versammelt haben und andere auf den Zug nach Bilbao warten.

GUERNICA, 16.32 UHR. Das Schicksal der Stadt zerfällt unter dem Einschlag der Bomben in eine Folge von Einzelbildern, in Beobachtungen, die keinen anderen Zusammenhang mehr ergeben als das Leid der Opfer.

Auf dem Bahnhofsvorplatz befinden sich 300 oder 400 Menschen, als die Bomben zwischen ihnen detonieren.

Manche Flüchtlinge stürzen in die Nebenstraßen, andere haben keine Chance: Der Feuerwehrchef der Stadt beobachtet, wie eine Bombe einen Pulk Frauen und Kinder in die Luft schleudert, sechs oder sieben Meter hoch, ihre Körperteile werden über den Platz gestreut – vermutlich die ersten Opfer dieses opferreichen Tages.

Die Verwundeten und Überlebenden schreien vor Entsetzen, ein wildes Krei-

schen, das noch weit entfernt am Stadtrand zu hören ist. Eine Bombe reißt die Fassade vom Hotel „Julián" ab; als der Staub sich legt, geht der Blick auf vier nackte Stockwerke, als wäre dem Bau die Haut abgezogen.

Unter den Trümmern, so brüllen einige Frauen, müssen Kinder begraben sein, die in der Sekunde vor dem Angriff dort gespielt hatten.

Aber wo beginnen mit der Bergung?

Von einem Moment auf den anderen wird das Leben mit Grauen durchsetzt: Ein Mann entdeckt im Chaos einen Bekannten, äußerlich unversehrt, der halb bekleidet daliegt – der Druck der Explosion hat seine Lungen platzen lassen. Ein anderer findet ein 14-jähriges Mädchen, dem die Explosion den Kopf vom Körper getrennt hat.

Es ist erstaunlich, dass nirgendwo Feuer ausbricht, die Dachstühle vieler Häuser sind aus altem, trockenem Holz gebaut. Aber fast scheint es, als würden die ersten Bomben noch wie in einem bösen Traum fallen.

Isidro Arrién, der Besitzer des besten Restaurants der Stadt, hört die Hilferufe vom Bahnhofsplatz, entscheidet allerdings, dass er seinen Mitbürgern den besten Dienst tut, wenn er so weitermacht wie immer und das Abendessen vorbereitet. Er geht in die Küche, facht

das Feuer in den Herden an und schenkt sich ein Glas Wein ein.

Auch María Ortuza blättert weiter in ihrer Frauenzeitschrift und lässt sich nicht vom Glockenläuten stören und nicht vom Lärm. Was Menschen bei Katastrophen am energischsten verteidigen, ist die Normalität.

SÜDLICH VON GUERNICA, 16.40 UHR. Rudolf von Moreau befiehlt seinem Funker, das Signal für die nächste Angriffswelle zu geben.

Die drei anderen He 111 seiner Versuchsbomberstaffel gehen in Formation und stoßen auf Guernica nieder.

Es dauert elf Sekunden vom Abwurf der Bomben bis zum Einschlag. In dieser Zeit legen die Flugzeuge rund 1000 Meter zurück. Als die Detonationen erfolgen, haben die Piloten Guernica schon längst hinter sich gelassen.

GUERNICA, GEGEN 16.55 UHR. Brandbomben schlagen in die Bonbonfabrik unweit der Rentería-Brücke, ein Kessel mit Zuckerlösung flammt auf zu einer Feuerwand, eine Arbeiterin bricht schreiend zusammen in einer glühenden Funkenkugel.

Die mit Leinwänden überspannten Stände am Markt, dem größten und berühmtesten weit und breit, heute übervoll mit Besuchern aus der Umgebung, explodieren in Flammen. Rasend schnell frisst sich das Feuer voran, erfasst Tiere, Menschen.

Binnen Minuten versinkt der Platz in schwerem Rauch, kaum jemand sieht, wie das Gebäude der Bank von Viscaya einstürzt, erst drei Tage später findet man die Leichen darin. Auch Guernicas einziger Löschzug wird bei dem Einsturz zerschmettert.

Isidro Arrién sieht, das Weinglas noch in der Hand, wie die Fassade seines Restaurants wegklappt, in Zeitlupe, so erscheint es ihm. Er lässt das Glas fallen und rennt los, den anderen Flüchtenden hinterher, die durch die Stadt irren.

Dem republikanischen Leutnant Gandaría gelingt es endlich, das Ober-

Neben schweren Bombern setzt die Legion Condor in Spanien auch einmotorige Flugzeuge wie diese noch geheimen Sturzkampfbomber vom Typ Ju 87 ein

RUDOLF VON MOREAU

Der 26-Jährige kommandiert die Bomberstaffel beim Angriff auf Guernica und wirft die ersten Sprengsätze ab

kommando in Bilbao zu erreichen. Eine Bombe hat die Telefonleitung durchtrennt, aber eine Verbindung des Militärs funktioniert noch.

Gandaría fordert Schutz durch Jagdflugzeuge und Artillerie an.

Die Antwort lautet: Man werde es in Erwägung ziehen.

Gandaría weiß, was das bedeutet: Guernica, die Stadt, die eine Festung werden sollte, ist schutzlos.

Wie sich der nächste Schlag entfaltet, der aus der Luft auf die Bewohner niederkommt, ist schwer zu ermitteln.

Mehrere He-51-Jagdflugzeuge greifen Guernica an, das steht fest, aber die Augenzeugen am Boden beschreiben die Angriffe so, wie sie nicht stattgefunden haben können: Attacken aus 30 oder 70 Meter Höhe sind nahezu unmöglich für Jagdflugzeuge, deren Maschinengewehre starr eingebaut sind – der Winkel für einen Angriff wäre so, dass sich die Flugzeuge aus dieser Höhe in den Boden bohren würden.

Auch können Jäger nicht „das ganze Gebiet systematisch mit MG-Feuer" bestreichen, wie sich später ein Augenzeuge erinnert; sie haben nur wenige Sekunden für ein paar Feuerstöße, bevor sie wieder in den Himmel aufsteigen müssen. Aber verändern derlei Irrtümer irgendetwas an dem Schrecken der Betroffenen?

Endlich ist auch María Ortuza aufgesprungen. Sie wartet, bis die Flugzeuge abdrehen. Dann läuft sie die Calle Adolfo Urioste hinab zum Luftschutzkeller im Rathaus. Als sie die schwere Tür erreicht, ist sie außer Atem. Aber sie vergisst auch dort nicht, was sie ihrer Stellung bei Señora Arriendiara schuldig ist: Beim Hinabschreiten in den Keller achtet sie sorgsam darauf, dass ihre angehobenen Röcke auf keinen Fall den Blick auf ihre Knöchel freigeben.

Schon 300 Menschen drängen sich in die verbrauchte Luft des Bunkers, nur mit Mühe kann sich María Ortuza in die Wand aus Menschen zwängen. Sie hat das Gefühl, eine Gruft zu betreten. In der Tiefe des Raumes hört sie Stöhnen.

Einige Soldaten bieten ihre Wasserflaschen an, was die Eingesperrten nicht begrüßen: Die Männer, murmeln sie, gehören nach draußen, um zu kämpfen.

Im Kloster La Merced versucht Leutnant Gandaría seine Truppen zu zählen. Weniger als 200 Mann, so schätzt er, befinden sich noch bei ihm. Der Rest ist desertiert. Ein paar weitere Kämpfer könnte er in der Stadt noch einsammeln, doch um Guernica bis zum Letzten zu verteidigen, reichen weder die Kräfte noch der Wille.

Voller Verbitterung gesteht er sich ein, dass er nur noch eine Wahl hat: die Stadt zu räumen.

ÜBER GUERNICA, 18.00 UHR. Vor anderthalb Stunden hat der Angriff begonnen. Doch jetzt erst schwebt der Hauptverband an: 23 Bomber vom Typ Ju 52, jeder mit 1500 Kilo Sprengbomben beladen.

Die Piloten erkennen ihr Ziel an der dunklen Wolke aus Staub und Ruß, die sich über die Stadt ausbreitet und jeden Versuch vereitelt, Einzelheiten auszumachen.

„Also mussten wir unsere Bomben so abwerfen, wie das unter den Umständen am besten möglich war", erinnert sich später ein deutscher Flugzeugführer. „Dass wir sie *nicht* abwarfen, kam nicht

infrage – es wäre für uns gefährlich gewesen, mit einer Bombenladung zu landen. Aber der Bombenschütze wusste nicht, was er traf."

Auch bei bester Sicht wären präzise Abwürfe freilich nicht möglich gewesen: Die Zieltechnik erlaubt es nicht. Rund zehn Kilometer vor Guernica senken die Flieger mit Handwinden die „Töpfe" aus den Rümpfen der Ju 52 hinab – eine Art Eimer, in denen die Bombenschützen kauern, vom Wind nur durch kleine Glasscheiben geschützt.

Mit einem primitiven Gerät versucht der Schütze das Ziel anzupeilen, per Knopfdruck übermittelt er seine Kurskorrekturen, die im Cockpit als Lichtsignale ankommen: rot für „mehr links", grün für „mehr rechts" und weiß für „Kurs beibehalten".

Die Piloten spotten: „Es ist ein Wunder, dass wir überhaupt etwas treffen."

Was sie am seltensten treffen, ist das Ziel. Erst eine Woche vor dem Angriff auf Guernica hat die Legion Condor aus Versehen die eigenen Truppen bombardiert. Und kurz zuvor haben die Bomber das Städtchen Durango in Schutt gelegt: Mehrere Tage lang versuchten sie, eine Rüstungsfabrik zu zerstören, was ihnen bei vier Großangriffen nicht gelang.

Ein britischer Journalist macht die großflächige Zerstörung Guernicas bald nach dem Angriff publik. Erschüttert sieht die Welt, was ein Luftangriff in kurzer Zeit anrichten kann. Die Deutschen bestreiten jede Beteiligung

Am Ende waren rund 200 Menschen tot und der Ort zu mehr als 50 Prozent zerstört, doch die Fabrik produzierte weiter und auch die Straßen waren noch befahrbar.

Den Angriff auf Durango prangerte der US-Botschafter in Spanien als bis dahin „schrecklichste Bombardierung einer weißen Zivilbevölkerung" an.

Er hätte auch die Stadt Eibar nennen können, deren Häuser die Legion zu 60 Prozent eingeebnet hat. 200 Todesopfer. Nach Besichtigung der Trümmer notierte Wolfram von Richthofen ein für ihn seltenes Wort: „erschütternd".

Was sich hier an der spanischen Nordfront abzeichnet, wird zum Wesen des Bombenkriegs des 20. Jahrhunderts: Jeder größere Fliegerangriff, im Spanischen Bürgerkrieg, im Zweiten Weltkrieg, in Vietnam, ist flächendeckend.

Zwar stehen Einzelziele wie die Rentería-Brücke in den Angriffsbefehlen, aber alle Piloten wissen, dass sie ihr Ziel höchstwahrscheinlich verfehlen werden. Diese Erkenntnis hält sie aber nicht von ihren Einsätzen ab.

Häufig wird ein „Fehlwurf" nachträglich als „bedauerlich" deklariert, auch von Piloten der Legion Condor. Aber der Fehlwurf ist nicht die Abweichung, sondern das Prinzip des Bombenkriegs.

Vermutlich deswegen ist die Welt so schockiert, als sie vom Angriff auf Guernica erfährt: Sie ahnt darin die kommende, entfesselte Zerstörung durch diesen Krieg von oben.

GUERNICA, 18.15 UHR. Die Bomben der Ju 52 zerschmettern das Pelota-Stadion und eine Bank, ein Waisenheim erhält einen Volltreffer, Kirchen werden in Stücke gerissen und dann auch das Rathaus. Die drei Stockwerke sacken zusammen und begraben den Luftschutzkeller, eine Bombe ist unmittelbar über den Schutzsuchenden eingeschlagen.

Es riecht nach Mörtel, nach verbranntem Holz und Fleisch. Schwer saugen die Menschen die teuflische Luft ein.

María Ortuza sackt auf die Knie und kriecht zur Schutztür. Sie hört ein scharfes Geräusch, ein Splittern. Dann Tages-

licht. Der Bürgermeister von Guernica, der ebenfalls im Keller ausharrt, hat die Tür eingeschlagen.

María zieht sich vorwärts, vor Schmerz kneift sie die Augen zu. Sie versucht, eine Hand fortzuschieben, und sieht, dass sie einem abgetrennten Arm gehört, der sich in ihrem Gürtel verfangen hat.

Sie schleudert den Arm fort und robbt weiter über die Trümmer nach draußen, wo sie sich an eine Ecke des Rathausplatzes schleppt. Da stürzt krachend der Rest des Rathauses ein und verschüttet den Ausgang des Luftschutzkellers.

Pater Iturran steht in der Kanzel seiner Kirche Santa Maria und leitet die Gebete der Gläubigen. Zahlreiche Menschen haben sich in den massiven Bau geflüchtet, als nun eine einzelne Brandbombe das Dach durchschlägt, eine Marienstatue von ihrem Sockel schleudert und qualmend auf dem Boden einer Seitenkapelle landet.

Die Menge wogt zurück, drauf und dran, in Panik aus der Kirche zu stürzen, da schallt laut und so fest wie am Tag zuvor bei seiner aufrührerischen Predigt die Stimme des alten Priesters: „Wenn der Herr ein Wunder wirkte, indem er Wasser in Wein verwandelte, so wird er uns vielleicht erlauben, Wein als Wasser zu gebrauchen."

Dann schickt Pater Iturran ein paar Männer los, den Messwein zu holen.

Einige der Anwesenden sprechen später von einem Wunder.

GUERNICA, 18.50 UHR. Als letzte Zerstörungswelle fliegen in der Abenddämmerung die neuesten Flugzeuge der Luftwaffe, sechs Messerschmitt Bf 109, im Tiefflug über die Stadt hinweg.

María Ortuza hat sich hinter einen toten Esel geduckt, da schlagen Geschosse

EINE DER BOMBEN FÄLLT IN EIN WAISENHEIM

Hunderttausende Spanier fliehen vor den Bombenangriffen der Legion Condor wie vor den vorrückenden Nationalisten. Am 31. März 1939 endet der Bürgerkrieg mit Francos Sieg – fünf Monate später beginnt der Zweite Weltkrieg

neben ihr ein. Sie schließt die Augen. „Die sollten denken, ich sei auch tot." Aber geschlossene Augen sehen die Piloten aus ihren rasenden Kanzeln nicht.

Noch während des Angriffs sammelt Ramón Gandaría die letzten seiner Truppen und setzt sie in Marsch. Nur weg aus Guernica, der sterbenden Stadt.

„Rauchgeschwärzt, dreckverkrustet, ausdrucksleer", so erinnert er sich später, führt er sie zu einer Furt im Fluss. Schweren Schrittes und schweigend geht er voran, es gibt nichts mehr zu sagen: „Der Krieg war verloren."

Als kurz vor 20.00 Uhr die Dunkelheit anbricht, hoffen die Bewohner der Stadt eher aus Erschöpfung als aus Überzeugung, dass keine weiteren Angriffe mehr folgen. Einige schließen sich zu Trupps zusammen, zählen noch in der Nacht die Toten, ein paar Hundert sind es, auch wenn es schwierig ist, die Leichenteile zuzuordnen.

Andere ermitteln die Schäden in der Stadt: Rund 70 Prozent der Häuser sind zerstört. Mehrere Gruppen versuchen, Verschüttete zu bergen und die Feuer zu löschen. Für alle ist es „wie ein Vorausblick auf den Weltuntergang".

Aber das Parlament und die baskische Eiche, sie stehen noch unbeschädigt, ebenso die Rentería-Brücke – und die Häuser einiger Franco-Anhänger. Sofort entstehen Gerüchte, die Deutschen hätten sie bewusst verschont. Einige Männer durchkämmen die Häuser auf der Suche nach Verrätern.

María Ortuza geht ziellos durch die Stadt, bis sie die unversehrten Häuser sieht. Eines von ihnen wird zum *refugio* erklärt, die Hausangestellte steigt die Treppen hinauf in ein großes Schlafzimmer mit Himmelbett. Sie sinkt darauf nieder und schläft sofort ein.

VITORIA, SPÄTABENDS. Die Besprechungen nach dem Angriff mit dem Stabschef Richthofen verlaufen wie immer. Routine, beim Angriff keine besonderen Vorkommnisse. Noch ist Guernica nicht „Guernica".

Im „Frontón"-Hotel feiern die Jagdflieger und singen freche Lieder. Die Bordelle sind geöffnet, und die Piloten warten geduldig, bis sie an der Reihe sind. Richthofen beendet kurz vor Mitternacht seinen üblichen Rundgang auf dem Flugplatz und sieht, dass die Bombendepots fast leer sind. Doch an Nachschub, das weiß er, mangelt es nicht.

27. APRIL 1937, 8.00 UHR. In Guernica fällt leichter Regen und hilft, die letzten Brände zu löschen. Bald trifft der erste von vielen Zügen ein, um Flüchtlinge und Ausgebombte nach Bilbao zu bringen, das ein Verteidigungsbollwerk umgibt, der „Eiserne Ring".

Die letzten Soldaten verlassen die Stadt – ebenso wie die Schaulustigen, die aus benachbarten Orten gekommen waren, um das schwelende Guernica zu sehen.

Noch in der Nacht nach dem Angriff reist George Steer, der Korrespondent der Londoner „Times", von Bilbao nach Guernica – er wird entscheidend dazu beitragen, dass die kleine baskische Stadt zum prominentesten Symbol des verbrecherischen Bombenkriegs wird.

Ein Treck von Flüchtlingen, manche mit Ochsenkarren, strömt dem Kriegsreporter entgegen, die Stadt bietet einen „fürchterlichen Anblick", sie brennt „vom einen Ende zum anderen", die Straßen „sind undurchdringliche Trümmerhaufen".

Steer spricht mit Überlebenden, er schildert die verzweifelten Versuche, Verschüttete zu bergen, und er findet drei Brandbombenröhren mit deutscher Aufschrift, wichtige Beweismittel.

Seine Reportage löst eine Welle der Empörung aus, in den USA unterschreiben Hunderte von Politikern und Prominenten einen Appell an das „Gewissen der Welt", in London beginnt die britische Regierung ihre Politik der Nichteinmischung zu überdenken.

George Steer spart nicht mit Abscheu. Der Angriff sei „beispiellos in der Militärgeschichte", denn die Deutschen hätten „in systematischer Weise" Viertel um Viertel eingeebnet mit nur einem Ziel: „der Demoralisierung der Zivilbevölkerung und der Zerstörung der Wiege des baskischen Volkes".

Damit beschwört er die tiefsten Ängste des Publikums herauf. Seit Langem malen Visionäre des Schreckens die neuen Möglichkeiten aus, ganze Städte von oben auszulöschen, um dadurch den

EIN GEMÄLDE MACHT GUERNICA FÜR ALLE

zermürbenden Stellungskrieg am Boden zu entscheiden. Schutzlose Zivilisten seien dabei das wichtigste Ziel, die Front verliefe überall, und gewinnen könne nur, „wer mehr Frauen und Kinder tötet als der Gegner", wie ein britischer Politiker 1932 prophezeit.

Guernica gibt diesen Ängsten einen Namen.

Und sie bekommen ein Bild. Am 29. April liest in Paris Pablo Picasso in einer Zeitung eine Übersetzung von Steers Artikel. Der Künstler soll für den spanischen Pavillon bei der Weltausstellung 1937 in Paris ein gewaltiges Gemälde malen, nur: In weniger als einem Monat wird die Ausstellung eröffnet, und Picasso hat noch keinen Pinselstrich getan.

Nach der Lektüre beginnt er sofort mit der Arbeit an einem Gemälde, das den Schrecken von Guernica zeigt – und das später zu seinem berühmtesten Kunstwerk überhaupt wird. Im Anschluss an die Weltausstellung wird „Guernica" in Skandinavien, England und den USA gezeigt und hält die Erinnerung wach.

Da sind alle diplomatischen Anstrengungen, den Angriff zu verurteilen, längst gescheitert. Anfangs dringen die Briten auf eine rasche Untersuchung, doch Hitler weist seinen Außenminister an, dass diese „unbedingt abgelehnt werden müsse". Rasch streuen die spanischen Nationalisten die Lüge, nicht deutsche Bomber, sondern die Basken hätten Guernica mit Dynamit zerstört.

Und in Berlin wütet die NS-Presse gegen Steer mit Absonderlichkeiten wie etwa jener Behauptung, dass „Times" rückwärts gelesen das Wort „Semit" ergebe und die Zeitung damit als jüdisch-marxistisches Kampfblatt enttarnt sei.

Das Unvermögen der Briten im Fall Guernica ist Teil eines größeren Scheiterns. London schaut tatenlos zu, wie

Doch obwohl die Piloten der Legion Condor bei den Bombardements kleiner Städte wie Guernica und Durango, vor allem aber bei wochenlangen Angriffen auf Madrid und Barcelona, viele Erfahrungen sammeln: Am effizientesten entwickeln die Deutschen in Spanien das Handwerk der „Schlachtfliegerei", also der Unterstützung der Bodentruppen aus der Luft.

Die 19 000 Soldaten der Legion Condor tragen dieses Wissen in die deutsche Luftwaffe, es hilft entscheidend bei den schnellen Siegen der ersten Jahre des Zweiten Weltkriegs.

Sie rüsten gegen diesen Wahn erst mit zunehmender Auszehrung des eigenen Volkes an, dann mit unfassbarer Brutalität gegen Zwangs- und Sklavenarbeiter und die eroberten Gebiete.

Doch nie kann sich Deutschland einen entscheidenden Technologie- oder Materialvorsprung verschaffen; sowohl die UdSSR wie die USA übertreffen die deutsche Produktion.

Die Führung in Berlin lässt die Wehrmacht dennoch am 1. September 1939 losschlagen, fünf Monate nach Ende des Spanischen Bürgerkriegs, in der aberwitzigen Hoffnung, sich die Rohstoffe Europas schneller sichern zu können, als die eigenen Kräfte zusammenbrechen – und bevor die Amerikaner in den Krieg eintreten.

Das misslingt im gewaltigsten Blutrausch der Geschichte.

ZEITEN ZUM SYMBOL DES BOMBENKRIEGS

deutsche Truppen den Spanischen Bürgerkrieg entscheiden – und trägt dazu bei, dass Hitler sich zu immer dreisteren Eroberungen ermutigt fühlen darf. Noch während des Bürgerkriegs verleibt er sich Österreich ein, zerschlägt die Tschechoslowakei (siehe Seiten 76 und 100).

Wolfram von Richthofen inspiziert Guernica vier Tage nach dem Angriff aus der Luft. „Buchstäblich dem Erdboden gleichgemacht", notiert er gleichmütig in seinem Tagebuch: „Bombenlöcher auf Straßen noch zu sehen, einfach toll."

Und wieder klagt er über die Spanier, „es war die geschaffene Voraussetzung für einen großen Erfolg, wenn Truppen nur nachgerückt wären. So nur ein voller technischer Erfolg."

Anderthalb Jahre später macht Göring ihn zum Generalmajor, gut vier Jahre später zum Generalfeldmarschall der Luftwaffe. Richthofen orchestriert die deutschen Blitzkriege aus der Luft in Polen und Frankreich, die maßgeblich auf den Erfahrungen in Spanien beruhen.

Etliche Lehren aus dem Spanischen Bürgerkrieg leiten die Strategen und Rüstungsplaner aber auch fehl. Weil die Luftabwehr der Republikaner so schwach ist, übersehen die deutschen Generäle, wie verwundbar ihre Bomber sind – über England werden die Flugzeuge später schutzlos aufgerieben.

Eine technisch und mengenmäßig überlegene Luftwaffe lässt Göring in Wirklichkeit nie bauen. Am Ende des Krieges vermögen seine Piloten weder den Gegner zu bekämpfen noch den deutschen Luftraum zu schützen.

Der Sieg in Spanien ist daher der Beginn des deutschen Untergangs.

Die Rüstungsplaner scheitern aber nicht nur an ihren eigenen Fehleinschätzungen, sondern auch an einem Paradox, in dem der ganze Wahnsinn des „Dritten Reichs" steckt. Denn um Europa zu erobern, braucht Hitler eine Armee, die so groß ist, dass er sie erst ausrüsten kann, wenn die Eroberung gelungen ist. Ein unauflösbarer Widerspruch: Erst ein Sieg schafft die Voraussetzung für den Sieg.

Hitler setzt daher auf Blitzkriege: Besiege den Gegner so schnell, dass vor dem nächsten Feldzug genug Zeit zur Ausbeutung und Rüstung besteht. Doch weder Göring noch Albert Speer, ab 1942 oberster Rüstungsverantwortlicher, sind in der Lage, den Irrsinn umzusetzen.

MARÍA ORTUZA kehrt nach dem Angriff auf Guernica zu Señora Arriendiara zurück, um weiterhin für sie zu arbeiten.

Pater Iturran stirbt im Jahr 1946.

Die Spuren von Ramón Gandaría verlieren sich nach dem Krieg.

Pablo Picasso gilt bald als berühmtester Künstler des 20. Jahrhunderts – auch wegen „Guernica".

Rudolf von Moreau wird zu einem gefeierten Langstreckenpiloten und stellt unter anderem den Weltrekord für die schnellste Atlantiküberquerung auf. Am 31. März 1939 kommt er bei einem Testflug ums Leben.

Wolfram von Richthofen stirbt zwei Monate nach Kriegsende an einem Gehirntumor. Später werden seine Aufzeichnungen zugänglich. Nach der Vernichtung der baskischen Stadt durch seine Staffel hatte er in einem Brief nach Deutschland geschrieben: „Ich hatte mich bei Guernica wohl etwas rüpelhaft benommen!" □

Literaturempfehlungen: Walther L. Bernecker, „Krieg in Spanien 1936–1939", Wissenschaftliche Buchgesellschaft: etwas trocken geschriebenes Standardwerk zum Bürgerkrieg. Stefanie Schüler-Springorum, „Krieg und Fliegen. Die Legion Condor im Spanischen Bürgerkrieg", Ferdinand Schöningh: beschreibt die Erfahrungen deutscher Flieger, die den Luftkrieg gegen die spanische Bevölkerung führten.

Dr. Christoph Kucklick, 49, ist Journalist in Berlin. Ihn beeindruckte, wie ein Angriff, der sich kaum von vielen anderen unterschied, durch die mediale Verbreitung zu einem Schlüsselereignis des Kriegsgeschehens im 20. Jahrhundert werden konnte.

Winzig erscheinen Reichstag und Brandenburger Tor neben der geplanten Kuppelhalle, die beinahe 300 Meter hoch über dem Berliner Tiergarten aufragt. Doch die Vision Adolf Hitlers und seines Architekten Albert Speer wird nur als Holzmodell und in Zeichnungen Wirklichkeit. An ihnen hat sich der Illustrator Tim Wehrmann orientiert, um sich dem Aussehen des derart umgebauten Berlin anzunähern

EINE STADT FÜR DIE »WELTHERRSCHER«

Schon nach kurzer Zeit an der Macht träumen die Nationalsozialisten von einem »Tausendjährigen Reich« und wollen Deutschland für die Ewigkeit formen. Wohl nirgends drückt sich dieser Größenwahn so deutlich aus wie in den Plänen, die Hitler für Berlin entwerfen lässt: Zehntausende Häuser, ganze Viertel sollen Platz machen, jüdische Bewohner vertrieben werden – für breite Prachtstraßen und gigantische Monumentalbauten, die selbst die Pyramiden in den Schatten stellen. Die so geschaffene »Welthauptstadt« soll auch einen neuen Namen erhalten: Germania. Und sie muss all ihre Größe gründen auf einen brutalen Eroberungszug im Osten

TEXT: RALF BERHORST; ILLUSTRATIONEN: TIM WEHRMANN

Wie ein Berg erhebt sich die Kuppel aus dem Zentrum Berlins; fast 300 Meter ragt ihre von einem Reichsadler bekrönte Rundung in die Höhe, verschattet die Gebäude in der Nähe. An manchen Tagen stößt die Spitze sogar durch niedrige Wolken. Noch nie ist solch ein Bauwerk errichtet worden, zu messen ist es nur an den Monumenten der ägyptischen Pharaonen und der römischen Antike – die es aber an Volumen und Größe weit übertrifft.

Die Kuppel ruht auf einem quadratischen Unterbau, der so gewaltig ist, dass ihn das Auge kaum zu fassen vermag, mit einer Fassade aus blendendem Granit. 315 Meter breit und 74 Meter hoch ist dieser Riesenkubus, an den vier Ecken durch mächtige Pfeiler eingefasst und verziert mit einem Fries. Nach Süden hin öffnet sich eine Säulenhalle; durch sie führt der Weg nach innen, vorbei an atemraubend hohen Stützen.

Dahinter liegt ein einziger Raum: ein riesiges Rund, erhaben wie das Innere einer Kathedrale – nur viel größer als jeder Dom der Christenheit. Die römische Peterskirche hätte 17-mal Platz in diesem Saal; 180 000 Menschen können sich hier versammeln.

Der Raum lässt sie die Allmacht jener Staatsgewalt spüren, die ihn erschaffen hat, die Größe des Imperiums, dessen Teil sie sind, er zwingt sie zu Demut und Unterordnung, formt sie zur Glaubensgemeinschaft. Über den Köpfen der Menge spannt sich die freitragende Kuppel bis in schwindelnde Höhe, das kühnste Gewölbe der Welt.

Auf Jahrtausende soll die „Große Halle" in Berlin von der Größe und Macht des „Dritten Reichs" künden. Bis in alle Ewigkeit.

Dies ist eine Vision. Denn im April 1937 existiert das Bauwerk nur als Holzmodell, das der Architekt Albert Speer zusammen mit Ansichten, Grundrissen und Schnitten Adolf Hitler zu dessen 48. Geburtstag überreicht.

Und doch ist die Große Halle kein Fantasiegebilde. Gut ein Jahr später schon werden im Berliner Spreebogen Häuser abgerissen, um Platz zu schaffen für den Bau, wird die Siegessäule aus der Kaiserzeit versetzt, weil sie im Weg steht.

Statiker prüfen, ob der Boden die gewaltigen Fundamente tragen kann. Die Grundsteinlegung ist auf den 1. Mai 1940 festgesetzt. Für mehrere Millionen Reichsmark kaufen Mitarbeiter Speers in Deutschland, Schweden und Finnland bereits Granit für die Fassade an.

Dabei ist die gigantische Kuppelhalle nur Teil viel umfassenderer Planungen. Sie ist der triumphale Abschluss einer kilometerlangen Prachtstraße, die als Schneise von Nord nach Süd durch Berlin geschlagen werden soll.

Mehrere Stadtquartiere müssten dafür weichen, neue Viertel würden erstehen. Zehntausende Arbeiter hätten Millionen Kubikmeter Naturstein zu verbauen. Das wilhelminische Berlin soll zur würdigen Hauptstadt des „Dritten Reichs" umgestaltet werden.

Schon im Jahr 1950 müssten die Arbeiten vollendet sein. Denn dann will Hitler das neue Berlin in einer Weltausstellung präsentieren.

In dieser architektonischen Vision manifestiert sich der Größenwahn eines Regimes, das sich bereits nach wenigen Jahren an der Macht berufen fühlt, auf ewig zu herrschen. Das sich allen anderen Völkern überlegen wähnt und daher berechtigt sieht, über sie zu gebieten. Das dem ganzen Kontinent, ja dereinst womöglich dem gesamten Globus seinen Willen aufzuzwingen trachtet.

Nicht mehr an der geschichtlichen Gegenwart will dieses Regime gemessen werden, sondern an den größten Imperien der Vergangenheit.

In der Übergröße der geplanten Bauwerke zeigt sich die Hybris eines Systems, das jedes Maß und den Sinn für menschliche Proportionen verloren hat. Das keine Grenzen mehr kennt, sondern nur den Willen zur Überbietung. Das die Unterwerfung und Verdrängung seiner Gegner ersehnt und im Letzten ihre Auslöschung. Das seine Ideen und Pläne ins Unbedingte, ins Extreme treibt – auch in den abgründigsten Visio-

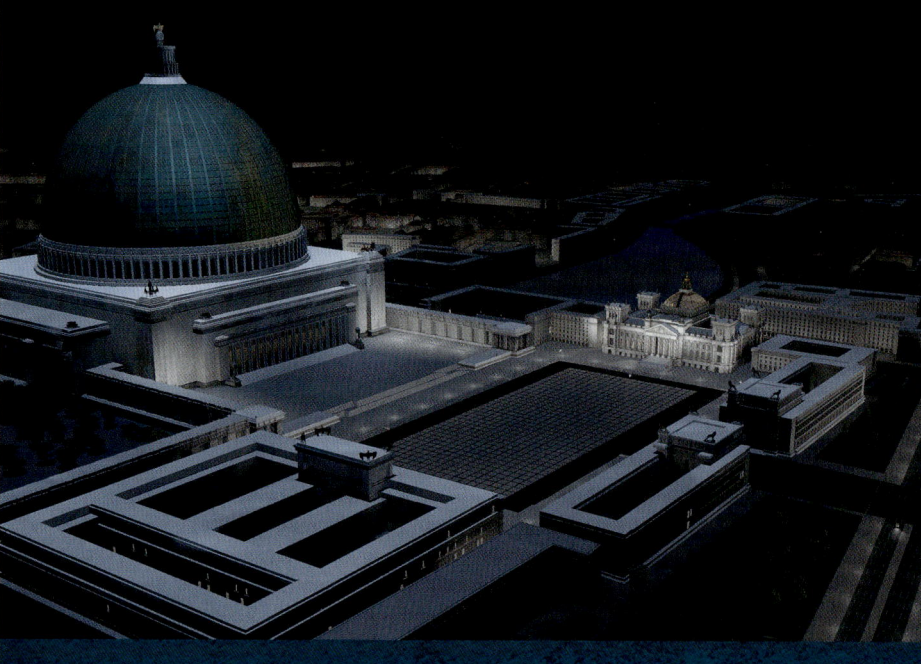

Der »Große Platz« vor der Kuppelhalle, die 180 000 Menschen fassen soll: vorne links ein

nen – und wohl auch dadurch eine unheimliche Dynamik entfesselt, die viele Menschen in ihren Bann zieht.

Es ist ein enthemmtes Denken, das Energien freisetzt. Auf zahlreichen Ebenen, in der Staatsführung und der Partei-Elite, in Ministerialbüros, an Universitäten und in Wirtschaftsunternehmen. Viele wollen mitwirken an einer Vision, die durchaus noch kein fertiges Gedankengebäude ist, sondern Ungereimtheiten und Widersprüche kennt, Rivalitäten und Konkurrenz zulässt, auch Bizarres und Verstiegenes hervortreibt.

Gemeinsam ist allen Zukunftsvorstellungen aber: ihre Radikalität.

EINER, DEN DER RAUSCH des plötzlich Möglichen erfasst, ist Albert Speer: ein junger Architekt, der an der Seite Hitlers die Chance sieht, als Baumeister in die Geschichte einzugehen.

Speer, 1905 in Mannheim geboren, stammt aus einem großbürgerlichen, liberalen Elternhaus. 1930 hat er fasziniert eine Rede Hitlers in Berlin gehört, im Jahr darauf ist er in die NSDAP eingetreten. Später erhielt er kleinere Bauaufträge von der Partei.

Dann kommt seine Chance: 1933 entwirft er eine Tribüne für die NS-Massenkundgebung zum 1. Mai, dekoriert mit Fahnen, höher als ein zehngeschossiges Gebäude, pompös, effektvoll. Eine Talentprobe, die zeigt, dass Speer den Geist der Bewegung erfasst hat.

Noch im selben Jahr schlägt er für den Nürnberger Reichsparteitag der NSDAP Ende August eine ähnliche Kulisse vor, diesmal bekrönt von einem hölzernen Reichsadler mit 30 Meter Spannweite. Hitler persönlich genehmigt den Entwurf und beruft Speer bald darauf in seinen innersten Zirkel. Der Günstling ahnt, dass der Diktator auf ihn den eigenen Jugendtraum überträgt, ein grandioser Baumeister zu werden.

1934 dann ein Großauftrag: Speer soll für das Parteitagsgelände in Nürnberg eine steinerne Tribüne entwerfen. Seine Skizze geht weit über die gestellte Aufgabe hinaus: Er ersinnt eine wuchtige Treppenanlage, 24 Meter hoch und 390 Meter lang.

Hitler ist begeistert. Immer wieder erklärte er seiner Entourage, dass er baue, um seine „Zeit und ihren Geist der Nachwelt zu überliefern". Letztlich würden an „die großen Epochen der Geschichte doch nur deren monumentale Bauwerke erinnern".

Speer hat das richtige Gespür für solche Erinnerungszeichen: Auf eigene Faust entwickelt er einen neuen Gesamtplan für das Gelände in Nürnberg, mit einer breiten Paradestraße, einem Aufmarschplatz für eine halbe Million Soldaten und einem gigantischen Sportstadion für 400 000 Zuschauer.

Der antike Circus Maximus in Rom, das einzige Bauwerk der Geschichte, das sich mit dieser Arena messen kann, fasste einst nicht einmal halb so viele Menschen. Das Bauvolumen des Nürnberger Stadions übertrifft das der Cheops-Pyramide um das Zweifache. Es sind diese Rekordmaße, an denen sich Hitler berauschen kann, getrieben von einer Sucht nach dem Superlativ.

„Warum immer das Größte?", doziert er in einer Rede. „Ich tue es, um dem einzelnen Deutschen wieder das Selbstbewusstsein zurückzugeben. Um auf hundert Gebieten dem Einzelnen zu sagen: Wir sind gar nicht unterlegen, sondern im Gegenteil, wir sind jedem anderen Volk absolut ebenbürtig."

Speer ahnt, dass es um weit mehr als um Gleichrangigkeit geht, um bloße Genugtuung für ein gedemütigtes Volk. „Das Größte sollte sein Werk verherrlichen, sein eigenes Selbstbewusstsein erhöhen. Die Errichtung dieser Monumente sollte dazu dienen, einen Anspruch auf Weltherrschaft anzumelden, lange bevor er ihn seiner engsten Umgebung mitzuteilen wagte", schreibt er später in seinen Erinnerungen.

Als der Architekt seinen Bauherrn einige Monate vor der Grundsteinlegung des Stadions im September 1937 darauf aufmerksam macht, dass die Abmessungen der Arena nicht genau den vorgeschriebenen olympischen Maßen entsprechen, wischt Hitler diese Bedenken beiseite: „Ganz unwichtig. 1940 finden die Olympischen Spiele noch einmal in Tokyo statt. Aber danach, da werden sie für alle Zeiten in Deutschland stattfinden, in diesem Stadion. Und wie das Sportfeld zu bemessen ist, das bestimmen dann wir."

ABER NOCH ZÖGERT der Diktator, Speer mit dem größten Auftrag zu betrauen, den er zu vergeben hat: der Umgestaltung Berlins. Schon 1925 hat er selber Skizzen zu einer riesigen Kuppelhalle und einem Triumphbogen aufs Papier geworfen obwohl er damals nur der Anführer einer völkischen Splitterpartei war und keinerlei Aussicht auf Realisierung dieser Fantasien bestand.

Schon bald nach seiner Ernennung zum Reichskanzler mischt er sich in die städtebaulichen Planungen Berlins ein. 1934 gibt er seine Wünsche offen zu erkennen: In der Stadt soll eine fünf Kilometer lange und 120 Meter breite Repräsentationsstraße erstehen, nach dem Vorbild der Pariser Champs-Élysées – natürlich nur viel größer und schöner.

Umfangreiche Abrissarbeiten wären für so einen Durchbruch erforderlich, Kopfbahnhöfe müssten dafür aus dem Zentrum versetzt werden.

Doch die Berliner Bauverwaltung setzt die Pläne in Hitlers Augen nicht entschlossen genug um. Und so betraut er Speer im März 1936 mit der Aufgabe, übergibt ihm die alten Skizzen aus den 1920er Jahren als Inspirationsquelle: „Diese Zeichnungen machte ich vor zehn Jahren. Ich habe sie immer aufgehoben, da ich nie daran zweifelte, dass ich sie eines Tages bauen werde. Und so wollen wir sie nun auch durchführen."

Nun hat Speer den größten aller Aufträge. Am 30. Januar 1937 ernennt Hitler ihn offiziell zum „Generalbauinspektor für die Neugestaltung der Reichshauptstadt" und stattet ihn mit weitreichenden Vollmachten aus; Speer ist fortan nur ihm verantwortlich.

Schon Anfang 1938 ist der Rahmenplan für das neue Berlin fertig. Immer wieder sucht Hitler in diesen Monaten seinen Architekten auf, berauscht sich

Von der Kuppelhalle führt eine
Prachtallee, an der zahlreiche Ministerien liegen, auf fünf Kilometer
Länge zum neuen Südbahnhof. Ein
170 Meter breiter und 117 Meter
hoher Triumphbogen wird, so Hitlers
Wunsch, diese Nord-Süd-Achse überspannen. Das Ziel der pompösen
Architektur: Macht demonstrieren
und Angst erzeugen

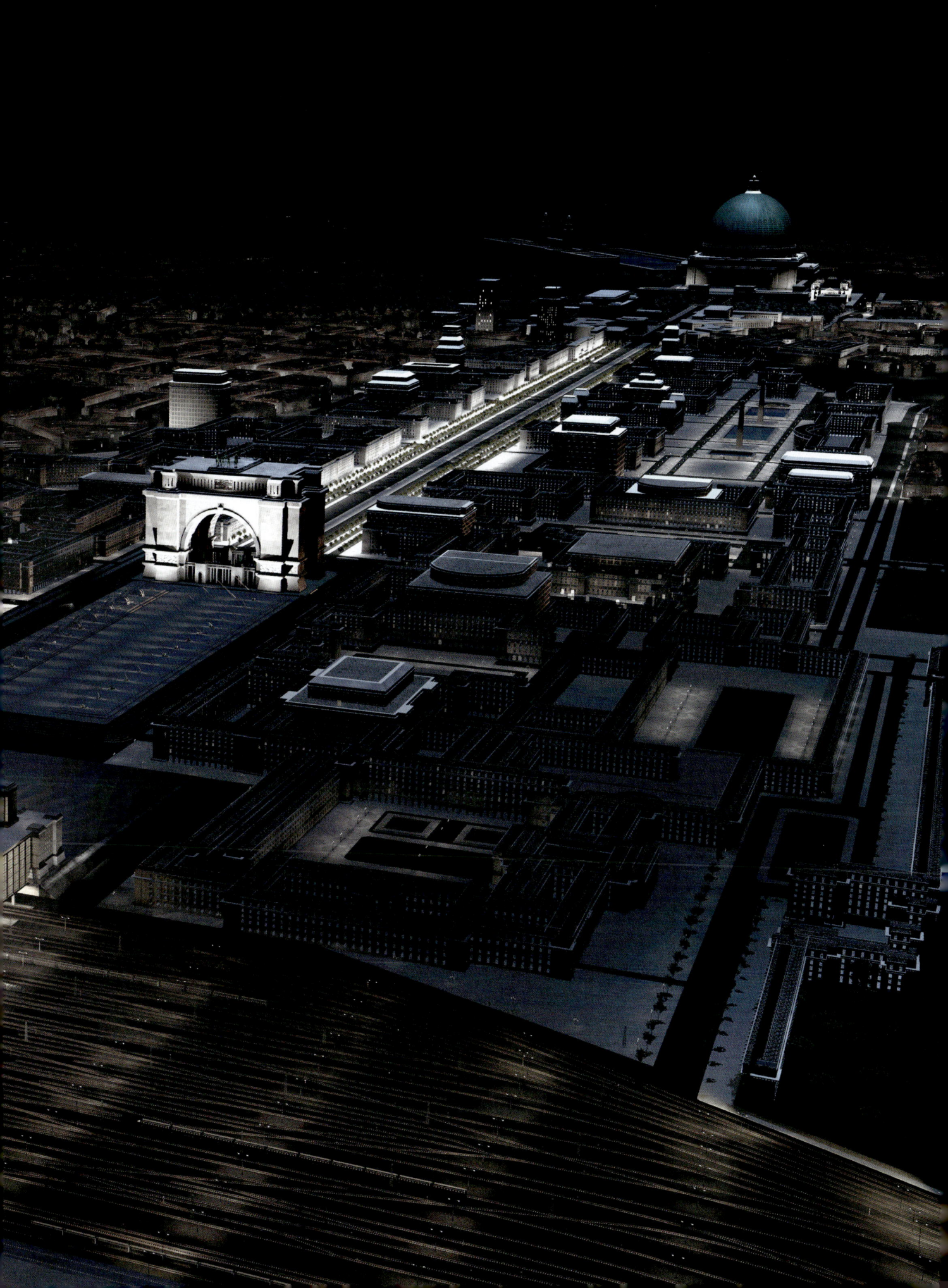

an den Zeichnungen und an aufgestellten Modellen, die Speer mit Scheinwerfern bestrahlen lässt – als nähme über ihnen schon die echte Sonne ihre Bahn.

Geradezu magisch zieht Hitler ein meterlanger Nachbau der „Großen Straße" im Maßstab 1:1000 an. Einzelne Gebäudekomplexe lassen sich auf Rolltischen herausziehen – so kann er an beliebiger Stelle in die künftige Prachtmeile treten, aus verschiedenen Winkeln die Perspektive eines Staatsgastes einnehmen, der ihm im Jahr 1950 in seiner Hauptstadt die Aufwartung macht.

GANZ IM SÜDEN der Achse erhebt sich ein neuer Zentralbahnhof aus Glas und Stahl, dessen Ausmaße die der New Yorker Grand Central Station weit übertreffen, des größten Bahnhofs der Welt. Vier übereinanderliegende Verkehrsebenen sind durch Rolltreppen und Aufzüge miteinander verbunden.

Eine Freitreppe führt auf einen riesigen Vorplatz. Schon hier soll jeder Besucher vom Anblick der Großen Straße überwältigt werden, die sich vor ihm kilometerweit nach Norden zieht. In der Ferne ist die große Kuppel zu sehen.

Gut 1000 Meter vom Bahnhof entfernt wölbt sich ein gigantischer Triumphbogen über die Straße, getreu nach Hitlers früher Eingebung entworfen. In den Stein sind die Namen sämtlicher im Ersten Weltkrieg gefallenen deutschen Soldaten eingemeißelt.

Mit 117 Metern ist das Monument mehr als doppelt so hoch wie sein Vorbild, der Pariser Arc de Triomphe, der in dem Denkmal 49-mal Platz hätte. Das ist für die Gesamtproportionen der Straße eigentlich viel zu wuchtig, wie Speer zu bedenken gibt. Aber Hitler hält nichts von Verkleinerungen.

Dahinter säumen die Neubauten von elf NS-Ministerien den Weg nach Norden. Die glatten Fassaden sind mit Granit oder Muschelkalkstein verkleidet. Der Naturstein soll Härte, Macht, Undurchdringlichkeit, Wehrhaftigkeit symbolisieren, Zutrauen in die Staatsführung schaffen; zugleich soll die Düsternis der Gebäude auch einschüchtern.

Zwischen den Regierungsbauten sind Geschäftshäuser mit bis zu 200 Meter breiten Fronten geplant, sie sollen Leben in das „Gesamtkunstwerk" bringen, auch Leuchtreklamen sind vorgesehen. Erstehen sollen zudem ein luxuriöses Kino, eine Philharmonie, eine Oper, drei Theater, ein Konzerthaus und ein Kongressbau; daneben Varietés und Großrestaurants sowie ein Hallenbad in den Dimensionen römischer Kaiserthermen.

In der Nähe eines runden Platzes im nördlichen Teil der Allee erhebt sich der künftige Amtssitz Hermann Görings, des Reichsluftfahrtministers, der im Lauf der Planungen auf einen immer größeren Bau und neue Extravaganzen drängt. Auf dem Dach soll Erde aufgeschüttet werden für einen fast 12 000 Quadratmeter großen Park hoch über dem Tiergarten, mit Schwimmbecken, einem Tennisplatz, Springbrunnen und einem Freilufttheater für 240 Gäste.

Gegenüber dem Göring-Bau wird der gewaltige Quader einer „Soldatenhalle" liegen, gedacht als Trophäensammlung und Ehrengruft für gefallene Helden.

Wenig später mündet die Straße in das eigentliche Machtzentrum des Imperiums: den „Adolf-Hitler-Platz", der bei Kundgebungen bis zu eine Million Menschen fassen soll. Er ist gesäumt von dem Gebäude für das Oberkommando der Wehrmacht, dem um ein Nebengebäude erweiterten Reichstag (die Zahl der Abgeordnetensitze ist für ein 140-Millionen-Volk berechnet – obwohl das Deutsche Reich um 1937 nur knapp 70 Millionen Einwohner zählt) sowie einem Palast des „Führers", der zusammen mit den Gärten ein Areal von zwei Millionen Quadratmetern bedeckt.

In einem weiteren Gebäude ist die künftige Reichskanzlei untergebracht – den neuen Amtssitz in der Voßstraße, den Speer gerade für Hitler erbaut, betrachtet der Diktator als Provisorium.

Im Norden wird der Platz abgeschlossen von der Großen Halle. Hinter dem Bauwerk ist ein künstlicher See angestaut, in dem sich dereinst die Kuppel spiegeln soll. Die Spree ist hier in die Tiefe umgeleitet, Schiffe unterqueren den Adolf-Hitler-Platz in einem Tunnel. Hinter der Kuppel reihen sich weitere Monumentalbauten aneinander, bis zu einem riesigen Bahnhof im Nordwesten. Insgesamt sieben Kilometer lang zieht sich die Prachtstraße durch Berlin.

Hitler ist besessen von dieser Idee einer repräsentativen Nord-Süd-Achse, das restliche Berliner Stadtgebiet ist ihm dagegen eher gleichgültig. Speer aber will mehr: Glaubt man seinen Erinnerungen, so entwirft er auf eigene Faust eine Gesamtkonzeption für Berlin – die der Diktator mit Wohlwollen, aber wenig Interesse an Details genehmigt.

So soll später eine zweite Achse von Ost nach West die Prachtstraße schneiden (unweit von Brandenburger Tor und altem Reichstag, die in der Nachbarschaft der gigantischen Kuppelhalle nun verloren wie Puppenmöbel wirken).

An den Enden des Achsenkreuzes sind vier neue Flughäfen geplant; der Zentralflughafen Tempelhof, an dem gerade gebaut wird, ist nach Speers Ansicht zu sehr im Stadtzentrum gelegen und soll in einen Vergnügungspark umgewandelt werden. In der Mitte Berlins will der Architekt die vorhandenen Museen ausbauen und neue errichten, im Westen soll ein neues Universitätsviertel entstehen, im Süden eine Wohnstadt für 400 000 Menschen.

Hitler ist mit all diesen Erweiterungen einverstanden – ihn interessiert ohnehin nur die Prachtstraße. Und er drängt zur Eile, denn der Diktator geht davon aus, dass er nicht sehr alt werden wird. Er will aus seinem Palais noch selbst regieren, in der Kuppelhalle noch zur Menge sprechen, damit die Aura seiner Person auf die Gebäude abstrahle. Hitler ist davon überzeugt, dass seine Nachfolger auf diese ideelle Unterstützung angewiesen sein werden, wenn sie ihre Autorität wahren wollen.

Vorerst aber ist er darauf bedacht, dass die Gesamtplanung nicht veröffentlicht wird, nur Teile werden nach und nach bekannt gegeben. Zum einen soll es keine Diskussionen über die Kosten des Vorhabens geben, zum anderen dürfen die für das Vorhaben nötigen Abrisse nicht öffentlich angesprochen werden. Bis zu 130 000 Berliner Wohnungen, so schätzt Speers Generalbaudirektion, müssten für die Neubauten weichen, Hunderttausende Mieter umziehen – trotz der Wohnungsnot in Berlin.

Im September 1938 schlägt Speer in einer Besprechung vor, jüdische Mieter zum Umzug in noch zu errichtende kleinere Wohnungen am Stadtrand zu zwingen, um so Platz zu schaffen für „Abrissmieter". Wenige Monate später hat er eine neue Idee: Nun sollen jüdische Hausbesitzer dazu gezwungen werden, die Vertriebenen als zusätzliche Bewohner in ihren Mietswohnungen aufzunehmen. Zunächst verzögert der Kriegsbeginn im September 1939 die Verwirklichung des Vorhabens, doch ab 1940 werden tatsächlich Juden aus ihren Wohnungen vertrieben und in solche „Judenhäuser" gezwungen; ab Herbst 1941 werden sie nach Polen deportiert und dort in Ghettos gepfercht.

Speer vereinbart zudem mit der SS, dass KZ-Häftlinge Granit für die Nord-Süd-Achse brechen sollen; neue Lager werden zum Teil bewusst in der Nähe von Natursteinvorkommen errichtet.

Trotz dieser Ausbeutung wären die Kosten des Gesamtvorhabens immens.

Doch Hitler will sie gar nicht genau errechnet wissen; Speer schätzt sie auf bis zu sechs Milliarden Reichsmark (eine Summe, die heute grob geschätzt 30 Milliarden Euro entspräche – und trotzdem wohl viel zu niedrig angesetzt ist).

Die Ausgaben sollen auf möglichst viele Ministerien, Institutionen und die Stadt Berlin abgewälzt werden. Hitler ist davon überzeugt, dass Besucherströme aus aller Welt die Aufwendungen wieder einbringen werden.

Am 14. Juni 1938 beginnen in mehreren Vierteln Berlins die Arbeiten. Ein Baufieber bricht aus, denn Privatunternehmen und Reichsbehörden beeilen sich, Grundstücke bei der Generalbaudirektion zu beantragen, um an der künftigen Prachtmeile des „Dritten Reichs" vertreten zu sein.

Nicht nur in Berlin und Nürnberg sind gigantische Gebäude geplant. Auch in München soll eine ähnliche Achse entstehen mit dem größten Bahnhof Europas und einem 212 Meter hohen

„Denkmal der Partei". In Hamburg ist eine Hängebrücke über die Elbe vorgesehen, mächtiger als die Golden Gate Bridge in San Francisco, sowie ein Wolkenkratzer für die Gauleitung, höher als das Empire State Building in New York. Ein Hakenkreuz aus Neonlicht soll von der Fassade nachts den Schiffen auf der Elbe den Weg weisen. (Beide Vorhaben müssen wegen des schlechten Baugrundes später kleiner geplant werden.)

In Weimar, wo die NSDAP 1926 ihren zweiten Parteitag abgehalten hat, wird schon seit 1936 ein monumentales „Gauforum" errichtet. Und als am 4. Oktober 1937 ein „Gesetz zur Neugestaltung deutscher Städte" ergeht, beeilen sich viele Gauleiter, in ihren Städten ähnliche Projekte in Auftrag zu geben.

Zukunftsentwürfe gibt es jetzt unter anderem für die „Neugestaltungsstädte" Augsburg und Köln, und nach dem „Anschluss" Österreichs im März 1938 auch für Linz, Salzburg und Wien.

Auf der Ostsee-Insel Rügen lässt Robert Ley, der Führer der „Deutschen Arbeitsfront", für die Freizeitorganisation „Kraft durch Freude" seit 1936 das Seebad Prora errichten, einen viereinhalb Kilometer langen Hotelkomplex entlang der Küste. Ley ist auch der Bauherr riesiger „Ordensburgen", der Kaderschmieden für den NS-Führungsnachwuchs.

Es sind trutzige Gebäude, die wie mittelalterliche Wehranlagen aus der Landschaft ragen. Hitlers „gewaltige Weltanschauung", so erklärt Ley, könne nicht „in alten, modrigen und verstaubten Gebäuden" gelehrt werden. Die NS-Ordensburgen sollen „in ihrer Wirkung und Größe den Gedanken entsprechen, die in ihnen verkündet werden".

Im April 1936 weiht Hitler die drei ersten dieser Bauwerke ein, am pommerschen Krössinsee, im bayerischen Sonthofen und bei Gemünd in der Eifel.

Der künftige „Führernachwuchs" soll jeweils ein Jahr auf jeder der Kaderschmieden absolvieren – ganz oben auf dem Lehrplan der jungen Männer stehen „Rassenlehre" und ein umfangreiches Sportprogramm.

hinten links), und Hermann Görings »Reichsmarschallamt« (gegenüber) entstehen sollen

Den neuen Südbahnhof durchströmen, so der Plan, auf vier Ebenen Bahn-, Bus- und Taxiverkehr. Ganz unten fahren neu konstruierte sieben Meter hohe und sechs Meter breite Doppelstock-Züge, die die weit entfernten Regionen des zusammen-geraubten europäischen Großreichs miteinander verbinden sollen

Mangels eigener Bauten kommen auch die jüngeren Zöglinge der ebenfalls neu eingerichteten „Adolf-Hitler-Schulen" in den Ordensburgen unter. In diesen Internaten beginnt die Indoktrination des Führungsnachwuchses im Alter von zwölf Jahren. Ihren Abschluss soll die Ausbildung der Elite künftig auf der „Hohen Schule" finden, einer Art NSDAP-Universität, die Alfred Rosenberg, der Chefideologe der Partei, am Chiemsee plant.

Rosenberg, der „Beauftragte des Führers für die Überwachung der gesamten geistigen und weltanschaulichen Schulung und Erziehung der NSDAP", entstammt einer wohlhabenden Familie aus Reval und hält sich selbst für den Vordenker der NS-Bewegung. Er ist dogmatisch, arrogant und sogar innerhalb der nationalsozialistischen Führung unbeliebt. Viele sehen sich als seine Gegner.

1930 hat der Ideologe den „Mythus des 20. Jahrhunderts" verfasst, eine Kampfschrift, über deren Unverständlichkeit sich selbst Hitler beklagte. In dunklen Begriffen deutet Rosenberg darin die Weltgeschichte als das Ringen der nordischen Rasse um Vorherrschaft, plädiert dafür, das Christentum durch eine neue „Religion des Blutes" zu ersetzen.

Häufig dringt Rosenberg mit seinen verworrenen Initiativen nicht gegen seine Rivalen in der Partei- und Staatsführung durch; dass Hitler die NSDAP-Universität am Chiemsee genehmigt, ist daher ein Prestigeerfolg für ihn.

Dort wird bereits Land für einen Komplex von einem halben Kilometer Länge abgesteckt, zu dem ein Observatorium gehört sowie ein Turm mit Sendestation, der eines Tages Hitlers Reden auf den ganzen Erdball übertragen soll.

LÄNGST IST KLAR, dass Deutschlands Ressourcen für all diese Großvorhaben nicht ausreichen werden, zumal das Regime zugleich Milliarden für seine Aufrüstung ausgibt, dafür hohe Kredite aufnimmt und auf einen finanziellen Kollaps zusteuert.

Obendrein leistet sich das Militär teure Großprojekte, so das Riesenge-

schütz „Dora", das nur per Eisenbahn zu bewegen ist und die schwersten Artilleriegranaten aller Zeiten verschießt, oder den Flugzeugträger „Graf Zeppelin", der 1938 vom Stapel läuft. Flugzeugkonstrukteure arbeiten an einem Fernbomber, der bis nach New York fliegen könnte. Und in Peenemünde auf der Insel Usedom errichten 10 000 Arbeiter ab 1936 den modernsten Rüstungsbetrieb Deutschlands; hier sollen unter der Leitung des jungen Ingenieurs Werner von Braun Fernkampfraketen erprobt und in Serie produziert werden.

Es ist offensichtlich, dass diese Anstrengungen nur um jenen Preis durchzuhalten sind, der zugleich ihr Antrieb ist: Krieg, Eroberung, Ausbeutung.

Tatsächlich denken, während Dutzende Architekten und Ingenieure in ihren Büros zeichnen und rechnen, Funktionäre des NS-Staats sowie der Partei, Ministerialbeamte und Wissenschaftler an den Universitäten und in anderen Forschungseinrichtungen über die komplette Neuordnung des europäischen Kontinents nach.

Sie planen die Auflösung von Nachbarstaaten und die Entrechtung ganzer Bevölkerungsgruppen, bereiten deren Vertreibung und Auslöschung vor.

Sie lassen sich mitreißen von den größenwahnsinnigen Visionen der Staatsführung und treiben sie zugleich durch ihre vorauseilenden Initiativen voran – getreu einem Impuls, den ein preußischer Staatssekretär auf die Formel bringt: „dem Führer entgegen arbeiten".

Hitler selbst, der seine Militärs schon im Februar 1933 auf die „Eroberung neuen Lebensraums im Osten und dessen rücksichtslose Germanisierung" eingeschworen hat, ist seit Beginn der 1920er Jahre davon überzeugt, Deutschland müsse sich neue Territorien verschaffen. Im zweiten Band von „Mein Kampf" hat er 1926 die Menschheitsgeschichte als einen unerbittlichen Konflikt zwischen Rassen gedeutet, der auf eine finale Auseinandersetzung zusteure.

Solche Wahnideen sind spätestens seit der Jahrhundertwende unter völkischen Denkern verbreitet – ergänzt durch die Überzeugung, es gebe eine nordische Rasse, die von besonderer, ja heiliger Abstammung sei, nun aber in ihrer Existenz bedroht werde: durch Freimauer, Juden, Slawen, Kommunisten, Christen.

Von diesen Gedanken greift die NS-Bewegung viele auf. Die Vorstellung, die Deutschen seien eine überlegene, aber gefährdete Rasse, verbindet sich mit der

Nach dem Frankreich-Feldzug verfügt Hitler ein weiteres Detail: Erbeutete Geschütze sol

fixen Idee, ein „Volk ohne Raum" zu sein, welches das Recht besitze, sich neue Gebiete im Osten zu verschaffen.

1936 erklärt Richard Walther Darré, Reichsminister für Ernährung und Landwirtschaft sowie Chef des „Rasse- und Siedlungshauptamtes" der SS, auf einer Tagung in Weimar: Der „natürliche Siedlungsraum des deutschen Volkes" sei „das Gebiet östlich unserer Reichsgrenze bis zum Ural, im Süden begrenzt durch Kaukasus, Kaspisches Meer, Schwarzes Meer und die Wasserscheide, welche das Mittelmeerbecken von der Ostsee und der Nordsee trennt".

Ein fähigeres Volk, fügt Darré hinzu, habe stets das Recht, die „Scholle" eines weniger fähigen in Besitz zu nehmen.

Viele deutsche Bevölkerungswissenschaftler, Historiker, „Rassenhygieniker" und Geopolitiker denken und argumentieren ähnlich. Im Frühjahr 1937 schlagen „Ostforscher" ein Modell zur bevölkerungspolitischen Neuordnung Polens vor: Das Nachbarland soll seine Souveränität verlieren, drei Millionen polnische Juden sollen für staatenlos erklärt und deportiert werden.

Im selben Jahr fantasiert Heinrich Himmler, der „Reichsführer SS und Chef der Deutschen Polizei", in einer Rede vor SS-Gruppenführern von dem Plan, „um das heutige Deutschland herum 100 Millionen germanische Bauern wieder anzusiedeln und zu züchten und dann den Weg zu einer von uns schon einmal innegehaltenen Weltherrschaft wieder zu beschreiten".

Noch sieht Himmler darin eine Utopie für die fernere Zukunft. Doch im November 1938 träumt er in einer anderen Ansprache vor SS-Männern bereits von einem künftigen „großgermanischen Imperium". Es werde das größte Reich sein, „das die Erde je gesehen hat".

Himmler hängt der Legende an, eine „germanisch-nordische Herrenschicht" habe einst die Völker im Osten beherrscht. Daher kennt sein utopisches Denken zwei Stoßrichtungen: Zukunft und Vergangenheit.

Zum einen will er die SS zu einer biologischen Elite formen, die künftig den Osten kolonisieren soll. Immer wieder propagiert er den Gedanken der „Auslese". Schon seit Ende 1931 gilt sein Befehl, dass SS-Leute „nur gutrassige Frauen" heiraten dürfen und vor der Eheschließung eine Genehmigung einholen müssen. Jeder SS-Mann und seine künftige Frau sind ab 1934 verpflichtet, Ahnentafeln vorzulegen, die bis ins Jahr 1800 zurückreichen, sowie einen Lebenslauf und Fotos, die das Paar „in ganzer Größe" zeigen. Die Heiratskandidaten müssen sich von einem SS-Arzt auf ihre „Erbgesundheit" untersuchen lassen.

Zum anderen ist Himmler darauf versessen, Beweise für die angebliche Weltherrschaft des arischen Germanentums in frühgeschichtlicher Zeit zu finden. Er will das vermeintlich versunkene Erbe erschließen und wiederbeleben, um Deutschland so für die Kämpfe der nächsten Jahrzehnte weltanschaulich zu wappnen.

Schon im Juli 1935 gründet er deshalb den Verein „Deutsches Ahnenerbe", eine Pseudo-Wissenschaftsorganisation der SS. Rasch entstehen überall im Reich Zweigstellen, 1939 werden es etwa zwei Dutzend sein.

Für die SS-Studiengesellschaft arbeiten Sprachwissenschaftler, Völkerkundler, Urgeschichtsforscher, Archäologen und Naturwissenschaftler. Schon bald verzetteln sich die Gelehrten – zu denen Laien und Scharlatane, aber auch angesehene Experten zählen – in einer Vielzahl von Projekten. In Himmlers Auftrag sollen sie unter anderem eine auf gut 50 Bände angelegte Quellensammlung zum „germanischen Erbe" zusammentragen, sie sollen Märchen und Sagen erforschen, Wappen und „Sippenzeichen", Wortstämme und das Wetter.

Die Forscher des SS-Führers ergründen, wie Marktplätze und Hauptstraßen in deutschen Städten angelegt sind, da die Muster als Vorbild für künftige SS-Siedlungen im Osten dienen könnten. Es gibt bald Abteilungen für Wünschel-

rutenwesen, für Karst- und Höhlenkunde. Mineralogen prüfen, ob sich in bayerischen Flüssen nach Gold schürfen ließe, Biologen befassen sich mit der Züchtung eines winterharten Steppenpferdes für die SS-„Wehrbauern", die den Osten kolonisieren sollen.

Besondere Anstrengungen setzt Himmler darauf, Beweise für die „Welteislehre" eines österreichischen Ingenieurs zu erbringen. Gemäß dieser Theorie wird das gesamte kosmische Geschehen von dem Gegensatz zwischen Sonnen- und Eisplaneten bestimmt; im ewigen Eis des Alls, so glaubt Himmler, waren einst auch die Keime der „Arier" konserviert, bevor die göttergleich auf die Erde herniederstiegen.

Diese obskure Weltentstehungslehre ist für Himmler untrennbar mit dem Mythos um die sagenhafte Insel Atlantis verbunden. Dort nämlich habe die „arische" Kultur einst ihren irdischen Anfang genommen; eine „atalantinische Herrenschicht" habe Chinesen und Japaner beherrscht. Später habe sie sich, womöglich um Schutz vor einer globalen Katastrophe zu suchen, in die tibetische Hochebene geflüchtet, um sich von dort aus nach Europa und abermals Ostasien auszubreiten. Folglich besäßen germanische und asiatische Eliten – „Arier" und Samurai – gemeinsame Wurzeln.

Das „Ahnenerbe" unterstützt eine Expedition nach Tibet, plant (nie realisierte) Forschungsreisen nach Bolivien, Peru, Chile und in den Iran, um Belege für die Welteislehre aufzuspüren.

Himmler lässt auch nach den Gebeinen des Sachsenkönigs Heinrich I. fahnden. Er verehrt den Monarchen, weil der vor mehr als 1000 Jahren den Einfluss der Kirche zurückgedrängt habe und vor einem Kampf mit den Slawen stand. Der SS-Führer sieht sich als Reinkarnation Heinrichs; er hält das Christentum für verderblich und zersetzend.

Deshalb will Himmler für seinen SS-Orden eine Ersatzreligion erschaffen. Er lässt in der SS christliche Symbole gegen heidnische austauschen, will die christliche Taufe durch eine „Namensweihe" substituieren, legt persönlich die

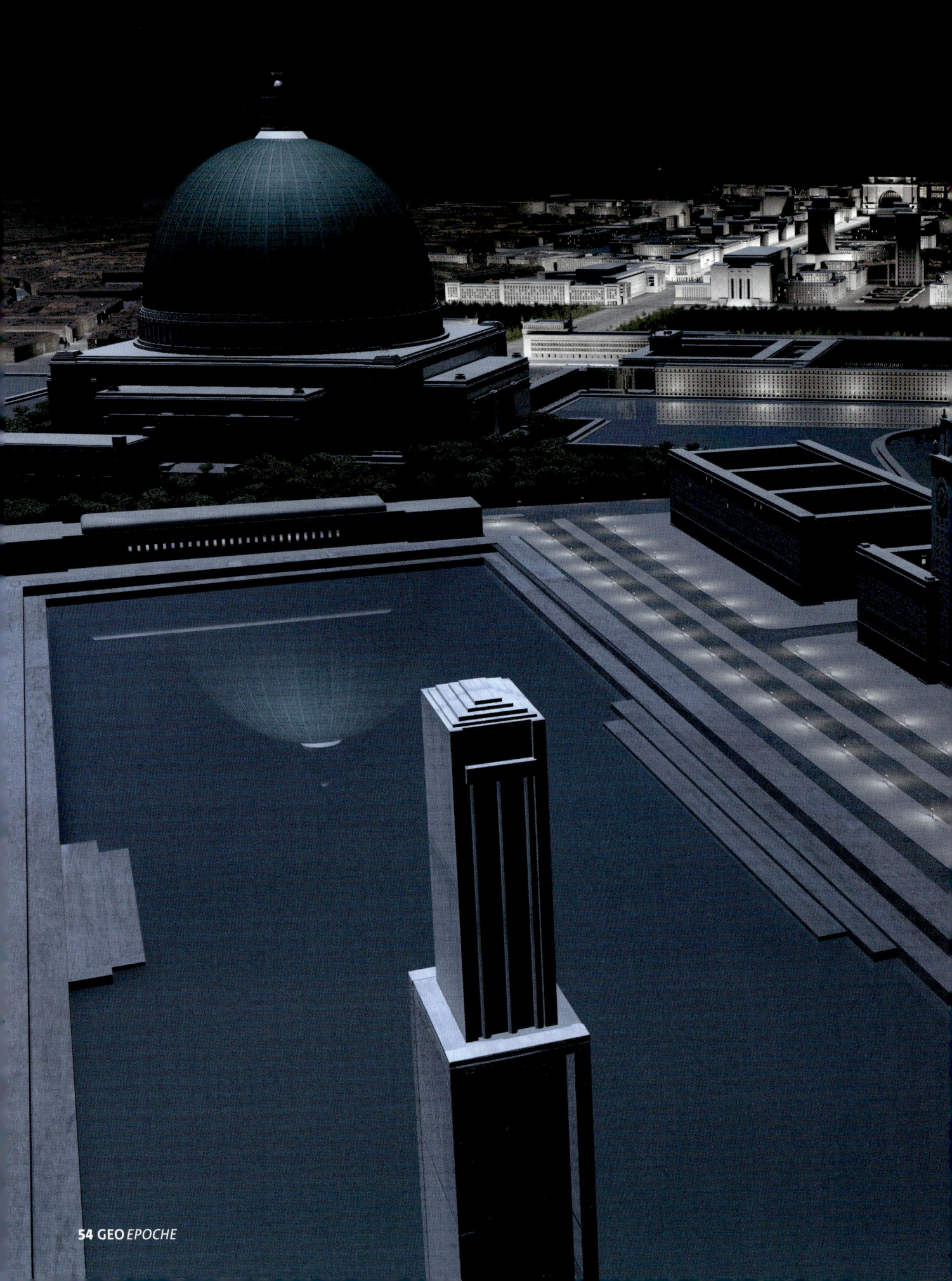

Die Kuppelhalle spiegelt sich in einem künstlich angelegten See. Das »Große Becken«, direkt vor dem Rathaus (rechts daneben) gelegen, dient in den Entwürfen den Berlinern auch als Freibad

Zeremonien einer „germanischen Ehe-schließung" in allen Details fest.

Er begründet neue Kulte und Rituale, etwa jährliche „König-Heinrich-Feiern" im Dom zu Quedlinburg, und verschenkt zu Weihnachten – dem „Julfest" – an seine Männer Julleuchter: Kerzenhalter aus Ton, die mit Runen und germanischen Symbolen verziert sind.

Doch Himmler scheut davor zurück, sein Weltbild und die neuen SS-Riten allzu sehr in die Öffentlichkeit zu tragen. Er ahnt vielleicht, dass Hitler seinen Germanenkult verachtet und sich im kleinen Kreis oft über ihn und Rosenberg lustig macht. Gleichwohl lässt der Diktator seine Paladine gewähren.

Denn die Zukunftsvision des NS-Regimes folgt keiner festgefügten Orthodoxie; es gibt Kernideen, aber an den Rändern bleibt Raum für freie Kräfte, eigene Initiativen.

Und so wie Himmler von germanischen Göttern träumt, ersehnen viele Deutsche in den 1930er Jahren ein neues Kolonialreich. Sie hoffen auf eine Wiedererlangung der 1919 im Versailler Friedensvertrag abgetretenen Gebiete und den Gewinn neuer Besitzungen, etwa auf ein deutsches „Mittelafrika" südlich der Sahara.

Für Hitler ist die Kolonialfrage zu jener Zeit vermutlich nur Verhandlungsmasse beim diplomatischen Spiel mit den Westmächten; für den Reichskanzler kommt eine Expansion in Richtung Süden allenfalls nach der Unterwerfung des europäischen Kontinents infrage.

Aktivisten der Kolonialbewegung hoffen jedoch auf gleichzeitige Eroberungszüge. Und war nicht „Volk ohne Raum" – jenes 1926 erschienene Werk des Schriftstellers Hans Grimm, das dem Drängen auf neue Gebiete seine Parole gab – eigentlich ein Roman über Deutsch-Südwestafrika?

Afrika soll das künftige Imperium mit Rohstoffen und Kolonialprodukten versorgen. Angesichts der Devisenknappheit des Reiches erscheint die Idee verlockend, dass Deutschland Kautschuk, Erze und Holz nicht im Ausland kauft, sondern sich in Kolonien verschafft.

Für diese Ideen macht der „Reichskolonialbund" mit Vorträgen, Filmvorführungen und Aufmärschen Propaganda. Der Verein, der eine Million Mitglieder zählt, hält Kurse und Lehrgänge für künftige Farmer ab, damit Deutschland für den Tag gerüstet ist, an dem es wieder über Kolonien gebietet.

Auch die „Deutsche Kolonialschule" im hessischen Witzenhausen und die „Koloniale Frauenschule Rendsburg" bilden Landwirte und Farmersfrauen aus. Firmen schließen sich auf Anordnung des Reichswirtschaftsministers zur „Gruppe Deutscher Kolonialwirtschaftlicher Unternehmungen" zusammen, um ihre Handelsinteressen mit denen des NS-Staates zu koordinieren.

Der Reichsbeamtenbund gründet eine Verwaltungsschule, um Staatsdiener für den Einsatz am Äquator zu präparieren. Juristen entwickeln bereits ein NS-Recht für die künftigen Kolonien; das Reichsjustizministerium nimmt sogar Kontakt auf zu ehemaligen Kolonialbeamten, um sie zu reaktivieren.

In Hamburg wird im April 1938 das „Kolonialinstitut" wiedereröffnet, für den ersten Lehrgang schreiben sich 400 Studenten ein. Und in Berlin lassen sich Polizeibeamte in einem Kolonial-Sonderkurs schulen; auf dem Programm stehen Lektionen in Suaheli und anderen afrikanischen Sprachen, in Kartographie, Kolonialrecht, Tropenhygiene. Im März 1939 melden sich nach einem Aufruf Himmlers 380 Offiziere und 2000 Wachtmeister freiwillig zur Vorbereitung auf einen Dienst in Afrika.

Wenige Monate später beginnt der deutsche Überfall auf Polen. Es ist der Auftakt zu jenem Angriffskrieg, von dem sich viele der utopischen Projekte und Fantasien insgeheim nähren, auf den sie unweigerlich zusteuern. Deshalb werden die Arbeiten an den Großbauten des

Reiches bei Kriegsausbruch auch nur vorübergehend eingestellt: Gleich nach dem ersten militärischen Triumph im Westen ordnet Hitler im Juni 1940 die volle Wiederaufnahme der Bauarbeiten an, in denen er nun „den bedeutendsten Beitrag zur endgültigen Sicherstellung unseres Sieges" sieht.

Bis 1941 erklärt der Diktator mehr als zwei Dutzend deutsche Orte zu „Neugestaltungsstädten". Damit umfasst die Liste nun fast jede größere deutsche Stadt, darunter Bremen, Dresden, Heidelberg, Würzburg und Wuppertal.

Auch Linz soll umgestaltet werden, Hitlers frühere Heimat, denn er plant, sich dort im Alter zur Ruhe zu setzen. Der NS-Machthaber will die österreichische Provinzstadt in eine Metropole von Weltrang verwandeln. Dort soll ein „Führermuseum" erstehen (die Kunstsammlung dafür wird gerade auf dem Kontinent zusammengekauft und -geraubt) sowie eine der größten Bibliotheken Europas. Als Hitlers Ruhesitz ist eine „Führerpfalz" geplant, als seine Begräbnisstätte die Krypta eines Glockenturms.

Im September 1941 lässt der Diktator die Granitbestellungen für die Berliner und Nürnberger Bauten noch einmal erhöhen. „Durch den Krieg lasse ich mich nicht abhalten, meine Pläne zu verwirklichen", so Hitler.

Deutsche Kommunen sollen im „germanisierten" Osteuropa Patenschaften für Neugründungen übernehmen und so dafür sorgen, dass dort Dutzende Kopien deutscher Städte entstehen – verbunden mit dem Reich durch ein Netz an Breitspurgleisen. Doppelstöckige Züge, sechs Meter breit und fast sieben Meter hoch, sollen, so ein Entwurf, mit 250 km/h über den Kontinent rasen: von Paris nach Rostow am Don, von Hamburg nach Konstantinopel. Auch eine Autobahn bis zur Krim ist in Planung.

Im März 1942 schwelgt Hitler von Berlin als künftiger „Welthauptstadt", es werde „nur mit dem alten Ägypten, Babylon oder Rom vergleichbar sein! Was ist London, was ist Paris dagegen!"

Drei Monate später monologisiert er erstmals über die Idee, Berlin in „Germania" umzubenennen, um trotz der gewaltigen Distanzen in dem Imperium „zwischen jedem Angehörigen des germanischen Rassekerns und dieser Hauptstadt ein Gefühl der Zusammengehörigkeit zu erzeugen".

Immer weiter werden in Speers Generalbaudirektion nun die Entwürfe für die Bauten entlang der Berliner Nord-Süd-Achse ausgearbeitet und präzisiert. Ingenieure haben aus Beton einen gewaltigen „Großbelastungskörper" gegossen und unweit des geplanten Standortes für den Triumphbogen platziert. Auf diese Weise soll getestet werden, ob die Mergelschichten des Bodens das Bauwerk tragen werden.

Und immer wieder lenkt sich Hitler mit architektonischen Größenfantasien von Fehlschlägen an der Front ab. Erst nach der Niederlage von Stalingrad Anfang 1943 werden die Arbeiten an der „Welthauptstadt Germania" eingestellt.

Doch noch im Februar 1945, als die letzte Offensive der Wehrmacht in den Ardennen gescheitert ist und die Rote Armee kurz vor Berlin steht, lässt Hitler ein Modell der für Linz geplanten Bauten anfertigen und in den Keller unter die Reichskanzlei bringen. Wieder und wieder beugt sich der Diktator über die aufgebaute Miniaturlandschaft, begeistert sich an Fluchtlinien und Proportionen, so als könne er selbst im Untergang von seinen irrealen Fantasien nicht lassen.

Am Ende bleiben von den Großprojekten in Linz, in Berlin, in Nürnberg, Prora und vielen anderen Orten fast nur Pläne, Holzmodelle, einige halbfertige Bauten, Torsi und Ruinen zurück.

Doch ist das nicht das einzige Erbe der nationalsozialistischen Zukunftsvisionen. Und es gehorcht einer grausamen Logik, dass gerade die unmenschlichsten und tödlichsten Pläne des NS-

Regimes am konsequentesten und folgenreichsten verwirklicht werden.

DENN DER KRIEG, der für Deutsche „Lebensraum" im Osten schaffen soll, bringt Vernichtung und Zerstörung in ungekanntem Ausmaß. Mehr als 30 Millionen Menschen bezahlen diesen rassistischen Größenwahn mit dem Leben.

Mit der Eroberung Polens und dem Überfall auf die UdSSR radikalisieren die nationalsozialistischen Siedlungsplaner ihre Entwürfe noch einmal. Der von Himmler in Auftrag gegebene und mehrfach überarbeitete „Generalplan Ost" sieht die Vertreibung von bis zu 31 Millionen Menschen aus Osteuropa nach Sibirien und die Ansiedlung von mehr als zehn Millionen „Reichs- und Volksdeutschen" in den eroberten Gebieten vor.

In Litauen, auf der Krim, in der Gegend um Leningrad sowie an 36 weiteren Stützpunkten sollen großflächige Siedlungen mit deutschen oder „deutschstämmigen" Kolonisten geschaffen werden. In einer Überarbeitung des Plans aus dem Mai 1942 ist von größeren Umsiedlungen der verdrängten Bevölkerung gar nicht mehr die Rede: Die Einheimischen, so lässt sich vermuten, sollen einfach durch Hunger oder Zwangsarbeit dezimiert werden.

Im September 1942 verkündet Heinrich Himmler in einer Rede, der neue „germanische Osten" müsse „Pflanzstätte des germanischen Blutes sein, damit dann in 400 bis 500 Jahren statt 120 Millionen 500 bis 600 Millionen Germanen vorhanden" seien.

Das „Generalgouvernement" im ehemaligen Polen dient als eine Art Versuchslabor für diese ungeheuerliche Vision. Im Distrikt Lublin werden vom Herbst 1941 an Einheimische aus ihren Dörfern vertrieben und „Volksdeutsche" als Bauern auf Musterhöfen angesiedelt. Das NS-Regime schafft zudem ein Netz von SS- und Polizeiposten, die auch als Stützpunkte für die Partisanenbekämpfung dienen sollen. „Rasseprüfer" der SS mustern die einheimische Bevölkerung nach obskuren Kategorien.

Die meisten Polen müssen den deutschen Neusiedlern als Hilfskräfte oder Zwangsarbeiter dienen. Sogenannte „Minderwertige" werden ins Konzentrationslager Auschwitz verschafft, Arbeitsunfähige in „Sterbekolonien" abgeschoben.

Zur selben Zeit, im Sommer 1942, wird das Generalgouvernement zum Hauptschauplatz des Holocaust, der systematischen Ermordung der europäischen Juden.

Bei Kriegsausbruch war zunächst noch die Vertreibung der jüdischen Bevölkerung ins Generalgouvernement geplant gewesen; im Distrikt Lublin sollte ein „Judenreservat" geschaffen werden.

Im Sommer 1940 gab es auch Pläne, die damals vier Millionen Juden unter deutscher Herrschaft in ein unmenschliches Exil auf der Insel Madagaskar zu zwingen. Und Anfang 1941 schlug SD-Chef Reinhard Heydrich vor, Himmlers rechte Hand, sämtliche europäische Juden über das Generalgouvernement als Zwischenstation in noch zu erobernde Gebiete in der Sowjetunion zu deportieren.

Doch nach und nach wird das Generalgouvernement zum Ort der „Endlösung" – und aus Deportation Massenmord. Im Schatten des laufenden Krieges organisieren die Nationalsozialisten einen beispiellosen Genozid.

Knapp sechs Millionen Menschen werden die von Hass getriebene Vision eines „judenfreien" Europas mit ihrem Leben bezahlen.

Kein anderes Erbe des Nationalsozialismus enthüllt den unfassbar verbrecherischen Charakter seiner Planer und Vollstrecker so deutlich – das Wesen jener negativen Utopie, die Entgrenzung, Maßlosigkeit und Vernichtung kannte, nicht aber eine menschliche Zukunft. □

Literaturempfehlungen: Hans J. Reichhardt, Wolfgang Schäche, „Von Berlin nach Germania", Transit Buchverlag: Standardwerk zur NS-Architektur in Berlin, mit zahlreichen Abbildungen. Heinrich Breloer, Rainer Zimmer, „Die Akte Speer: Spuren eines Kriegsverbrechers", Propyläen: zeigt eindrucksvoll, wie tief Hitlers Lieblingsarchitekt in die Verbrechen des „Dritten Reichs" verstrickt war.

Dr. Ralf Berhorst, 45, schreibt regelmäßig für GEO*EPOCHE*. Er wohnt in der Nähe jenes „Großbelastungskörpers" aus Beton, der die Tragfähigkeit des Berliner Bodens für den gewaltigen Triumphbogen testen sollte. Der Illustrator **Tim Wehrmann**, 38, gehört zum Team von GEO*EPOCHE*. Er erzählt auf Seite 165 von seiner Arbeit an diesem Projekt.

HOFSTAAT
in den Alpen

Kern des späteren »Berghofs«: Hitlers Ferienhaus »Wachenfeld« am Obersalzberg bei Berchtesgaden, 1933

Der »Berghof« im Berchtesgadener Land ist Hitlers zweiter Regierungssitz. Und ein Wallfahrtsort: Bis zu 2000 Verehrer täglich pilgern in die bayerischen Alpen, um einen Blick zu werfen auf jenen vermeintlich schlichten Ort, an dem der »Führer« neue Kräfte schöpft. Tatsächlich aber ist das Gebiet abgeriegelt und schwer bewacht, unterhält Hitler auf dem Obersalzberg einen illustren Hofstaat. Und zwischen Treffen im Teehaus und Spaziergängen vor dem Bergpanorama fällt er einige seiner verhängnisvollsten Entscheidungen

VON JOHANNES STREMPEL

Hitler weiß um die Macht der Bilder. Seit Jahren schon begleitet ihn ein Fotograf, auch in den Alpen lässt sich der Diktator ablichten – und als Visionär mit festem Blick inszenieren, dessen Streben nur dem Wohl des deutschen Volkes gilt

Großaufnahme von den Jungen: strahlende Gesichter!", ist unter Punkt 8 des Dokuments notiert. Anschließend, so heißt es weiter, folgt ein Kameraschwenk auf einen SS-Mann, der ein Tor öffnet und die Jungvolk-Gruppe durch den Garten hinauf zur Terrasse führt. Adolf Hitler erscheint, hinter ihm ein Adjutant mit dem Flugzeugmodell, das die Kinder gebastelt und wenige Minuten zuvor unten am Eingang abgegeben haben.

„Der Führer setzt sich mit den Jungen an einen der Tische. Er lässt sich das Modell erklären, hört freundlich zu und betrachtet aufmerksam das Geschenk, klopft einigen Jungen lobend auf die Schulter. Kaffee und Kuchen werden aufgetragen. Herzliche Szene: Der Führer mit den Jungen beim Kaffee. (Der Führer sichtlich erfreut über den frischen Appetit der Pimpfe usw.)"

So steht es in dem Konzept für einen Film, das eine Münchner Produktionsfirma im Sommer 1937 bei Hitlers Adjutantur einreicht. Gezeigt werden soll der „Musterbesuch" einer Gruppe von Mitgliedern der Hitler-Jugend auf dem „Berghof", Hitlers Sommerresidenz im Berchtesgadener Land.

Die Drehbuchautoren haben sich noch mehr „herzliche Szenen" ausgemalt: Hitler, wie er seinen Besuchern von der Terrasse aus das Alpenpanorama deutet; Hitler im Gespräch mit einem Mitarbeiter, während die Jungen „achtungsvoll beiseite stehen"; Hitler, der den Kindern ein Porträt schenkt.

Zuletzt, „wenn möglich", soll die Kamera dem Reichskanzler hinein ins Haus folgen, wo er sich an einen Schreibtisch setzt und seinen Stab zur Beratung empfängt.

Es ist genau das Bild, das die Propaganda von ihrem Diktator gezeichnet sehen möchte: Adolf Hitler, ein Kanzler zum Anfassen. Der Mann aus dem Volk, der sich Zeit nimmt für Besuche, zugleich aber rastlos seine Pflicht erfüllt gegenüber dem Deutschen Reich – selbst während der Aufenthalte in seinem Landhaus in den bayerischen Alpen.

Der Berghof und dessen ländliche Umgebung bieten den vollkommenen Rahmen für dieses Bild. Hier kann sich Hitler als Bewunderer der Natur zeigen, als Tierfreund, kinderlieber Gastgeber und unprätentiöser Nachbar.

Sein Haus auf dem Obersalzberg wird dabei selbst zu einem begehrten Motiv der Kitsch-Industrie: Es ist zu sehen auf bestickten Kissen und Wandtellern, Stocknägeln und Postkarten, sein Modell steht als Sparbüchse oder Buntstifthalter in deutschen Kinderzimmern.

Ein Künstler malt einen Ölbild-Zyklus vom Berghof im Wechsel der Jahreszeiten, ein anderer zeichnet das spartanisch eingerichtete Schlafzimmer des „Führers", auf Schellack erscheint der Marsch „Gruß an Obersalzberg".

Bildbände in Millionenauflage versprechen in ihren Titeln einen Blick auf „Hitler, wie ihn keiner kennt", „Hitler abseits vom Alltag" und „Hitler in seinen Bergen".

In diesen Büchern ist auch ein Foto abgebildet, das einen gekrümmten Greis mit gezogenem Hut zeigt, dem der Diktator freundschaftlich die Hand schüttelt.

Der „gute Nachbar Rasp", so wird er in der Bildunterschrift genannt, ist der Austragslandwirt Josef Rasp, der in einem Bauernhaus unterhalb des Berghofs wohnt. Die Aufnahme von 1935, die so anschaulich das innige Verhältnis Hitlers zu den Einheimischen illustrieren soll, wird bis weit in die Kriegsjahre hinein immer wieder veröffentlicht.

Da haben die Nationalsozialisten Josef Rasp – und mit ihm alle übrigen Bewohner des Dorfs – allerdings schon längst vom Obersalzberg vertrieben. Denn die Geschichte vom Alpenidyll ist eine Lüge.

Das schlichte Landhaus, die unberührte Natur, die heile Welt in den Bergen: alles Propaganda. In Wahrheit verschanzt sich Hitler in einem streng gesicherten, mehrere Quadratkilometer großen Sperrgebiet, mit hohen Zäunen und Dutzenden von SS-Wachen.

Von dem wirklichen Leben des „Führers" und seines Hofstaats dringt nichts nach außen. Nichts von Hitlers Verachtung der Einheimischen, die er für eine „primitive Menschheit" hält.

Nichts vom Pomp und der Verschwendungssucht der Nationalsozialisten, den leeren Ritualen sich monoton wiederholender Tage, der Langeweile der Gäste, die sich fühlen wie in einem Reservat für wilde Tiere. Und niemand in Deutschland ahnt, dass Hitler im ersten Stock des Berghofs Tür an Tür mit seiner heimlichen Geliebten lebt.

Fast ein Drittel seiner Regierungszeit verbringt der Reichskanzler auf dem Obersalzberg. Hier oben könne er sich von den Alltagsproblemen lösen, die Aussicht lasse „geniale Ideen" in ihm aufkommen, sagt Hitler. „Meine Gedanken erheben sich über die menschlichen Beschränkungen und führen zu Taten, deren Folgen noch nicht zu übersehen sind."

Auf dem Berghof, in der Abgeschiedenheit der Alpen und weitab von der Hauptstadt, ersinnt der Diktator Terror und verkündet Pläne, die über Krieg und Frieden entscheiden und die sein Reich in den Abgrund stoßen werden.

FRÜHJAHR 1923: In einer kalten Nacht stapft ein Mann namens Wolf, angereist aus München, mit einem Begleiter einen steilen Pfad durch den Schnee bergan.

„Hört der Weg nicht gleich auf jetzt?", beklagt Wolf sich. „Glaubst du, ich steig auf den Himalaya hinauf, bin ich jetzt plötzlich eine Gemse geworden?"

Sein Bekannter beruhigt ihn, man habe das Ziel ja gleich erreicht.

Dann taucht im Dunkel jene Pension auf, in der sich seit ein paar Tagen Dietrich Eckart versteckt hält, Chefredakteur des NS-Blattes „Völkischer Beobachter". Weil er sich in seinen Schriften der „Beleidigung des Reichspräsidenten" schuldig gemacht hat und der Vorladung vor ein Gericht nicht gefolgt ist, wird Eckart von der Polizei gesucht.

Der Besucher aus München klopft an die Tür. „Diedi, der Wolf ist da!"

Der Mann mit dem Decknamen Wolf ist Adolf Hitler – und Eckart ein früher Förderer, der Hitler in die bessere Gesellschaft Münchens eingeführt hat.

„Ganz verliebt in die Landschaft" fühlt Hitler sich, als er am Morgen darauf von einer Veranda aus das erste Mal auf das Alpenpanorama blickt. Der Obersalzberg ist ein 1000 Meter hoher Bergrücken im südöstlichsten Winkel Bayerns, nur wenige Kilometer von der österreichischen Grenze entfernt. Ein kleines Dorf breitet sich zwischen Wiesen und Wäldern über den Hang. Im Tal liegt Berchtesgaden, eine Kleinstadt mit 3500 Einwohnern. Bei schönem Wetter reicht die Sicht bis nach Salzburg.

Die Böden auf dem Obersalzberg sind fruchtbar, aber wegen der langen Winter reicht es nicht zum Leben. Die Einheimischen verdienen sich mit Schnitzkunst ein Zubrot. Manche sind auch als Salinenarbeiter in den Salzbergwerken der Region tätig, andere schlagen sich mit Wilderei und Schmuggel durch.

Und seit Ende des 19. Jahrhunderts ist eine neue Einnahmequelle dazugekommen: der Fremdenverkehr. Mit den Sommerfrischlern lässt sich Geld verdienen. 1878 hat die erste Pension auf dem Obersalzberg eröffnet, 1908 gibt es in der Gemeinde schon 57 Herbergen. Zu den Gästen gehören der Komponist Johannes Brahms, der Schriftsteller Arthur Schnitzler, der Psychoanalytiker Sigmund Freud.

AUCH HITLER kommt nach seinem ersten Besuch immer wieder hierher, oft für Wochen. Seine Wohnung in München liegt nur 150 Kilometer entfernt.

In der Einsamkeit der Alpen finde er die Ruhe, „neue geistige und körperliche Kräfte zu sammeln", die Gedanken zu ordnen und die nächsten Schritte seines Aufstiegs zu planen. Nach dem Putschversuch im November 1923 und der

WER HITLER SEHEN WILL, MUSS IN DIE ALPEN REISEN

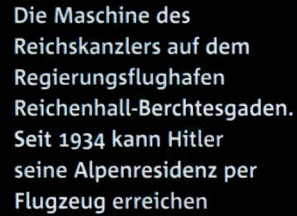

Die Maschine des Reichskanzlers auf dem Regierungsflughafen Reichenhall-Berchtesgaden. Seit 1934 kann Hitler seine Alpenresidenz per Flugzeug erreichen

Regierungszentrale Obersalzberg, um 1945: Um den Berghof gruppieren sich die Domizile von einigen Günstlingen Hitlers sowie SS-Kaserne, Verwaltungsgebäude und ein Musterhof. Zugang zum »Führersperrgebiet« gibt es nur mit Passierschein

Festungshaft in Landsberg kehrt Hitler 1925 auf den Berg zurück und schreibt in einer Blockhütte den zweiten Teil seines Buchs „Mein Kampf".

Das schlichte Häuschen gehört zur Pension „Platterhof". Die Besitzer des Betriebes sind Anhänger des Nationalsozialismus: Der Mann hat Hitler auf der Feste Landsberg besucht, die Frau schenkt ihm jene Peitsche aus Nilpferdleder, die Hitler in den Jahren der „Kampfzeit" stets bei sich trägt.

Um 1928 mietet er von einer weiteren Anhängerin das Ferienhaus „Wachenfeld", weiß verputzt, holzverziert, mit schweren Steinen auf dem flach abfallenden Dach. Es ist ein karges Haus: ein Esszimmer, eine Bauernstube und drei kleine Schlafzimmer im ersten Stock.

Nun kommt Hitler noch häufiger ins Berchtesgadener Land und bestellt auch seine Parteigenossen hierher ein. Joseph Goebbels muss zwischen 1929 und 1933 siebenmal von Berlin aus anreisen.

Dann ändern sich die Zeiten: Der Hitler der frühen Jahre war ein Putschist und Demagoge mit Auftrittsverbot, dessen Partei vielerorts als verfassungsfeindlich galt. Als er im Sommer 1933 auf dem Ober-salzberg eintrifft, ist er Kanzler des Deutschen Reichs.

Begleitet wird er jetzt von einem Stab aus Adjutanten, Sekretärinnen und Leibwächtern, die in den benachbarten Pensionen Quartier finden. Hitlers Feriendomizil, das er der Besitzerin im selben Jahr für 175 000 Reichsmark abkauft, ist für Besucher und seine Entourage viel zu klein.

Aber er hängt an dem Haus. Als er mit den Entwürfen für eine neue Residenz beginnt – der verhinderte Architekt zeichnet die Pläne selbst –, bleibt Wachenfeld erhalten: Das neue Haus wird einfach um das alte herumgebaut.

An dessen Ostwand entsteht das eigentliche Hauptgebäude mit einem riesigen, 275 Quadratmeter messenden Konferenzsaal im Erdgeschoss. Daran an schließt sich ein langer Flügel mit Speisesaal und Küchenräumen.

An der Vorderseite von Haus Wachenfeld lässt Hitler eine Sonnenterrasse anlegen, darunter liegt die Garage. Ein weiterer Flügel mit Gästezimmern wird an der Westseite gebaut.

Obwohl bis zu 150 Arbeiter gleichzeitig auf der Baustelle schuften, werden

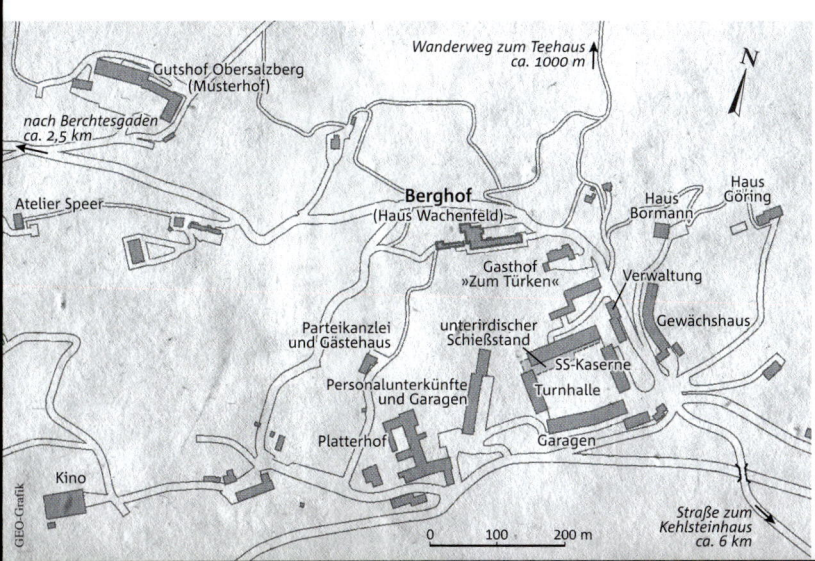

alle Zeitpläne überschritten. Ebenso die Kostenvoranschläge. Hitler fordert von allem nur das Beste: Marmor aus Italien, Naturstein aus Böhmen, Tropenhölzer aus Südamerika.

Der „Führer" ist inzwischen ein reicher Mann. Zu den Tantiemen aus „Mein Kampf" und dem Gehalt als Reichskanzler kommt ein Millionen-Honorar der Reichspost für das „Recht am eigenen Bild" – weil Hitlers Porträt auf Briefmarken zu sehen ist.

Am 8. Juli 1936 ist der „Berghof", wie der Diktator seine Residenz tauft, endlich fertig. Zur Einweihung marschieren 300 Berchtesgadener Weihnachtsschützen in Tracht auf und gratulieren ihrem Ehrenmitglied mit Böllersalut.

Ein später Vormittag im Sommer. Die Sonne steht schon fast senkrecht über den Gipfeln, aber auf dem Berghof rührt sich nichts. Der „Führer" schläft. Die Arbeiter und Angestellten sind angewiesen, keinen Lärm zu machen. Die Gäste dürfen nicht einmal ein Bad nehmen, weil das aus der Wanne ablaufende Wasser Hitler wecken könnte.

Der Diktator ist ein Nachtmensch, der seiner Umgebung den eigenen Lebensrhythmus aufzwingt. Erst gegen elf Uhr am Vormittag, manchmal auch später, legt sein Kammerdiener die sortierten Telegramme und Zeitungen auf einen Schemel im Flur und klopft. Hitler, der stets bei abgeschlossener Tür schläft, öffnet in Nachthemd und Pantoffeln, greift nach der Post und zieht sich in sein Schlafzimmer zurück.

Der Raum liegt im ersten Stock des Anwesens, schlicht eingerichtet mit einem Tisch am Fenster, einem Sessel und einem rustikalen Schrank. Hitler liest die Post in einem schmalen Einzelbett unter einer einfachen Steppdecke.

Auf einem Beistelltisch verwahrt er Brille und Vergrößerungsglas. Der Reichskanzler ist weitsichtig, was vor der Öffentlichkeit geheim gehalten wird. Berichte tippen seine Untergebenen daher auf der „Führerschreibmaschine" in einer vergrößerten Schrift, zudem legen sie überall im Haus Lesebrillen in geöffneten Etuis bereit. Die Reserve ist auch deshalb nötig, weil Hitler bei Wutausbrüchen manchmal seine Brille zerbricht.

Eine Verbindungstür führt ins Arbeitszimmer, einen holzgetäfelten Raum mit penibel aufgeräumtem Schreibtisch, goldgerahmten Porträts von Hitlers Mutter und Vater an der Wand sowie einem Balkon, auf dem der Diktator des Nachts oft gedankenverloren, fast wie apathisch bis zum Morgen sitzt.

Durch eine zweite Tür im Schlafzimmer gelangt man ins Bad, wo sich Hitler nach der Morgenlektüre rasiert und wäscht. Bei guter Laune, so berichtet der Kammerdiener Heinz Linge, spielt Hitler das „Anziehspiel": Der Diener ruft durch die Türe „Los!" und stoppt die Zeit, bis Hitler fertig angekleidet auf den Gang stürzt, um zu sehen, ob er seinen Rekord gebrochen hat.

Das Frühstück – warme Milch, Knäckebrot, ein Apfel – nimmt er allein auf der anderen Seite des Flurs in der Bibliothek ein, die zu dem noch übrig gebliebenen Teil von Haus Wachenfeld gehört. Diese Bibliothek wird Hitlers Sekretärin Traudl Junge später als den

Das Panoramafenster in der großen Halle lässt sich im Boden versenken. Auf dem sechs Meter langen Eichenholztisch mit Marmorplatte wird Hitler nach Kriegsbeginn Karten der Frontverläufe ausbreiten

„einzigen gemütlichen Raum" im ganzen Berghof beschreiben, eingerichtet „mit allerlei Nippes, den Hitler als Geschenk bekommen hatte, wie Bierkrüge, Figuren, bordürte Kissen". In den Regalen stehen in marokkanisches Leder gebundene Ausgaben von „Mein Kampf".

Insgesamt hat der Berghof 30 Räume, davon 14 Schlafzimmer. Im ersten Stock ist noch die Wohnung des Hausmeisters untergebracht, zudem gibt es hier Unterkünfte für die Leibwache, den Kammerdiener sowie Gäste.

GEGEN MITTAG begibt sich Hitler in den großen Konferenzsaal im Erdgeschoss, wo seine Adjutanten mit den Morgenberichten warten. Jeder Deutsche kennt aus den Bildern der Wochenschau das riesige Panoramafenster an der Stirnseite der Halle, Hitlers eigene Idee und sein ganzer Stolz: Mit acht mal vier Metern nimmt es fast die ganze Breite des Raums ein und ist per Knopfdruck versenkbar.

Dann allerdings pflegt oft beißender Benzingeruch in den Saal zu wehen – die Garageneinfahrt liegt schräg unterhalb des Fensters. Nur einer der zahlreichen Konstruktionsfehler in Hitlers Grundriss, „der in jedem Seminar einer technischen Hochschule abgelehnt worden wäre", wie Hitlers Architekt Albert Speer in seinen Erinnerungen schreibt.

Vor dem Fenster steht ein sechs Meter langer Eichenholztisch mit einer schweren Marmorplatte, im Krieg wird Hitler darauf die militärischen Lagekarten studieren.

Zwei rot bezogene Sitzgruppen sind in der Halle verteilt, eine nahe dem Fenster, die andere vor einem offenen Kamin im rückwärtigen Teil des Raums, der als Wohnzimmer dient und über drei breite Marmorstufen zu erreichen ist.

Der Saal ist für seine monumentale Größe sparsam eingerichtet: ein Bechstein-Flügel, eine Standuhr mit Bronzeadler, ein breiter Schrank, in dem Hitlers Ehrenbürgerurkunden aus zahllosen deutschen Städten aufbewahrt werden – und ein mächtiger Globus, der den Komiker Charlie Chaplin 1940 in seiner NS-Satire „Der große Diktator" zu einem Tanz mit der Weltkugel anregen wird. An den Wänden hängen Gobelins und wertvolle Aktgemälde von Tizian und Bordone.

Draußen, auf der Terrasse aus Naturstein, ist wie an vielen Sommertagen inzwischen der Berghof-Kreis aus ständigen Gästen und Besuchern zusammen-

Blick in die große Halle. Der Gobelin wird nach dem Abendessen hochgezogen, auf die Leinwand dahinter ein Kinofilm projiziert. Wenn er Hitler gefällt, läuft er immer wieder

gekommen. Manche haben den Vormittag mit Spaziergängen oder Tischtennis verbracht, einige Frauen sonnen sich in geflochtenen Liegestühlen.

Als Hitler erscheint – gewöhnlich trägt er einen Anzug und einen Velourhut mit breiter Krempe zum Schutz vor der Sonne –, wird die ungezwungene Atmosphäre förmlich. Er begrüßt jeden Gast einzeln, erkundigt sich nach den Kindern, entschuldigt sich für seine Verspätung. Trotz aller Höflichkeit fällt es den Besuchern schwer, in seiner Gegenwart zu entspannen, etwas Steifes und Unnahbares geht von dem Diktator aus.

„Die Bühne war von nun an verändert. Alle Anwesenden strengten sich an und gaben sich sichtbar Mühe, einen guten Eindruck zu machen. Die Unterhaltung kam langsam wieder in Gang." So erinnert sich Albert Speer, der zu den häufigsten Gästen gehört.

Hitler und Speer haben sich 1933 in München kennengelernt. Der Diktator sieht in dem jungen Architekten einen „Mitkünstler", einen Spiegel seiner eigenen Ambitionen, und so beauftragt er Speer 1937 mit der Planung von „Germania", dem Umbau Berlins in eine neue Hauptstadt (siehe Seite 42). Der Opportunist Speer wiederum erkennt für sich die „erregendsten Aussichten" an der Seite Hitlers und verbringt so viel Zeit wie möglich in dessen Nähe.

Auf dem Obersalzberg hat ihm Hitler ein eigenes Haus mit Atelier zur Verfügung gestellt, oft kommt er unangekündigt vorbei, um mit Speer stundenlang über Bauplänen zu brüten. Wann immer gewünscht, findet sich der Architekt auf dem Berghof ein, in beständiger Konkurrenz zu den anderen Günstlingen Hitlers.

Speer bemüht sich vor allem um ein gutes Verhältnis zu Eva Braun, der vielleicht wichtigsten Person in diesem Hofstaat. Die junge Frau, sportlich und lebenslustig, wird offiziell als eine von Hitlers Sekretärinnen geführt, tatsächlich ist sie die Geliebte des 23 Jahre Älteren. In Gegenwart anderer ist das Paar peinlich um Distanz bemüht, aber die regelmäßigen Gäste des Berghofs wissen, dass Eva Brauns Schlafraum gleich neben dem Hitlers liegt, getrennt nur durch das Badezimmer, das sie beide benutzen.

Wann immer Hitler den Berghof besucht, ist Eva Braun dabei, auch in seiner Abwesenheit verbringt sie hier viel Zeit mit ihren Freundinnen. Die Angestellten nennen sie „Chefin".

DIE LANGEN MONOLOGE HITLERS SIND GEFÜRCHTET

Seine Geliebte Eva Braun hat Hitler 1929 im Atelier seines Leibfotografen kennengelernt. 1936 zieht sie auf den Obersalzberg, offiziell als Sekretärin. Vor der Öffentlichkeit hält der Diktator die 23 Jahre Jüngere verborgen. Eine Frau passt nicht in das Bild des selbstlosen »Führers«

Nur nach strengen Regeln dürfen die massenhaft zum Obersalzberg pilgernden NS-Anhänger dem Machthaber begegnen. Meist marschieren sie schweigend an dem Diktator vorbei. Nach 1938 lassen die Wachen jedoch kaum noch jemand vor. Der Obersalzberg ist nun Sperrgebiet

Erst spät sieht Hitler ein, dass er in seiner Alpenresidenz vor den Alliierten nicht sicher ist. 1943 ordnet er an, Bunker in den Berg zu bauen: als unterirdische Schutzräume für den Notfall

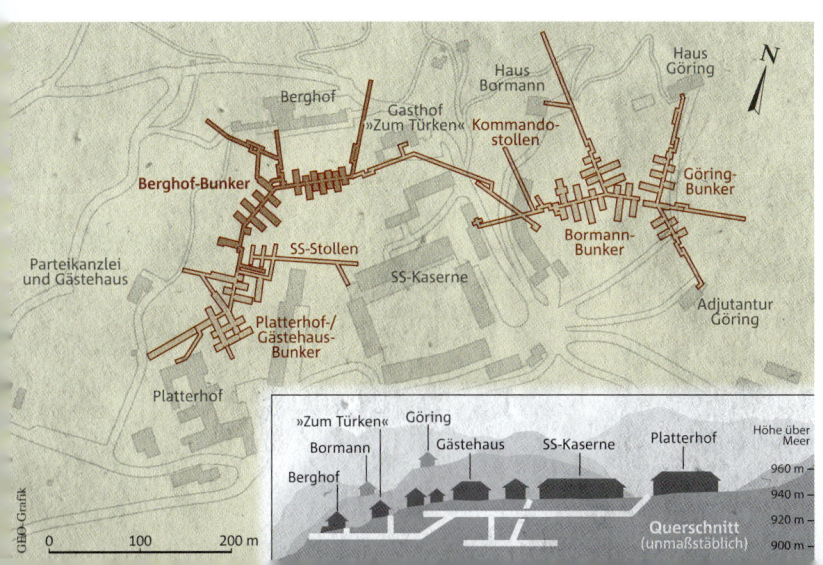

Alle, die des Diktators Nähe suchen, hofieren Fräulein Braun, obwohl viele keine hohe Meinung von ihr haben – einer der Verwalter des Berghofs nennt sie nach Kriegsende ein „launisches und unzufrieden dreinschauendes Mädel", der „Reichsjugendführer" Baldur von Schirach klagt, Eva Braun habe, sobald sie nicht beachtet wurde, „die Gelangweilte" gespielt, und Speers Gattin hält sie für herrisch. Speer selbst schreibt, „dass ihre reservierte Haltung, die auf viele einen arroganten Eindruck machte, lediglich Verlegenheit war".

Wenn der Kammerdiener auf die Terrasse tritt und zum Mittagessen in den Speisesaal bittet, ist es meist Martin Bormann, der Eva Braun den Arm reicht. Ab 1938 wird der kleine, stiernackige Mann sogar zu ihrem ständigen Tischherrn – ein deutliches Zeichen seiner Nähe zu Hitler.

Bormann hat sich von ganz unten als Buchhalter und Fahrer in der Partei hochgearbeitet, zum Mitarbeiter im Stab der Obersten SA-Führung, dann zum Stabsleiter der NS-Größe Rudolf Heß und Verwalter von Hitlers Privatvermögen.

Kein Brief, Anruf oder Besuch für Hitler, der Bormanns Kontrolle entgeht. Er gilt als skrupellos und brutal; ihn zum Feind zu haben, heißt es, sei lebensgefährlich.

Seine düstere Effizienz hat Bormann auch auf dem Obersalzberg bewiesen. Denn seit der Machtübernahme 1933 ist Hitler nicht mehr damit zufrieden, ein Bewohner unter vielen zu sein – er will den ganzen Berg für sich. Die Einheimischen, deren Familien teilweise seit Jahrhunderten auf dem gleichen Hof leben, sollen verschwinden. Und dafür ist Martin Bormann zuständig.

„Um die von mir gewünschte Gestaltung durchführen zu können, musste ich alle alten Häuser abbrechen lassen, insgesamt waren es wohl über 50", schreibt er in einem Brief. „Die Abbrüche wurden mit möglichster Beschleunigung durchgeführt, um dem Führer den hässlichen Anblick zu ersparen."

ALS ERSTEN TRIFFT ES 1933 den Besitzer des Gasthofs „Zum Türken", dessen Grundstück direkt an das von Hitler grenzt. Als sich der Wirt über randalierende SS- und SA-Männer in seinem Lokal beschwert, wird er für zwei Wochen in „Schutzhaft" genommen, sein Gasthaus von Boykottposten blockiert. „Nationalsozialisten, kein Deutscher betritt mehr dieses Lokal!", steht auf ihren Plakaten. Wenig später verkauft der zermürbte Wirt sein Haus an Bormann.

Und so geht es weiter: Wer nicht freiwillig die Region verlässt, den setzt Bormann, der von der örtlichen Bevölkerung nur der „Herrgott vom Obersalzberg" genannt wird, gnadenlos unter Druck: Er lässt Pensionen schließen, Zufahrten abriegeln, Stromkabel durchschneiden und Häuser kurzerhand für einsturzgefährdet erklären.

Manchen droht er: „Sie brauchen nicht zu verkaufen, aber dann kriegen Sie gar nichts und kommen ins KZ." Als der Kioskbesitzer Johann Brandner bei Hitler persönlich protestiert, sagt der nur: „Dem Mann muss geholfen werden." In der Nacht darauf wird Brandner abgeholt und verschwindet für zwei Jahre im Konzentrationslager Dachau.

Oft müssen die Einheimischen innerhalb von 24 Stunden ihr Zuhause verlassen, manches Dach lässt Bormann abreißen, während die Bewohner noch ihre Habseligkeiten packen. Anfang 1937

existiert das Dorf nicht mehr, die Einheimischen sind vertrieben, ihre Häuser zerstört. Wie ein Modell spiegelt der Obersalzberg im Kleinen die Gewaltherrschaft wider, die in ganz Deutschland angebrochen ist.

Die Einheimischen sträuben sich auch deshalb lange gegen den Verkauf ihrer Häuser, weil der Fremdenverkehr plötzlich riesige Gewinne verspricht – dank Hitler. Schon vor 1933 sind dessen Anhänger hinauf zu seinem Ferienhaus gereist, aber nun strömen Massen von Wallfahrern nach Berchtesgaden. Die Gästezahlen nehmen bis 1937 um 450 Prozent zu.

Das „Sehnsuchtsziel des ganzes Volkes", der „Heilige Berg", wird zum Zentrum eines pseudoreligiösen Hitler-Kults. Die Nationalsozialisten schätzen den Propaganda-Effekt, erdenken aber strenge Vorschriften, um die Menschenmengen unter Kontrolle zu halten. Sie untersagen alle privaten Autofahrten auf dem Berg und stellen Plakate mit Benimmregeln für die Besucher auf:

„Als gegen den guten Ton verstoßend muss es bezeichnet werden, wenn ständig jede Bewegung des Volkskanzlers mit dem Feldstecher beobachtet wird."

Die Begegnungen mit Hitler sind in Form von Audienzen organisiert: Auf Zeichen eines Adjutanten schreiten die Wallfahrer, bis zu 2000 am Tag, schweigend und in langer Reihe an dem Diktator vorbei, der sich unten an der Zufahrt des Berghofs in Position stellt.

Als Hitler sich eines Tages über die Hitze während dieses „Vorbeimarschs" beklagt, lässt Bormann sofort eine große Linde aus München heranschaffen und als Schattenspender einpflanzen.

Ausgewählte Gruppen empfängt der Kanzler gelegentlich auch auf dem Berghof: Schülerinnen eines Töchterheims etwa, zweimal die Regensburger Domspatzen. Aber die meisten Pilger kommen der Residenz nicht näher als bis zum Zaun. Dort harren sie stundenlang aus, reißen Holzteile als Reliquien von den Latten, sammeln Steine, auf die Hitler seinen Fuß gesetzt haben soll.

1938 werden die Vorbeimärsche eingestellt. Schon in den Jahren zuvor hat

Unter gewaltigen Kosten lässt Hitler auf einer nahen Bergspitze einen Pavillon errichten. Um das im Inneren pompöse »Kehlsteinhaus« zu erreichen, werden eine eigene Straße und ein mehr als 100 Meter langer Fahrstuhlschacht in den Fels getrieben. 20 Arbeiter sterben dabei

Hitler diskutiert mit einem Architekten Pläne der Stadt Linz, in der er seine Jugend verbracht hat. Nach dem »Anschluss« Österreichs träumt er davon, den Ort in eine nationalsozialistische Musterstadt zu verwandeln

sich der Obersalzberg immer mehr zu einem scharf bewachten Territorium gewandelt, dem „Führersperrgebiet".

Privathäuser bewohnen hier neben Hitler nur drei Männer: Speer, Bormann (der sich ein Landhaus oberhalb des Berghofs zu einer luxuriösen Villa ausbauen lässt und im Arbeitszimmer ein Teleskop aufstellt, um stets beobachten zu können, wer in Hitlers Residenz ein- und ausgeht) sowie Hermann Göring.

Seit 1934 unterhält Göring auf dem Berg ein für seine Verhältnisse bescheidenes Haus. Er verbringt dort mit seiner Familie viel Zeit, zum engeren Berghof-Kreis gehört er aber nicht.

NACH DER VERTREIBUNG der Dorfbewohner ist im Sperrgebiet Platz für neue Bauten: Für die SS-Wachen lässt Bormann eine große Kaserne errichten, mit Exerzierplatz, Turnhalle und einem unterirdischen Schießstand; zudem Verwaltungsgebäude, ein Gästehaus für politische Besucher, Wohnungen für Chauffeure, Personal und Adjutanten.

Unter Aufsicht des gelernten Landwirts Bormann entsteht auch ein Musterhof – ein Modell für zukünftige Bauernhöfe im Reich – mit einer Zucht von 70 Haflingerpferden, mit Kühen, Schweinen und einer Mostkelterei. Da die Leibärzte Hitler eine Champignondiät verordnet haben, werden im Keller des Gewächshauses Pilze gezogen, und

weil der Diktator Honig liebt, kommen noch Bienenstöcke dazu.

Der Obersalzberg ist eine Großbaustelle, und er wird es bis in die letzten Kriegstage bleiben. Wenn das Dröhnen der Lastwagen, Presslufthämmer und Betonmischmaschinen für einen Augenblick aussetzt, so erzählt man sich, ist sofort Bormann zur Stelle, um neue Anweisungen zu geben oder den in seinen Augen unfähigen Bauunternehmern mit dem Konzentrationslager zu drohen.

Zeitweise schuften mehr als 6000 Arbeiter auf dem Berg, die in Barackenlagern in der Umgebung untergebracht sind. Zu ihrer Unterhaltung gibt es sogar ein Kino, in dem dreimal die Woche Spielfilme gezeigt werden.

Die Sicherung des Obersalzbergs ist ein Problem, wegen des hügeligen, bewaldeten Geländes und weil die drei Meter hohen Zäune nach jedem Grundstückskauf Bormanns erneut versetzt werden müssen.

Das am Ende zehn Quadratkilometer große Areal ist in drei sich umschließende Sperrzonen unterteilt, ein strenges System aus Passierscheinen regelt den Zugang: Es gibt Dauerausweise für das Personal sowie Tages- oder Stundenausweise für Besucher. Beamte des „Reichssicherheitsdienstes" und SS-Männer kontrollieren jeden, der sich nähert.

Ohne eine persönliche Einladung Hitlers, so Bormann 1938 in einem

Rundschreiben an alle Reichs- und Gauleiter, würden künftig auch „führende Persönlichkeiten des Staates und der Partei" nicht mehr auf den Berghof vorgelassen.

Eine Sekretärin Hitlers erklärt später, man habe „ein Leben hinter Absperrungen und bewachten Zäunen geführt", abgeschnitten „vom alltäglichen zivilen und normalen Dasein".

Im Zentrum des Areals liegt das „innere Führergebiet" und in dessen Mitte, hinter Postenhäuschen, Schlagbäumen und Stacheldraht, geschützt von der „Leibstandarte Adolf Hitler", die unwirkliche Welt des Berghofs.

Verglichen mit der Berliner Reichskanzlei, deren Atmosphäre der Hitler-Biograf Ian Kershaw als „eine Mischung aus Männerverein und Offiziersmesse (mit einem Hauch von Gangsterhöhle)" beschreibt, herrscht auf dem Obersalzberg ein fast milder Ton. Das liegt vor allem an den anwesenden Damen, den Gattinnen von Speer, Bormann und anderen Gästen.

Frauen gegenüber kann Hitler einigen Charme entfalten, und er legt großen Wert auf bürgerliche Umgangsformen: Die Anrede „Gnädige Frau", Handküsse und Tischherren, die ihren Damen den Arm reichen, sind festes Ritual, wenn sich der Berghof-Kreis zum Mittagessen ins Haus begibt.

Der Speisesaal liegt im Ostflügel – die Wände mit Zirbelholz verkleidet, ein Erker mit Sitzgruppe, ein langer Tisch für 15 bis 20 Personen. Das weiße Service ist schlicht, das Tafelsilber trägt Hitlers Monogramm. Manchmal kontrolliert der Hausherr vor dem Essen, ob das Personal korrekt gedeckt hat.

Er hat auch Erkundigungen einziehen lassen, wie im Kreml gespeist wird, wie es sein von ihm bewunderter Rivale Josef Stalin mit Geschirr und Bedienung hält.

Hitler sitzt in der Mitte des Tischs, mit Blick auf die Fenster, zu seiner Linken Eva Braun. Auf den übrigen Stühlen nimmt die feste Gruppe von Gästen Platz, die sich mit der Zeit herausgebildet hat und deren Mitglieder entweder ohnehin zu Hitlers ständiger Entourage gehören oder auf den Berg eilen, sobald er dort ist. Neben den Ehepaaren Speer und Bormann ist das unter anderem Heinrich Hoffmann, schon seit 1923 Hitlers persönlicher Fotograf, ein trinkfester Lebemann, der dem Diktator als ständiger Gefährte folgt.

Außerdem gehören die Mediziner Karl Brandt und Theo Morell sowie deren Ehefrauen zu diesem Kreis. Brandt steht Hitler als chirurgischer Begleitarzt auf Reisen zur Seite, Morell ist des Diktators Leibarzt, ein 230 Pfund schwerer Mann mit Halbglatze und dicken, beringten Fingern. Im Berghof-Kreis ist Morell ein Außenseiter: Speer nennt ihn einen „Fanatiker des Geldverdienens", Göring den „Reichsspritzenmeister".

Anfangs behandelt der Arzt Hitlers Beschwerden – Magenkrämpfe, Verdauungsprobleme und Hautekzeme – mit harmlosen Magen- und Vitaminpräparaten, doch in den Kriegsjahren werden es schließlich 88 unterschiedliche Medikamente sein, vor allem Aufputsch- und Beruhigungsmittel, die der Diktator einnimmt, davon fast 30 an jedem Tag.

Zum Hofstaat gehören zudem noch der Pressechef Otto Dietrich, Hitlers Sekretärinnen und persönliche Adjutanten sowie Eva Brauns Freundinnen und ihre Schwester Gretl.

Leibärzte, Leibfotografen, Leibwächter – der Biograf Joachim Fest meint, Hitler habe das „unkritische, dumpfe Milieu schlichter Menschen" bevorzugt. Albert Speer schreibt in seinen Erinnerungen, dem NS-Chef sei an Leuten gelegen gewesen, „die wie blind an seinen Lippen hingen".

Von der Führungsriege der NSDAP kann man höchstens Goebbels zum inneren Zirkel des Berghofs rechnen (Speer gelangt erst 1942 durch seine Ernennung zum Rüstungsminister in eine wirkliche Machtposition).

Hermann Göring, Heinrich Himmler, Rudolf Heß reisen zwar zu dienstlichen Besprechungen auf den Berghof, vom privaten Kreis aber bleiben sie ausgeschlossen. Speer meint dazu, Hitler habe sich seine Gesellschaft auf dem Obersalzberg nach persönlicher Sympathie ausgewählt und nur solche Menschen eingeladen, „die nicht durch politische Gespräche seine Gedanken störten".

ZUM MITTAG WIRD gutbürgerliches Essen serviert. Hitler, der sich seit Anfang der 1930er Jahre überwiegend vegetarisch ernährt, schätzt vor allem schlichte Gemüsegerichte – Schnittbohnen, Erbsen, Linsen. Für die übrigen Gäste gibt es Fleisch. Bormann, so berichtet der Fotograf Hoffmann später, habe sich aus Liebedienerei zum „Führer" trotzdem an rohe Rüben und Salat gehalten, „um sich dann im stillen Kämmerlein mit Begeisterung über Schweinshaxen oder Wiener Schnitzel herzumachen".

Der Abstinenzler Hitler hat auch nichts dagegen einzuwenden, wenn seine Besucher Alkohol zum Essen trinken, nur das Rauchen ist in seiner Gegenwart streng verboten. Die Stimmung an der Tafel ist mal vergnügt, mal eisig, je nach der Laune Hitlers, auf den sich alle Aufmerksamkeit konzentriert.

Nach dem Essen unternimmt die Gesellschaft einen halbstündigen Spaziergang zum Mooslahner Kopf, einem Hügel gegenüber dem Berghof, wo Bormann 1937 ein Teehaus hat errichten lassen. Der Fußweg ist so schmal, dass nur zwei Leute nebeneinander gehen können. Voran laufen zwei Leibwachen, dann folgt Hitler, der die Gelegenheit zum Vieraugengespräch mit einem ausgewählten Gast nutzt, Eva Braun bildet mit den Sekretärinnen und zwei weiteren Wächtern den Schluss der Gruppe.

Von den Fenstern des kreisrunden Teehauses aus hat man einen spektakulären Blick auf die umliegenden Berge. „Die Gesellschaft würdigte mit immer den gleichen Ausdrücken das Panorama", so Speer, „Hitler stimmte mit immer wieder ähnlichen Worten zu."

Dann werden Kuchen und Gebäck, Kaffee und Spirituosen gereicht.

Der Diktator hat einen extremen Appetit auf Süßes, oft sieht die Gesellschaft peinlich berührt dabei zu, wie er einen ganzen Stoß Windbeutel oder Käsekuchen verschlingt.

Anschließend hält er einen seiner berüchtigten, lang andauernden Monologe, benutzt Untertassen und Löffel zur Illustration seiner Pläne, rutscht schließlich im Sessel immer weiter nach vorn, legt die Hände über die Augen und schläft ein, manchmal noch mitten in seinem eigenen Vortrag.

Selbst Goebbels' Ehefrau Magda, eine fanatische Anhängerin Hitlers, beklagt

SEINE STIMMUNGEN SIND UNBERECHENBAR

sich einmal gegenüber einem Gast: „Fast immer redet er. Und er kann Führer sein, so viel er will, schließlich wiederholt er doch die immer gleichen Dinge und ödet seine Zuhörer an."

Im Rückblick werden viele Mitglieder von Hitlers Hofstaat von der Eintönigkeit auf dem Berghof, der Monotonie der täglichen Rituale berichten.

Speer schreibt, ihm sei lediglich „die Erinnerung einer merkwürdigen Leere" geblieben. Und Hitlers persönlicher Adjutant Julius Schaub meint, diejenigen, die von einer Einladung in das Haus träumten, „würden bei Erfüllung dieses Wunsches sehr bald ernüchtert und annähernd so gelangweilt gewesen sein wie der sogenannte kleine Kreis Hitlers".

Jeder Tag nimmt den gleichen Gang: Vom Teehaus wird die Gesellschaft über eine Straße zurück zum Berghof gefahren, gegen 20 Uhr trifft man sich im Speisesaal zum Abendessen. Die Tischgespräche kreisen um „Fragen der Mode, der Hundeaufzucht, des Theaters

und des Films, der Operette und ihrer Stars", so berichtet es jedenfalls später Albert Speer.

Nach dem Essen begibt sich die Gruppe in den großen Konferenzsaal. Hinter zwei gegenüberliegenden Gobelins verbergen sich eine Leinwand und Öffnungen zu einer Kammer mit Filmprojektoren – Spezialisten der Ufa haben den Berghof mit den modernsten Geräten ausgestattet.

Der Kanzler mag Musicals, Cowboy- und Abenteuerfilme, und wenn ihm eine Kinoproduktion gefällt, lässt er sie immer wieder spielen. Der Fotograf Hoffmann erinnert sich, „Die Nibelungen" des Regisseurs Fritz Lang mindestens 20-mal gesehen zu haben.

Manchmal steigt die Gruppe danach hinunter in den Keller, wo sich eine Kegelbahn befindet. Dass der „Führer" gern kegelt, bleibt im „Dritten Reich" ein Geheimnis, weil Adolf Hitler keine Lust hat, von allen Kegelvereinen des Landes zum Ehrenmitglied ernannt zu werden.

Die meisten Abende aber klingen am Kamin im Konferenzsaal aus. Der Diktator starrt dann abwesend ins Feuer oder flüstert mit Eva Braun. Wenn er allerdings jemanden der Gäste sich angeregt unterhalten oder lachen hört, will er sofort den Grund dafür wissen. Lacht er selbst, so „machte er eine Art kläffendes, krähendes Geräusch. Dabei hatte er die Gewohnheit, seine Hand vor den Mund zu halten", berichtet Speer.

Oft verfällt er in seine Monologe mit den immer gleichen Themen: die Jahre der Armut in Wien, der Münchner Putsch, die Schlauheit seiner Schäferhündin Blondi.

„Erstaunlich war sein Gedächtnis", schreibt Hoffmann, „er hatte nicht nur jede wichtige Geschichtszahl im Kopf, sondern auch die Tonnage und Bestückung der Flotten der Welt."

Nach Mitternacht achten die Adjutanten darauf, dass keiner der Gäste eines der Lieblingsthemen Hitlers anspricht – es würde das Beisammensein bis in die Morgendämmerung ausdehnen. Irgendwann begibt sich Eva Braun in ihr Schlafzimmer im ersten Stock, Hitler geht wenig später.

„Nach diesen ermüdenden Stunden folgte oft noch ein kurzes Zusammensein der sich befreit fühlenden Zurückgebliebenen, die dann zu Sekt und Cognac übergingen", schreibt Speer in seinen Erinnerungen. „In den frühen Morgenstunden kamen wir todmüde nach Hause, müde vom Nichtstun."

Grand Hotel" nennt Eva Braun den Berghof. Doch Hitlers Residenz ist trotz der vielen ereignislosen Tage mehr als nur eine Sommerfrische. Im Lauf der Jahre wandelt sich der Obersalzberg zu einem zweiten Regierungssitz, zu einem Zentrum der deutschen Diplomatie, Außenpolitik und Kriegführung.

Im Sommer 1937 wird im Tal, sechs Kilometer entfernt, eine offizielle Zweigstelle der Reichskanzlei eingeweiht. Nur auf dem Berghof werde er „tapfer, gewinne Vertrauen und Zuversicht", hat Hitler zum Richtfest gesagt, deshalb müsse auch sein Staatssekretär „hier sein mit der Reichskanzlei".

125 Gesetze und Verordnungen erlässt er zwischen 1933 und 1945 auf dem Obersalzberg. Er beschäftigt sich mit Lappalien wie etwa den Strafen für Verkehrsdelikte oder der Umgestaltung des Sockels einer Statue. Aber auch viele seiner entscheidenden Entschlüsse fasst er hier und nicht in der Hauptstadt – innenpolitische wie die Zerschlagung der Gewerkschaften und außenpolitische, die das Reich in den Krieg und schließlich in den Untergang führen werden.

So bestellt Hitler nur wenige Wochen, nachdem er an die Macht gekommen ist, seinen Propagandaminister Goebbels im März 1933 auf den Berghof, um mit ihm über die Kritik der Auslandspresse am neuen Regime zu sprechen. Die beiden sind sich darin einig, dass hinter der „Hetze" nur das „internationale Judentum" stecken könne. Vielleicht würden sich, sinniert Goebbels, „die ausländischen Juden eines Besseren besinnen, wenn es ihren Rassengenossen in Deutschland an den Kragen" gehe.

Kurz darauf kehrt er zurück in die Hauptstadt und macht sich an die Organisation eines Boykotts jüdischer Geschäfte vom 1. April an – seine erste große Amtshandlung als Minister.

Der Berghof bietet auch eine perfekte Kulisse für die Inszenierung Hitlers als großer Staatsmann: eine Rolle, die allmählich die des „Volkskanzlers" in den Hintergrund drängt. Die Kameras der Wochenschauen surren, wenn der Diktator ausländische Staatsmänner und Prominente wie den Boxer Max Schmeling, den Schauspieler Gustaf Gründgens oder den norwegischen Schriftsteller Knut Hamsun auf der Freitreppe vor seiner Alpenresidenz begrüßt.

Um die internationalen Gäste noch stärker zu beeindrucken, lässt Bormann zweieinhalb Kilometer vom Berghof entfernt, auf einer 1834 Meter hohen Felsspitze, einen besonders pompösen Bau errichten: das Kehlsteinhaus.

Gut 3500 Männer arbeiten vom Frühjahr 1937 an 13 Monate lang ohne Unterbrechung, um eine gut sechs Kilometer lange Straße vom Tal aus den Berg hinaufzutreiben. 20 Menschen kommen dabei um.

Der Weg endet an einem langen Tunnel, der in das Felsmassiv hinein zu einem Fahrstuhl führt. 124 Meter weiter oben öffnen sich dessen Türen in einen einstöckigen, am äußersten Ende der Bergspitze thronenden Pavillon.

Architektonischer Mittelpunkt des Hauses ist die achteckige „Gesellschaftshalle" mit großen Fenstern, die einen Rundblick über das gesamte Berchtesgadener Tal bieten. Die Wände sind mit Marmor verkleidet, der Teppich ist ein Geschenk des japanischen Kaisers Hirohito, den Kamin hat Mussolini gestiftet.

Seitlich an die Halle schließen sich kleinere Räume an: ein Speisesaal, Kü-chen, Wachräume sowie ein – von Hitler nie benutztes – Arbeitszimmer. Vor dem Gebäude liegt eine Sonnenterrasse, die im Winter beheizt werden kann. Ein U-Boot-Dieselmotor und ein Generator versorgen den Pavillon mit Strom.

Unglaubliche 30 Millionen Reichsmark kostet das Kehlsteinhaus – und Hitler wird wegen seiner Furcht vor einem Versagen des Fahrstuhls und aus Angst vor Anschlägen ohnehin nur etwa ein Dutzend Mal hierherkommen.

Die Alliierten vermuten bis Kriegsende eine Militäranlage im Inneren des Bergs, weil sie nicht glauben können, dass man so viele Millionen für einen simplen Repräsentationsbau verschwenden kann.

Als Hitler im Oktober 1938 den französischen Botschafter André François-Poncet im Kehlsteinhaus begrüßt, fragt der sich, ob dieser Bau „das Werk eines normalen Geistes oder eines Menschen mit Größenwahn" sei, „Traum oder Wirklichkeit".

Wer zu einer Audienz beim „Führer" erwartet wird, kann nie wissen, in welcher Stimmung er ihn antreffen wird. Dem französischen Botschafter gegenüber verhält er sich bei ihrer Begegnung 1938 liebenswürdig und höflich. Zwei Stunden lang erläutert er in scheinbar versöhnlichem Ton seine Ansichten über die europäische Politik, sodass es François-Poncet fast scheinen will, er habe einen Mann vor sich, „der sich nichts anderes wünschte, als dass die Völker in Frieden miteinander lebten".

Ähnlich herzlich empfängt Hitler den früheren britischen Premier Lloyd George – mit dem er vor allem Erinnerungen an den Ersten Weltkrieg austauscht – sowie den Herzog von Windsor. Der einstige britische König Edward VIII., der wegen seiner Heirat mit einer geschiedenen Amerikanerin 1936 abgedankt hat, hegt Sympathien für den Nationalsozialismus, seine Frau ist fasziniert von Hitler. Der wiederum hat bis zur Abdankung Edwards auf dessen Hilfe beim Schmieden eines Bündnisses mit London gesetzt. Später bedankt sich der Herzog in einem Brief „für die schönen Stunden, die wir mit Ihnen auf dem Obersalzberg verbracht haben".

HIER GIBT HITLER DEN BEFEHL ZUM KRIEG

DIE ANDERE SEITE des Diktators erlebt der österreichische Bundeskanzler Kurt Schuschnigg, der ihn am 12. Februar 1938 auf dem Obersalzberg trifft, um mit ihm über die „österreichische Frage" zu verhandeln (siehe Seite 76).

Hitler arbeitet unverhohlen auf den „Anschluss" des Nachbarlandes hin und unterstützt die österreichischen Nationalsozialisten dabei, die Regierung zu destabilisieren.

Schuschnigg reist auf den Obersalzberg, um Zeit zu gewinnen – und in der naiven Hoffnung, von Hitler ein Zugeständnis über die Souveränität Österreichs zu erhalten. Als der Bundeskanzler im Konferenzsaal den Ausblick hinter dem Panoramafenster preist, faucht Hitler: „Wir sind nicht zusammengekommen, um von der Aussicht und dem schönen Wetter zu reden."

Dann hält er Schuschnigg einen wütenden, mehrstündigen Vortrag über seinen eigenen „historischen Auftrag" am deutschen Volk und die feindselige

Politik Österreichs, die er sich nicht länger bieten lassen werde. Schuschnigg, ohnehin schon mehr als nervös, wird zudem noch durch drei Generäle der Wehrmacht eingeschüchtert, die Hitler ausdrücklich wegen ihres martialischen Aussehens ausgewählt hat.

Am Ende des Treffens unterschreibt der Besucher das „Berchtesgadener Abkommen", das den österreichischen Nationalsozialisten freie Betätigung und eine Regierungsbeteiligung garantiert.

Schuschnigg reist am Abend ab, hungrig, erschöpft und deprimiert. In einer Rede dankt Hitler kurz darauf dem Österreicher für das „Verständnis und die warmherzige Bereitwilligkeit, mit der er meine Einladung annahm". Einen Monat später vollzieht der Diktator mit dem Einmarsch deutscher Truppen den „Anschluss" Österreichs.

Und als immer deutlicher wird, dass Hitlers nächstes Ziel ein Angriff auf die Tschechoslowakei sein wird, reist der britische Premier Neville Chamberlain am 15. September 1938 auf den Obersalzberg. Er will den drohenden Krieg um nahezu jeden Preis verhindern.

Auf Chamberlains Wunsch hin finden die Beratungen nicht im Konferenzsaal statt, wo Hitler so gern auf- und abschreitend vor seinem Gefolge Monologe hält, sondern unter vier Augen im Arbeitszimmer im ersten Stock.

Während draußen vor den Fenstern ein mächtiger Sturm tobt, kann man im Raum das „gegenseitige Sich-Messen der beiden Gesprächspartner" spüren, „die in wenigen Minuten eine Unterhaltung miteinander führen würden, bei der es um Krieg oder Frieden geht", wie sich Hitlers Dolmetscher später erinnert.

Unter Wutausbrüchen betont der Diktator seine Verantwortung für die sudetendeutsche Minderheit in der Tschechoslowakei und seine Entschlossenheit, „das zu regeln. Es ist mir egal, ob das einen Weltkrieg entfesselt oder nicht".

Chamberlain reagiert enttäuscht: Wenn Hitler sich ohnehin entschieden habe, Gewalt anzuwenden, sagt er, könne er ebenso gut wieder abreisen.

Schließlich vereinbaren die beiden Politiker ein weiteres Treffen. Hitler versichert, er werde bis dahin keine militärischen Schritte unternehmen.

Chamberlain lässt sich von der Persönlichkeit des Diktators täuschen. Obwohl ihm Hitler einerseits wie der „ordinärste kleine Hund" erscheint, kehrt er nach Großbritannien zurück mit dem Eindruck, „es hier mit einem Mann zu tun zu haben, auf dessen Wort man sich verlassen kann".

Am 29. September konferieren Chamberlain und Hitler gemeinsam mit dem italienischen Duce Benito Mussolini und dem französischen Ministerpräsidenten Édouard Daladier in München über das Schicksal der Tschechoslowakei. Am Ende steht das „Münchner Abkommen" (siehe Seite 100).

Vor seinem Hofstaat am Obersalzberg vergleicht sich Hitler jetzt immer häufiger mit historischen Größen wie Bismarck oder Napoleon, regiert noch eigensinniger als zuvor. Das Kabinett in Berlin tritt nicht mehr zusammen, Minister werden kaum noch empfangen. Hitler meidet die Hauptstadt mit ihren Verpflichtungen und verbringt nun noch mehr Zeit als zuvor in der geschlossenen Gesellschaft seiner Alpenresidenz.

Selbst Hans Heinrich Lammers, der sich als Chef der Reichskanzlei in der nur sechs Kilometer entfernten Zweigstelle im Tal aufhält, wird im Jahr 1938 wochenlang nicht auf den Berghof vorgelassen.

Dafür empfängt Hitler in den Sommermonaten 1939, am Vorabend des Krieges, in rascher Folge Diplomaten, Militärs und Vertreter ausländischer Verbündeter. Bei aller Hektik bleibe der „Führer" ganz ruhig, schreibt Goebbels

Literaturempfehlungen: Volker Dahm, Albert A. Feiber u. a. (Hg.), *„Die tödliche Utopie",* Institut für Zeitgeschichte: hervorragender Katalog des Dokumentationszentrums Obersalzberg zur Geschichte der Region und des „Dritten Reichs". Heike B. Görtemaker, *„Eva Braun. Leben mit Hitler",* C. H. Beck: aktuelle sachkundige Biografie, die sich zugleich mit dem Hofstaat auf dem Obersalzberg auseinandersetzt.

idealisierend. „Er sitzt auf dem Obersalzberg und wartet."

Mitte August zeichnet sich eine neue Bündniskonstellation ab, die Hitler freie Hand für den geplanten Überfall auf Polen geben würde: Die Sowjetunion signalisiert Interesse an einem Nichtangriffspakt. Vom Berghof aus schickt Hitler am 20. August 1939 ein persönliches Telegramm an Stalin: Die Verhandlungen über das Abkommen sollen früher beginnen, als von sowjetischer Seite vorgeschlagen, damit die Wehrmacht Polen möglichst schnell angreifen kann.

Als Hitler in seiner Alpenresidenz am 21. August tatsächlich eine Antwort von dem Sowjetführer erhält, in der Außenminister Joachim von Ribbentrop für den 23. August zu Verhandlungen in den Kreml eingeladen wird, schlägt er sich vor Freude auf die Knie. „Kinder, Stalin ist einverstanden", ruft er nach Hoffmanns Erinnerung dem Hofstaat zu. „Da wird die Welt wieder einmal staunen."

Am folgenden Tag reist Ribbentrop nach Moskau, und Hitler bestellt die Spitzen der Wehrmacht auf den Berghof ein. 50 hohe Offiziere versammeln sich am Mittag des 22. August im Konferenzsaal, und der Diktator, an den Flügel gestützt und fast ohne einen Blick auf seine Notizen zu werfen, gibt in einer langen Rede seinen Entschluss bekannt, Polen anzugreifen.

„Zeitpunkt zur Lösung günstig, daher schlagen! Politisches Risiko dabei nicht zu vermeiden. Ohne Risiko kein ganzer Entschluss", notiert ein Teilnehmer.

Dann heißt es sich gedulden. In der Nacht zum 24. August, während der Berghof-Kreis auf einen Anruf Ribbentrops aus Moskau über den Stand der Verhandlungen mit Stalin wartet, tritt Hitler mit einigen Vasallen hinaus auf die Terrasse seiner Residenz.

Ein starkes Nordlicht wirft einen rötlichen Schein auf den gegenüberliegenden Untersberg, der Himmel schillert in Regenbogenfarben.

„Der Schlussakt der Götterdämmerung hätte nicht effektvoller inszeniert werden können", schreibt Speer. „Gesichter und Hände eines jeden von uns waren unnatürlich rot gefärbt."

Ein solches Naturschauspiel, bemerkt ein Adjutant, deute auf einen blutigen Krieg hin. Wenn es so kommen werde, dann je eher, desto besser, erwidert Hitler: Je mehr Zeit vergehe, desto blutiger werde der Krieg sein.

Einige Stunden später klingelt das Telefon. Moskau. Der „Hitler-Stalin-Pakt" ist geschmiedet.

Acht Tage danach, am 1. September 1939, um 4.45 Uhr morgens, fällt die deutsche Wehrmacht in Polen ein.

IM JULI 1944 ist Hitler zum letzten Mal auf dem Berghof, ein plötzlich gealterter Mann, der gebeugt und auf einen Stock gestützt zu seinem Teehaus trottet.

Als am 25. April 1945 die britische Royal Air Force mit 375 Flugzeugen den Obersalzberg in mehreren Angriffen bombardiert, hat sich der Diktator schon seit Wochen in seinem Bunker tief unter der Berliner Reichskanzlei vergraben, während die Rote Armee aus allen Richtungen in die Hauptstadt vordringt.

Der Oberbefehlshaber der alliierten Truppen, Dwight D. Eisenhower, hat den Vormarsch auf Berlin dagegen abgebrochen und einen Teil seiner Truppen nach Süden verlegt – wohl auch, weil der General der Legende von der „Alpenfestung" erlegen ist: Es heißt, die Gebirgsregion mitsamt dem Obersalzberg sei zu einem uneinnehmbaren Bollwerk ausgebaut worden, mit unterirdischen Waffen- und Flugzeugfabriken, geschützt von Minenfeldern, verteidigt von Hunderttausenden fanatischen SS-Soldaten. Auch der „Führer" selbst wird in der Stellung vermutet.

Es ist die letzte Propagandalüge um Hitlers „Heiligen Berg". Als amerikanische und französische Truppen den Berghof erreichen, stoßen sie auf keinerlei Widerstand. Die Residenz des Diktators ist eine ausgebrannte Ruine, abziehende SS-Leute haben Feuer gelegt.

Am 30. April 1952, auf den Tag genau sieben Jahre nach Hitlers Selbstmord, werden die letzten Überreste des Berghofs gesprengt und abgetragen. □

Johannes Strempel, 41, hat sich schon einmal für GEOEPOCHE mit dem Alltagsleben eines Diktators beschäftigt: dem Josef Stalins.

DER SPIEGEL

NR. 6 | 2012

GESCHICHTE

Deutschland € 7,80

Jetzt im Handel.

KARL DER GROSSE
DER MÄCHTIGSTE KAISER DES MITTELALTERS

PRINTED IN GERMANY

MEROWINGER
Die geheimnisvollen
Reichsgründer

WISSENSCHAFT
Genies im
Dienst der Krone

SACHSENKRIEGE
Der grausame Feldzug
gegen die Heiden

PAPST Karls rätselhafte Krönung in Rom

BAUERN Schinderei für die fränkischen Herren

AACHEN Entdeckungen in der einstigen Pracht-Residenz

www.spiegel-geschichte.de

FREUDENTAUMEL

Das erste Ziel von Hitlers Expansionspolitik ist Österreich: Am 12. März 1938 marschiert die Wehr

VON ULRIKE RÜCKERT

Es ist Samstag, der 12. März 1938, 5.30 Uhr. Bei Simbach am Inn überschreitet eine Kompanie der Wehrmacht eine Eisenbahn- und eine Straßenbrücke, die den Fluss überspannen. Dessen Mitte markiert die Grenze zwischen dem Deutschen Reich und Österreich. Am jenseitigen Ende der Eisenbahnbrücke ruft jemand aus der Dunkelheit: „Hände hoch!" Doch als die Soldaten weitermarschieren, geschieht nichts.

Die Straße führt nach Braunau. In den Häusern werden Fenster und Türen geöffnet – Menschen laufen mit ausgebreiteten Armen den Deutschen entgegen. Sie drücken ihnen Blumen in die Hände, füttern die Pferde mit Äpfeln.

Eine Stunde später betreten Offiziere Hitlers Geburtshaus in Braunau, eine Gastwirtschaft. Im Gästebuch schlagen sie eine neue Seite auf und schreiben über ihre Namen: „Am Tage des Einmarsches deutscher Truppen in Österreich".

Aber ist das ein Einmarsch – die gewaltsame Besetzung eines Landes durch die Armee eines anderen Staates?

Fast 50000 Soldaten und 12000 Polizisten überschreiten an diesem Tag die Grenzübergänge, die meisten von ihnen stoßen anschließend nach Wien vor. Doch nirgendwo treffen sie auf Widerstand. Stattdessen sind einige österreichische Zollstationen mit großen Hitlerporträts geschmückt.

In Kufstein heißt ein Weltkriegsveteran in k. u. k. Uniform den deutschen Bataillonskommandeur willkommen. Vor der Salzburger Infanteriekaserne tritt ein Bataillon des österreichischen Bundesheeres mit Fahne und Musikkapelle an. In Salzburg wehen Hakenkreuzfahnen. Die Straßen sind voller Menschen, die einrollende Panzer mit dem Hitlergruß empfangen. Die Kinder haben schulfrei, Luftwaffengeschwader donnern über die Stadt, und Flugblätter flattern herab.

Um 16.00 Uhr fährt Adolf Hitler durch Braunau. Kirchenglocken läuten, Fabriksirenen heulen, eine Musikkapelle spielt. In Uniform, an der Mütze das goldene Eichenlaub des obersten Befehlshabers, steht der deutsche Kanzler in Feldherrenpose in einem eigens für ihn angefertigten Geländewagen mit offenem Verdeck.

Zehntausende drängen sich entlang der Landstraße nach Linz. Vier Stunden braucht Hitler für die 120 Kilometer lange Strecke durch ein Spalier von Hakenkreuzfähnchen.

Auf dem Rathausplatz in Linz, jener Stadt, in der Hitler einen Großteil seiner Jugend verbracht hat, warten an die 80000 Menschen auf ihn. Ekstatische „Heil"-Rufe, als sich Hitlers Wagen durch das Gedränge schiebt.

Im Licht von Scheinwerfern spricht er vom Rathausbalkon: „Wenn die Vorsehung mich einst aus dieser Stadt heraus zur Führung des Reiches berief, dann muss sie mir damit einen Auftrag erteilt haben, und es kann nur ein Auftrag gewesen sein, meine teure Heimat dem Deutschen Reich wiederzugeben! Ich habe ihn jetzt erfüllt!" Der „Anschluss" Österreichs ist sein bis dahin größter Triumph.

ÖSTERREICH IST EIN STAAT, der gegen den Willen vieler seiner Bürger existiert. Er ist im Inneren zerrissen, nach außen isoliert, wirtschaftlich am Abgrund. Ein Trümmerstück aus der Habsburgermonarchie, die zu den Verlierern des Ersten Weltkriegs zählte. Die Nationalversammlung, die im Herbst 1918 in Wien die Republik Deutschösterreich ausruft, erklärt im gleichen Dokument: „Deutschösterreich ist ein Bestandteil der Deutschen Republik."

Zu dieser Zeit leben in den Grenzen des neuen Staates knapp sieben von einst mehr als 50 Millionen Untertanen der Donaumonarchie. Österreich ist ein rückständiges Agrarland mit wenig Industrie sowie der kosmopolitischen Metropole Wien, in der sich fast ein Drittel der Bevölkerung ballt. Es hat die zentrale Verwaltung eines Großreichs geerbt, mit unzähligen Beamten, die nichts mehr zu verwalten haben.

So sind fast alle Politiker für den Anschluss an die in Deutschland entstehende Republik, weil sie ihr Land allein nicht für lebensfähig halten.

Mit der Wehrmacht zieht auch die SS in Österreich ein. Deren Chef Heinrich Himmler übernimmt den Befehl über die Polizei – und macht sie zum Instrument der Gewaltherrschaft

DER UNTERWORFENEN

macht in den Alpenstaat ein. Und wird von der begeisterten Bevölkerung mit Jubel empfangen

Mit Hitlergruß heißen die Bürger die Wehrmachtssoldaten am 12. März 1938 in Salzburg willkommen. Die Mehrheit der Österreicher erhofft sich einen wirtschaftlichen Aufschwung

Die Sozialdemokraten etwa glauben, nur gemeinsam mit der starken Arbeiterbewegung des hochindustrialisierten Deutschen Reichs den Sozialismus verwirklichen zu können. Und für die konservativen „Großdeutschen" ist die Vereinigung mit dem Nachbarland ohnehin das zentrale politische Ziel.

Doch dies verhindert der Friedensvertrag von Saint-Germain: Die Siegermächte des Ersten Weltkriegs verbieten 1919 die Vereinigung, damit Deutschland nicht zu mächtig wird.

In den folgenden Jahren ist Österreich in zwei große politische Lager gespalten. Die Regierung wird von den Christlichsozialen angeführt. Deren wichtigste Vertreter sind antirepublikanisch gesinnt und befürworten ein autoritäres Regime. Sie stützen sich auf die „Heimwehren" – rechte paramilitärische Verbände, die in den Dörfern einst zum Schutz gegen marodierende Soldaten gegründet worden sind. In Wien, dem bevölkerungsreichsten Bundesland, regieren dagegen die Sozialdemokraten, die zugleich die zweitgrößte Fraktion im Nationalrat stellen.

Als im Sommer 1927 linke Demonstranten auf die Straßen gehen, um gegen einen fragwürdigen Freispruch für drei des Mordes verdächtige Mitglieder einer Gruppierung ehemaliger Frontsoldaten zu protestieren, kommt es zu Ausschreitungen: Die Demonstranten setzen den Justizpalast in Brand und behindern die Löscharbeiten. Daraufhin erteilt der Wiener Polizeipräsident seinen Polizisten Schießbefehl. 89 Menschen sterben. In den folgenden Jahren gehören Straßenkämpfe und Saalschlachten zwischen rechten und linken Gruppen zum politischen Alltag.

1932 wird der Christlichsoziale Engelbert Dollfuß Bundeskanzler – mit nur einer Stimme Mehrheit. Im Parlament sind inzwischen auch faschistische Parteien vertreten, darunter die österreichische NSDAP, die sogar älter ist als die deutsche Schwesterpartei. Mit Hitlers Wahlerfolgen in Deutschland hat auch sie enormen Zulauf erhalten. Als Opposition setzen die Nationalsozialisten die Regierung immer mehr unter Druck und fordern nun Neuwahlen.

Die Weltwirtschaftskrise hat die Industrie hart getroffen. Hüttenwerke und Fabriken sind stillgelegt, 500 000 Arbeitslose und deren Familien kämpfen ums Überleben, viele Bauern sind verschuldet. Mancherorts verspeisen die Menschen Katzen und Hunde. Und viele machen die Regierung für das Elend verantwortlich.

Dollfuß will Neuwahlen um jeden Preis vermeiden, weil er fürchtet, von der NSDAP hinweggefegt zu werden – erst recht, nachdem die Nationalsozialisten in Deutschland an die Macht gekommen sind. Um die eigene Macht zu erhalten, führt er Österreich nun ebenfalls in die Diktatur.

Im März 1933 nutzt Dollfuß den Rücktritt des Parlamentspräsidiums, um die Volksvertretung auszuschalten. Damit er ohne „endlose parlamentarische Kämpfe" regieren kann, setzt er ein „Ermächtigungsgesetz" aus Kriegszeiten ein, hebt die Pressefreiheit auf, erlässt ein Versammlungsverbot. Die katholischen Bischöfe stellen sich hinter den Kanzler; auch die Industrie und die meisten Heimwehren stützen das Regime.

Im Mai 1933 gründet Dollfuß eine faschistische Einheitspartei, die „Vaterländische Front". Die Kommunistische Partei, die Freien Gewerkschaften und die Sozialdemokratische Arbeiterpartei werden nacheinander verboten. Politisch missliebige Personen können nun in Lagern inhaftiert werden.

Einen Anschluss an Deutschland aber lehnt Dollfuß ab. Hitlers antikirchliche Politik scheint ihm unvereinbar mit Österreichs streng katholischer Variante des Faschismus.

DOCH DER DRUCK DES NACHBARN nimmt immer weiter zu. Schon 1920 forderte das Programm der deutschen NSDAP den „Zusammenschluss aller Deutschen zu einem Groß-

Deutschland". In „Mein Kampf" schrieb Hitler: „Deutschösterreich muss wieder zurück zum großen deutschen Mutterlande. Gleiches Blut gehört in ein gemeinsames Reich."

Nach seinem Regierungsantritt rechnet daher ganz Europa damit, dass er Österreich schon bald zu annektieren versucht. Doch eine militärische Aktion plant der deutsche Diktator vorerst nicht, um die Westmächte nicht zu provozieren. Er bedrängt das Nachbarland auf andere Weise. So verhängt er im Mai 1933 die „Tausendmarksperre": Bei Ausreise nach Österreich müssen Deutsche 1000 Reichsmark zahlen – ruinös für den Fremdenverkehr im Nachbarland.

Gleichzeitig beginnt die österreichische NSDAP einen Terrorfeldzug gegen die Regierung in Wien. Die Aktivisten zerstören Bahngleise und Telefonleitungen, zünden Bomben, begehen Mordanschläge und machen auch dann weiter, als die Partei im Juni 1933 verboten wird. Sprengstoff, Waffen und Munition werden aus Deutschland eingeschmuggelt.

Unterdessen findet Dollfuß einen Schutzherrn: Benito Mussolini. Der italienische Diktator verfolgt dabei vor allem eigene Interessen. Er will verhindern, dass Deutschland durch eine Annexion übermächtig wird. Zudem fürchtet er, dass Hitler ihm anschließend das von Italien nach dem Ersten Weltkrieg einverleibte Südtirol streitig machen würde.

Trotz der massiven Gewalt der Nationalsozialisten – allein in der ersten Januarwoche 1934 gibt es 140 Sprengstoffanschläge – sieht Dollfuß in der Linken die größere Gefahr und lässt 1934 einen sozialdemokratischen Aufstand von der Armee niederschlagen.

Sein wahrer Feind aber steht rechts: Am 25. Juli 1934 dringen 140 bewaffnete österreichische Nationalsozialisten ins Bundeskanzleramt ein und ermorden Dollfuß.

Doch der Putschversuch – den Hitler nicht in Auftrag gegeben hat, aber billigt – ist schlecht organisiert und wird von Polizei, Armee und Heimwehren innerhalb von vier Tagen abgewehrt. Mehr als 13 000 Nationalsozialisten werden verhaftet. An der italieni-

schen Grenze hat Mussolini auch als Drohung gegen die Putschisten Truppen aufmarschieren lassen.

Erschrocken kappt Hitler alle offiziellen Kontakte zu seinen Anhängern in Österreich. Der Anschluss soll nun durch langsame Unterwanderung des Staates erreicht werden.

Kurt Schuschnigg, der neue Bundeskanzler in Wien, setzt indes die Politik seines Vorgängers fort. Noch 1934 erreicht er, dass Großbritannien, Frankreich und Italien eine gemeinsame Erklärung für die Unabhängigkeit Österreichs abgeben.

Doch einige Monate später, im Oktober 1935, überfällt Mussolini Abessinien (das spätere Äthiopien), um es als Kolonie zu unterwerfen. Der Völkerbund verurteilt den Angriff. Außenpolitisch isoliert, wendet sich der italienische Diktator Deutschland zu – und opfert für das kurz darauf geschlossene Bündnis Österreich: Es genüge ihm, wenn dessen Unabhängigkeit formal gewahrt bleibe, gibt er Hitler zu verstehen. Schuschnigg legt er nahe, die Beziehungen zu Deutschland zu verbessern.

Im Juli 1936 schließen Berlin und Wien ein Abkommen, das Österreich praktisch zu einem Satellitenstaat macht: Schuschnigg verpflichtet sich, seine Politik an die Deutschlands anzugleichen, entlässt 18 000 Nationalsozialisten aus der Haft, nimmt zwei NS-Sympathisanten ins Kabinett auf.

Am 5. November 1937 sitzen in Berlin die Oberbefehlshaber von Heer, Luftwaffe und Marine mit mehreren Ministern und Hitler zusammen. Eigentlich sollen Probleme besprochen werden, die der Stahlmangel bei der Aufrüstung bereitet. Doch Hitler hält einen seiner langen Monologe. Und verkündet seine nächsten außenpolitischen Ziele: Als ersten Schritt zur Eroberung von „Lebensraum" müsse man Österreich und die Tschechoslowakei angreifen. Vielleicht schon 1938.

Denn längst hat Hitler neben ideologischen auch strategische Motive für einen Anschluss Österreichs: Das Land soll zum Brückenkopf für die

Weil er Deutschlands Machtzuwachs verhindern will, unterstützt Mussolini (links) den österreichischen Kanzler Schuschnigg (rechts). Und opfert ihn dann einer Allianz mit Hitler

Noch im Februar 1938 setzen sich zahlreiche Österreicher – wie diese Wiener Arbeiter – mit einer Unterschriftenaktion für die Unabhängigkeit ihres Landes ein

geplanten Eroberungen in Osteuropa werden. Zudem besitzt es Ressourcen, die Deutschland dringend braucht: Eisenerz, Holz, Erdöl, Kupfer, Magnesit; dazu Fabriken, die nicht ausgelastet sind. Und zahlreiche Arbeitslose, die für die deutsche Rüstung produzieren könnten.

Hitler ist jetzt für den Einmarsch in Österreich bereit – und wartet nur noch auf den richtigen Moment, um die letzten kritischen Stimmen in seiner Regierung und der Armeeführung verstummen zu lassen.

Ende Januar 1938 erfährt er, dass die Frau von Kriegsminister Werner von Blomberg wegen Prostitution polizeibekannt ist. Blomberg weigert sich, sie, wie von Hitler gefordert, aufzugeben – und verliert daraufhin sein Amt. Als Nachfolger fasst Hitler den Oberbefehlshaber des Heeres, Werner von Fritsch, ins Auge. Doch er erinnert sich an eine alte Verdächtigung, der General verkehre mit Strichjungen. Er ordnet eine Überprüfung an, ehe er Fritsch zum Minister machen will.

SS-Chef Heinrich Himmler sowie Hermann Göring, der selbst Kriegsminister werden will, nutzen den Fall für eine Intrige: Sie präsentieren einen notorischen Erpresser als angeblichen Zeugen für Fritschs Privatleben. Hitler glaubt die dubiose Geschichte und fordert Fritsch zum Rücktritt auf.

Keinesfalls aber dürfen diese Skandale bekannt werden. Um die Gründe für die Entlassungen zu vernebeln, wechselt Hitler fast die gesamte militärische und diplomatische Spitze aus. Er schickt ein gutes Dutzend Generäle in Pension, ernennt einen neuen Außenminister und tauscht wichtige Botschafter aus. Und er nutzt die Gelegenheit, seinen aggressiveren außenpolitischen Kurs durchzusetzen: Alle Militärs und Diplomaten, die bislang Einwände gegen Hitlers Kriegspläne geäußert haben, lässt er durch willige Helfer ersetzen.

Die Wehrmachtsspitze wird völlig neu organisiert, Hitler übernimmt nun selber die direkte militärische Führung. Das Kriegsministerium wird aufgelöst und das „Oberkommando

der Wehrmacht" als sein persönlicher Stab neu geschaffen.

Auch um die öffentliche Aufmerksamkeit nach den Ereignissen in eine andere Richtung zu lenken, wendet sich Hitler jetzt Österreich zu. „Führer will die Scheinwerfer von der Wehrmacht ablenken", notiert Oberst Alfred Jodl, „Europa in Atem halten."

AM 12. FEBRUAR 1938 trifft Schuschnigg zu einem Besuch in Hitlers Alpenresidenz auf dem Obersalzberg ein. Der Reichskanzler hat den österreichischen Regierungschef einbestellt, um ihn zu zwingen, seine Außen- und Wirtschaftspolitik fortan noch strikter nach deutschen Vorgaben auszurichten, Österreichs Nationalsozialisten freie Hand zu lassen und einem von Hitler ausgewählten Kandidaten das Innenministerium zu übergeben.

Da Schuschnigg befürchtet, ein Einmarsch stünde unmittelbar bevor, unterschreibt er (siehe Seite 58). Vier Tage später ernennt er Arthur Seyß-Inquart zum Innenminister: einen NS-Sympathisanten, der nun alle Polizeikräfte kontrolliert.

Außenpolitisch ist Schuschnigg inzwischen völlig isoliert: Frankreich ist durch innere Krisen handlungsunfähig, und der britische Premierminister Neville Chamberlain will mit immer neuen Zugeständnissen an Hitler den Frieden retten.

Hinzu kommt, dass Österreichs Armee nur über knapp 60 000 Mann und eine schlechte Ausrüstung verfügt. Die Wirtschaftslage ist weiterhin desolat. Die Arbeitslosenquote liegt bei über 20 Prozent, die Hälfte der Betroffenen erhält keine Unterstützung mehr. Das wiederum treibt viele Bürger den österreichischen Nationalsozialisten zu, die ihre Mitgliederzahl selbst in der Illegalität verdoppelt haben. Wohl mehr als ein Drittel der Bevölkerung sympathisiert mit ihnen. Der Blick über die Grenze, wo Hitler scheinbar ein Wirtschaftswunder vollbracht hat, weckt Hoffnungen.

Schuschnigg muss zulassen, dass am 20. Februar 1938 erstmals eine Hitler-Rede, in welcher der Deutsche den gerade geschlossenen Vertrag kommentiert, vom Rundfunk übertragen wird. Nach der Sendung marschieren Hitlers Anhänger überall mit Fackeln durch die Nacht.

Doch dann entfacht Schuschnigg mit einer flammenden Rede eine unerwartete Gegenbewegung. „Wir bekennen uns feierlich vor aller Welt zu unserem Vaterland", verkündet er im Radio. „Und weil wir entschlossen sind, steht der Sieg außer Zweifel. Bis in den Tod Rot-Weiß-Rot!"

Diese Parole wird enthusiastisch aufgegriffen, von Anhängern seiner Einheitspartei ebenso wie von Liberalen, Juden, Sozialdemokraten, die alle den Anschluss an Deutschland verhindern wollen. Abends ziehen Gegendemonstrationen zu den NS-Aufmärschen durch die Straßen. Am 9. März kündigt Schuschnigg für den 13. März eine Volksbefragung an: Die Österreicher sollen sich für einen unabhängigen Staat erklären – und gleichzeitig für Schuschniggs Regime.

Sein Kalkül scheint aufzugehen. Eine Welle patriotischer Begeisterung flutet durch das Land. Der Kanzler hofft vermutlich, ein klares Votum für die Unabhängigkeit könnte die Großmächte doch noch dazu bewegen, Garantien für seine Regierung zu geben. Hitler tobt. „Dieser Schuschnigg, der will mich betrügen", brüllt er in der Reichskanzlei.

Am Morgen des 10. März verlangt der deutsche Diktator von der völlig unvorbereiteten Wehrmachtsführung, binnen zwei Tagen den Einmarsch in Österreich zu organisieren. Den ganzen Tag über macht er zusammen mit Göring und Goebbels Pläne für das Prozedere des Anschlusses. Sie beschließen, Hitler solle zunächst Bundespräsident von Österreich werden, um das Land dann stufenweise dem Deutschen Reich einzuverleiben.

In Wien verhandelt am Abend Innenminister Seyß-Inquart gegen Hitlers ausdrückliche Anweisung mit Schuschnigg. Denn auch Seyß-Inquart versucht, den bevorstehenden Einmarsch, von dem er am Nachmittag in Kenntnis gesetzt wor-

den ist, in letzter Minute zu verhindern: Wahrscheinlich will er die Unabhängigkeit Österreichs bewahren, um einen speziell österreichischen, katholischen Nationalsozialismus zu verwirklichen – und selber eine führende Rolle dabei einzunehmen.

Am nächsten Tag erfährt Schuschnigg in der Frühe, dass die deutsche Grenze geschlossen worden ist und Truppen aufmarschieren. Er ordnet die Einberufung von Reservisten an.

Um 10.00 Uhr erreicht ihn ein Ultimatum Hitlers: Binnen vier Stunden soll er die Volksbefragung absagen, andernfalls übernehme Seyß-Inquart die Regierung und fordere deutsche Truppen an, um die Ordnung aufrechtzuerhalten.

Verzweifelt versucht Schuschnigg, in London, Paris und Rom Unterstützung zu finden. Vergebens. Er lässt Soldaten an die Grenze schicken, sieht aber, dass Widerstand aussichtslos ist. Um 14.45 Uhr sagt er die Volksbefragung ab.

Nun aber stellt Berlin neue Forderungen, von Göring per Telefon übermittelt: Schuschnigg solle die Regierungsführung sofort an Seyß-Inquart übergeben.

Tatsächlich tritt Schuschnigg um 15.30 Uhr zurück. Jetzt aber weigert sich der Bundespräsident, Seyß-Inquart zum Kanzler zu ernennen. Erst um 22.00 Uhr gibt der Präsident nach. Zu spät – Hitler hat bereits den Einmarschbefehl erteilt.

Noch vor Mitternacht werden in allen Bundesländern die Regierungen gestürzt. Im Siegesrausch ziehen Hitler-Anhänger durch die Städte, grölend und fahnenschwenkend. Doch zugleich beginnt auch ein Ansturm auf die Bahnhöfe. Alle Fernzüge ins Ausland sind überfüllt, die Landstraßen zur tschechischen Grenze mit Autos verstopft.

Vor allem Juden sind auf der Flucht. Denn in vielen Städten beginnt nun ein Pogrom. In Wien, wo der weitaus größte Teil der Juden lebt, schlägt die Meute Scheiben ein, stürmt Wohnungen, plündert Läden und schleppt Menschen auf die Straße, wo sie auf Knien mit Lappen, Bürsten und scharfer Lauge aufs Pflaster gemalte

Nur Stunden nach dem Einmarsch der Wehrmacht reist Adolf Hitler nach Österreich – in seiner Geburtsstadt Braunau wird er enthusiastisch empfangen

Schuschnigg-Parolen abschrubben müssen.

ZEHN STUNDEN nach den ersten Einheiten der Wehrmacht überquert Hitler am 12. März die Grenze zu Österreich. Als die Wagenkolonne Linz erreicht, ruft die Menschenmenge ununterbrochen: „Ein Volk, ein Reich, ein Führer!"

Der Diktator ist von dem Jubel überwältigt. Da erste ausländische Zeitungen berichten, der Anschluss Österreichs sei bereits vollzogen, beschließt er, nicht mehr länger mit der vollständigen Annexion des Nachbarlandes zu warten. Noch in der Nacht lässt er einen Staatssekretär aus Berlin kommen, der binnen Stunden ein „Gesetz über die Wiedervereinigung Österreichs mit dem Deutschen Reich" ausarbeitet.

Am 13. März tagt in Wien das Kabinett unter Seyß-Inquart. Die Sitzung dauert fünf Minuten, der einzige Tagesordnungspunkt ist die Annahme des Anschlussgesetzes.

Seyß-Inquart verkündet vom Balkon des Kanzleramts den Anschluss und fährt nach Linz zu Hitler. Der unterzeichnet das Gesetz mit Tränen auf den Wangen. (Seyß-Inquart wird, trotz seiner abwehrenden Haltung gegen den Anschluss, auch weiterhin eine wichtige Rolle im NS-Regime spielen.)

Am nächsten Morgen bricht Hitler nach Wien auf. Dort sind Beamte der Deutschen Reichsbank bereits damit beschäftigt, in den Tresoren der Österreichischen Nationalbank Inventur zu machen. Die vor allem von Juden konfiszierten Privatvermögen eingerechnet, fallen Berlin 1,4 Milliarden Reichsmark zu (zum Vergleich: Die Reserven der Reichsbank sind auf 76 Millionen Reichsmark geschrumpft).

Gegen 17.00 Uhr erreicht Hitlers Wagenkolonne Schloss Schönbrunn bei Wien und rollt nun stadteinwärts. Seit zwei Tagen haben Busse Menschen in die Kapitale gebracht. Nun stehen die Leute dicht an dicht, sogar auf Dächern. Die Stadt ist in rote Hakenkreuzfahnen gehüllt. Aus Flugzeugen regnen kleine Hakenkreuze aus Blech herab. Hitler, der einst in

Der einheimische Nationalsozialist Arthur Seyß-Inquart (rechts, mit Hermann Göring) wird »Reichsstatthalter« des NS-Regimes in Österreich – das künftig »Ostmark« heißt

Wien ein Männerheim bewohnt hat, kehrt als Feldherr zurück.

Am Tag darauf spricht er vor 250 000 Menschen: „Ich proklamiere nunmehr für dieses Land seine neue Mission. Die älteste Ostmark des deutschen Volkes soll von jetzt ab das jüngste Bollwerk der deutschen Nation und damit des Deutschen Reiches sein."

Am Nachmittag reist Hitler zurück nach Berlin, um sich auch dort feiern zu lassen. Und die Begeisterung über den unblutigen Anschluss ist zweifellos echt.

Besiegeln soll seinen Triumph eine Volksabstimmung im nun „großdeutschen" Reich, vorbereitet von einer beispiellosen Propagandakampagne. Allein in Wien werden 250 000 Plakate und mehr als 200 000 Hitlerporträts verteilt. In Schaufenstern prangen riesige „Führerbilder", wie Altäre umgeben mit Bannern und Blumen. Um seine Beliebtheit zu steigern, zahlt das neue Regime Soforthilfen an Arbeitslose aus, organisiert gewaltige Armenspeisungen.

In Österreich stimmen kurz darauf 99,7 Prozent dem Anschluss zu, im „Altreich" 99,1 Prozent.

Die Ergebnisse der Volksbefragung dienen Hitler dazu, die Annexion außenpolitisch zu rechtfertigen. London und Paris haben nach dem Sturz Schuschniggs Protestnoten überreicht – mehr aber nicht, denn sie können keine Drohungen aussprechen, die sie nicht wahrmachen wollen.

Jede Kritik wehrt Hitler mit dem Hinweis ab, dies sei eine „innere Angelegenheit des deutschen Volkes", die niemanden etwas angehe. Er hat Vabanque gespielt und gewonnen. Der Sieg war sogar leichter und überwältigender, als er selbst es sich erhofft hatte.

Sein Glaube, auserwählt zu sein und alles erreichen zu können, wächst von nun an ins Unermessliche. □

Ulrike Rückert, 51, Autorin in Münster, fand es bemerkenswert, wie stark die Nationalsozialisten schon vor dem Anschluss in Österreich waren.

Die KUNST und die MACHT

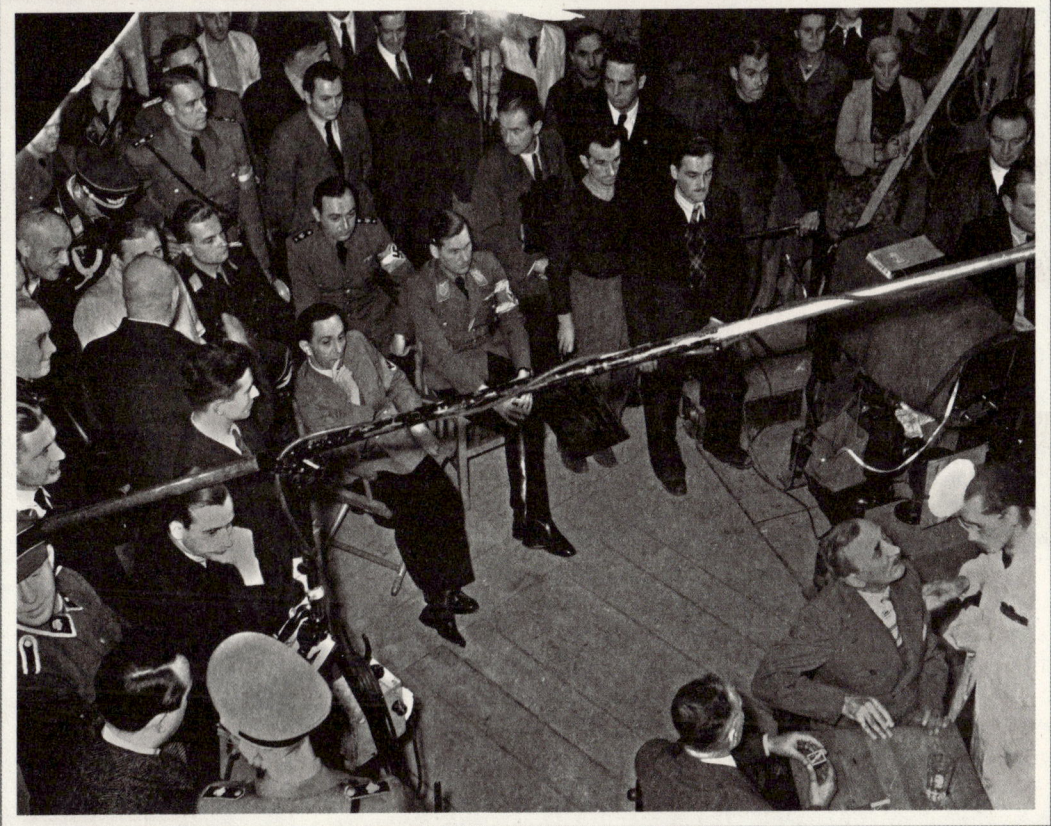

Minister Goebbels (sitzend, 1. v. l.) bei Dreharbeiten: Die Machthaber kontrollieren, was produziert wird

Um ihre Herrschaft so fest wie möglich zu verankern, wollen die Nationalsozialisten auch das Denken und Fühlen der Deutschen steuern, aus allen
überzeugte Anhänger machen. Propagandaminister Joseph Goebbels bringt
deshalb nicht nur die Medien, sondern auch die Kunst auf die Linie des
Regimes. Sein bevorzugtes Instrument der Manipulation: das Kino

VON JOHANNES SCHNEIDER

Am Berliner Himmel gleißt die Frühlingssonne, als Veit Harlan mit seinem Wagen auf dem Vorplatz der Reichskanzlei eintrifft. Adolf Hitler hat ihn an diesem 1. Mai 1937 in seine Machtzentrale geladen. Er will dem 37-jährigen Regisseur den „Nationalen Filmpreis" verleihen, die höchste Auszeichnung, die das „Dritte Reich" für seine Filmschaffenden bereithält.

Dabei ist Harlan, ein Mann mit offenen Gesichtszügen und hoher Denkerstirn, kein Anhänger der Nationalsozialisten. Als Sohn eines liberalen Schriftstellers ist er unter Künstlern aufgewachsen. Musiker, Schauspieler, Autoren und Philosophen waren häufige Besucher in der elterlichen Villa bei Berlin. Walter Rathenau, der jüdische Außenminister der Weimarer Republik, gehörte zu den engen Freunden der Familie. Auch Veit Harlans erste Frau war jüdischer Abstammung.

Und dennoch hat der ehrgeizige Regisseur nun einen Film gedreht, der Adolf Hitler begeistert.

In „Der Herrscher" erzählt Harlan die Geschichte eines alternden Industriellen, der sich mit seiner Familie überwirft und dafür entscheidet, seine Fabrik dem deutschen Staat und Volk zu vermachen. Motive aus Gerhart Hauptmanns Familiendrama „Vor Sonnenuntergang" haben die Drehbuchautoren zu einem Plot geformt, der maßgenau ist für ein Regime, das unentwegt Führerstärke und Volksgemeinschaft preist. Harlans Inszenierung hat ein Stück Propaganda geschaffen, zu dem Hitler den Machern persönlich gratulieren will.

SS-Wachen führen Harlan und seinen Hauptdarsteller Emil Jannings durch die Reichskanzlei in den rückwärtigen Garten. Dort wartet Hitler bereits auf einer Terrasse. Neben ihm steht Joseph Goebbels, der Propagandaminister.

Die Begrüßung ist überschwänglich. An „große Worte" erinnert sich Harlan später. Hitler beglückwünscht die beiden zu ihrer „Deutschland Ehre bringenden Leistung", die Entourage des Diktators lobt Harlan als „größten Regisseur" und erklärt Jannings zum „größten Schauspieler der Welt".

Doch nicht solche Superlative machen Eindruck auf den Filmemacher, sondern Hitlers Auftreten. Zum ersten Mal steht Harlan dem „Führer aller Deutschen" gegenüber, dessen „bezwingende und zugleich beängstigende Suggestionskraft" ihn fasziniert. Vor allem beeindruckt ihn die Atemtechnik des Diktators. „Er sprach die längsten Sätze – sich immer steigernd, ohne dazwischen Luft zu holen", notiert Harlan später. „Manchem Schauspieler oder Sänger hätte ich diesen Atem gewünscht." Dem Regisseur scheint es wichtiger, wie Hitler spricht, als was er sagt.

Der hält sich nur kurz mit dem Film auf, schweift bald zu anderen Themen ab. Joseph Goebbels aber strahlt. Der Erfolg von „Der Herrscher" ist auch sein persönlicher Triumph.

Jahrelang hat der Minister auf einen solchen Moment hingearbeitet. Er hat die deutsche Filmindustrie verstaatlicht, das Kino mit einem von ihm selbst gesteuerten Zensursystem belegt. Hat persönlich Drehbücher verändert und bis zu den Nebenrollen bestimmte Besetzungen angeordnet.

Nun endlich ist ihm eine Produktion geglückt, so notiert er zufrieden in seinem Tagebuch, „modern und nationalsozialistisch. So wie ich mir die Filme wünsche." Dabei schien es lange, als würde es ihm nicht gelingen, die komplizierte Welt des Kinos in seine gewaltige Propagandamaschinerie einzuspannen.

NACH DER MACHTÜBERNAHME 1933 genügt es den Nationalsozialisten nicht, das Land zu regieren, die Bevölkerung äußerlich möglichst weitgehend zu beherrschen und zu kontrollieren. Sie wollen sie auch innerlich dominieren, das Denken und Fühlen von 65 Millionen Menschen formen, manipulieren. Das Deutsche Reich soll zu einem Staat voller Nationalsozialisten werden.

Um dieses Ziel zu erreichen, müssen die neuen Machthaber den Alltag und das kulturelle Leben durchdringen.

Kaum eine Diktatur setzt die Künste und die Massenkultur so konsequent zur Festigung ihrer Herrschaft ein wie das NS-Regime. Dessen Zensur- und Kontrollbehörde leitet Joseph Goebbels, ein promovierter Germanist, der entscheidet, welche Nachrichten veröffentlicht werden, was als Kunst anerkannt wird und wer überhaupt noch als Kulturschaffender arbeiten darf

Goebbels nutzt seine Macht, um unter anderem die Schauspielerin **LÍDA BAAROVÁ** zu fördern, mit der er eine Affäre hat

Als brachialer Hetzredner steigt **GOEBBELS** in den Reihen der NSDAP auf. Später orchestriert er die Propaganda meist subtiler

1936 besucht Goebbels eine Begleitausstellung der Olympischen Spiele. Er strebt nach einer neuen, nationalsozialistischen **ÄSTHETIK**

promoviert 1921 über den deutschen Romantiker Wilhelm von Schütz.

Doch im Berufsleben kann Goebbels, der davon träumt, Schriftsteller oder Journalist zu werden, nicht Fuß fassen: Stationen in einer Bank oder bei Provinzblättern bleiben Episoden. Er verfällt in Verzweiflung und Depression.

Erst in der NSDAP, der er 1925 beitritt, fühlt sich Goebbels endlich gewürdigt. Auf den Veranstaltungen der demokratiefeindlichen, antisemitischen Partei kann er durch wütende Reden auftrumpfen. Unter den meist einfachen Parteimitgliedern verschaffen ihm sein Intellekt und sein Sprachtalent das, wonach der ebenso eitle wie ehrgeizige Agitator zeitlebens giert: Respekt, Anerkennung, Applaus.

Ab 1926 soll Goebbels als Gauleiter in Berlin die NSDAP in der Hauptstadt etablieren. Bei seinen Auftritten krakeelt er in die Mikrofone, hetzt gegen Kommunisten, Juden und das Ausland. So radikal ist seine Rhetorik, dass er häufig vor Gericht steht.

In dieser Zeit, in der die NSDAP noch eine unbedeutende Splitterpartei ist, verfolgt seine Demagogie vor allem ein Ziel: Auffallen um jeden Preis.

Zwar bleiben die Wahlergebnisse in der Hauptstadt deutlich unter dem reichsweiten Durchschnitt, aber die Berliner NSDAP gewinnt unter ihm allmählich Stimmenanteile hinzu. Sein grelles Auftreten stößt freilich selbst in den eigenen Reihen auf Ablehnung.

Hitler aber steht zu Goebbels, hält ihn weiterhin für den richtigen Mann.

Der ist 35 Jahre alt, als ihn Reichspräsident Hindenburg auf Drängen Hitlers im März 1933 zum „Minister für Volksaufklärung und Propaganda" ernennt. Umgehend bezieht er ein klassizistisches Palais direkt gegenüber der Reichskanzlei, besetzt bald auch weitere Gebäude für seine neue Behörde.

Binnen Wochen stellt „der Doktor", wie seine Untergebenen Goebbels nennen, einen 350-köpfigen Mitarbeiterstab zusammen (bis 1942 wird die Zahl der Bediensteten auf etwa 1500 zunehmen, die der Bürogebäude auf über 50 allein in der Hauptstadt).

Wollen sie das gesamte Volk wirklich dauerhaft beeinflussen, brauchen sie jeden Kanal, um ihre Ideologie zu transportieren – neben den Schulen und Universitäten vor allem die Massenmedien und die Kunst. Ob auf Zeitungsseiten, in Museen, im Rundfunk oder im Kinosaal: Überall soll die nationalsozialistische Weltsicht vorherrschen.

Der Mann, dem Adolf Hitler diese Aufgabe anvertraut, heißt Joseph Goebbels. Eine schmächtige Gestalt, etwa 1,65 Meter groß, mit braunen Augen und zurückgekämmtem dunklen Haar. Beim Laufen zieht er das rechte Bein nach; eine Krankheit in früher Kindheit hat seinen Unterschenkel verkrüppelt, der Fuß ist verdickt und nach innen gedreht. Es ist eine Behinderung, die Goebbels als Kind zum Außenseiter macht, die aber wohl auch dazu beiträgt, dass der Junge aus kleinbürgerlichem Haus sich auf seine schulischen Leistungen konzentriert und das Gymnasium besuchen kann.

Während seiner Studienzeit in Bonn, Freiburg, Würzburg, München und Heidelberg hört der Rheinländer Vorlesungen zu Germanistik und Geschichte,

Der gewaltige Apparat, den Goebbels aufbaut – mit überwiegend jungen Führungskräften –, ist für die öffentliche Darstellung des Staates zuständig sowie für die Lenkung von Kultur und Medien. Der Propagandaminister gründet unter anderem Abteilungen für Rundfunk, Presse, Film und Theater.

Ergänzt wird sein Ministerium im September 1933 durch die „Reichskulturkammer", eine Art Berufsverband für Künstler und Intellektuelle aller Sparten, dem Goebbels als Präsident vorsteht.

Nur Mitglieder der sieben Einzelkammern, die dieser Dachorganisation unterstellt sind, dürfen ihrer Arbeit fortan weiter nachgehen; alle anderen erhalten de facto Berufsverbot. Nicht zugelassen werden Deutsche ohne „Ariernachweis" sowie all jene, die dem Regime sonst nicht genehm sind.

Der Minister ist jetzt zuständig für jeden Künstler im Reich, jeden Journalisten. Er kann bestimmen, wer als Maler ausstellen darf und wer nicht, wem es erlaubt ist, als Schauspieler, Schriftsteller, Sänger oder Komponist seinen Lebensunterhalt zu verdienen oder überhaupt nur an die Öffentlichkeit zu treten. Selbst Kunsthändler, Verleger oder Restauratoren sind davon betroffen.

Auch entscheiden Goebbels und seine Behörde nun, was Kunst ist und was als Schund zu gelten hat.

Gut können nach den Maßgaben des Ministers nur Kunstwerke sein, die nicht von Juden geschaffen worden sind, die den Zusammenhalt des Volkes stärken, die das Deutschtum feiern und das Führerprinzip – kurz: die helfen, die Herrschaft des Regimes zu festigen.

Alles, was nicht in dieses Schema passt, was kritisch ist, pazifistisch, avantgardistisch oder einfach nur von einem jüdischen Urheber stammt, verfemt er als „undeutsch", „entartet", „zersetzend".

Als Erstes kümmert sich Goebbels um Presse und Rundfunk. Er weiß, dass die Massenmedien extrem wichtig sind

im Ringen um Deutungshoheit. „Wer die Presse hat, der hat die öffentliche Meinung. Wer die öffentliche Meinung hat, der hat recht", doziert er.

Fast alle bürgerlichen Zeitungen verwandelt Goebbels binnen Monaten in Verlautbarungsorgane des Regimes (die Blätter von SPD und KPD sind zuvor schon verboten worden).

Die Redakteure von Zeitungen und Zeitschriften, so lässt er in einem Gesetz festschreiben, üben „eine öffentliche Aufgabe" aus. Auch sie müssen „arischer Abstammung" sein und dürfen „nicht mit einer Person von nichtarischer Abstammung verheiratet" sein.

Das Prinzip der „Entjudung", das Goebbels in den nächsten Jahren im gesamten Kulturbereich durchsetzen wird, verfolgt er hier besonders konsequent.

In einer täglichen Reichspressekonferenz teilen Sprecher des Ministeriums den Journalisten „Presseanweisungen" und „Sprachregelungen" mit. Für eine freie Auswahl und Darstellung aktueller Themen oder gar für eigene Kommentare ist neben diesen Vorgaben kein Platz mehr. Sie seien, so erfahren die Redakteure, nun „Beauftragte und Vertrauensleute des Ministers".

Den Zeitungen beschert der staatlich verordnete Inhalt einen massiven Leserschwund: Zehntausende kündigen ihre Abonnements; die Gesamtauflage aller Tagesblätter nimmt innerhalb eines Jahres um 50 Prozent ab.

Wer sich nicht an die Anweisungen hält, wird auf der Reichspressekonferenz vor den Kollegen gerügt, bei fortgesetzten Verstößen drohen Erscheinungsverbot und Haftstrafen.

Gleichwohl will Goebbels den Anschein einer unabhängigen Presse aufrechterhalten.

Deshalb ist er durchaus nicht erfreut, als Hitler 1935 NSDAP-Funktionäre ermächtigt, Zeitungsverlage aufzulösen oder selbst zu übernehmen. Bis 1936

Der noch junge Tonfilm scheint Joseph Goebbels das beste Medium zur Beeinflussung der Massen zu sein: Er spricht das Publikum sinnlich an, ist sowohl zur unterschwelligen Indoktrination als auch zur besänftigenden Unterhaltung einsetzbar. Gelockt von Prämien und Erfolg, werden viele Leinwandstars bereitwillig Teil der Propagandamaschinerie

Der Film »Der Herrscher«, mit Oscar-Preisträger **Emil Jannings**, beschwört das nationalsozialistische »Führerprinzip«

Auf seine Karriere bedacht, dreht Regisseur **Veit Harlan** mehrere Propagandafilme, darunter den antisemitischen »Jud Süß«

Die Schwedin **ZARAH LEANDER**, hier mit Kollege Willy Birgel, wird ab 1936 mit Melodramen und Musikfilmen zur bestbezahlten Mimin der NS-Filmindustrie

schließen die Verantwortlichen mehr als 500 Redaktionen.

Der Propagandaminister hingegen lässt es zu, dass die traditionsreiche „Frankfurter Zeitung" weiter einen bürgerlich-liberalen Journalismus praktiziert und manchmal sogar skeptische Töne anschlägt – denn das Blatt dient Goebbels als Aushängeschild gegenüber dem Ausland (erst 1943 wird es auf

Publikumsliebling **HEINZ RÜHMANN** ist häufig Gast bei Goebbels zu Haus – und wirbt in »Quax der Bruchpilot« fürs Militär

Anweisung Hitlers verboten). Regimekritisches gibt es ansonsten aber nicht mehr zu lesen – und schon gar nicht zu hören.

Denn auch das Radio bringt Goebbels schnell unter seine Kontrolle. Bereits 1932 hatte die Regierung unter Reichskanzler Franz von Papen die vollständige Verstaatlichung aller Rundfunkgesellschaften in die Wege geleitet, nun kann das NS-Regime sie ohne größere Probleme „gleichschalten".

Goebbels löst die zuvor selbstständigen regionalen Gesellschaften auf, den Sendebetrieb übernehmen jetzt neun „Reichssender", die dem Propaganda

In ihren Kinowerken über Parteitage und Olympia 1936 verherrlicht die Filmemacherin **LENI RIEFENSTAHL** das NS-Regime

ministerium unterstehen. Zahllose Mitarbeiter werden entlassen, mehrere Radio-Manager der Weimarer Zeit lässt Goebbels sogar aufgrund erfundener Korruptionsvorwürfe in das Konzentrationslager Oranienburg verschleppen.

Zudem weist der Minister sämtliche Hersteller von Radioapparaten an, den neuen „Volksempfänger" VE301 zu produzieren. Das schlichte Gerät kann dank der massenhaften Serienfertigung zum vorgeschriebenen Preis von 76 Reichsmark für das Standardmodell angeboten werden – normale Radios kosten zwischen 200 und 400 Reichsmark, können allerdings ausländische Sender wesentlich besser empfangen.

Bald schon verfolgen Millionen neuer Hörer die täglichen Nachrichten, deren Inhalt das Ministerium bestimmt. Jetzt gelangen die Reden von Hitler und Goebbels zu Überlegenheit und Größe Deutschlands sowie zu angeblichen kommunistischen Bedrohungen und „Rassenfragen" direkt zu den Familien in die Wohnzimmer.

Die Hörer bekommen aber auch Wunschkonzerte und andere Unterhaltungssendungen präsentiert. Denn Goebbels ist darauf bedacht, seine Adressaten nicht durch zu viel politische Agitation zu ermüden – er hält es für weitaus wirksamer, die Propaganda in ein abwechslungsreiches Angebot einzustreuen, das oberflächlich vor allem der Entspannung und Erbauung dient.

„Die Stärke eines guten Rundfunkprogramms", führt er bei einer Rede aus, „liegt in der richtigen Dosierung – zwischen Unterhaltung, Freude, Belehrung, Erziehung und Politik."

DESHALB STEHT VOR ALLEM Musik auf dem Programm. Allerdings schätzen gerade die jüngeren Hörer den von NS-Ideologen als „Niggermusik" verunglimpften Jazz. Als „Reichssendeleiter" Eugen Hadamovsky 1935 ein Jazzverbot für den Rundfunk verkündet, unterläuft Goebbels den Vorstoß nach kurzer Zeit wieder, da die Laune im Volk zu sehr darunter leidet.

Der Minister lehnt die amerikanischen Originale zwar ab, weil die Inter preten meist Schwarze oder Juden sind; aber wenn „arische" Musiker Tanzmusik mit typischen Jazzelementen produzieren, hat er damit kaum ein Problem.

Doch in der Regel erklingen im Rundfunk leichte Werke der klassischen Musik, Operettenmelodien und anspruchslose Schlager mit treuherzigen Themen.

Das Biedere, Kleinbürgerlich-Beschauliche wird zum festen Bestandteil der Medien. In den Feuilletons etwa dominieren Artikel über die Schönheit von Natur und Garten, schwärmerische Betrachtungen der Jahreszeiten, humorige Gedanken über Alltägliches.

„Einfachheit und Klarheit" sowie „reich abgestimmte Harmonien" macht 1935 ein Autor der Zeitschrift „Die Kunst für alle" als positive Merkmale aus, sie sollen als Ideal für nationalsozialistische Werke gelten. Nicht provozieren oder zum Denken anregen soll diese Kunst, sondern den Betrachter beruhigen, ihm das Gefühl der Geborgenheit in der „Volksgemeinschaft" geben.

Von den Krawallauftritten seiner ersten Zeit als Gauleiter in Berlin hat sich Goebbels inzwischen längst entfernt. Anders als Hitler – der unter Propaganda vor allem die stete Wiederholung weniger, möglichst einfacher Parolen versteht – ist er der Meinung, dass die Menschen einem Anliegen häufig umso mehr misstrauen, je penetranter man dafür wirbt.

Um die Massen zu beeinflussen, so sieht es der Akademiker nun, müsse man vor allem flexibel sein, seine Methoden immer wieder überprüfen und den Umständen anpassen. Und da die NSDAP keine politische Randerscheinung mehr ist, sondern Regierungspartei, will er nicht mehr allein die nationalsozialistische Stammklientel ansprechen, sondern das gesamte Volk.

Wenn es um sein propagandistisches Handwerk geht, ist Goebbels ein Pragmatiker – im erklärten Gegensatz zur „Propagandawissenschaft", die unter vielen Intellektuellen in Mode gekommen ist, seit im Ersten Weltkrieg die modernen Massenmedien ausgiebig als

Manipulationsmittel genutzt wurden, um Kriegsbereitschaft und Kampfmoral der eigenen Bürger zu stärken.

„Über Propaganda zu diskutieren, hat wenig Zweck", führt Goebbels aus. „Sie ist keine Angelegenheit der Theorie, sondern eine Sache der Praxis."

Er lernt, indem er beobachtet. So hat ihm in den frühen 1920er Jahren das geschlossene Auftreten der Bolschewiki und der italienischen Faschisten imponiert. Später lernte er in der vibrierenden Metropole Berlin die Möglichkeiten der modernen Werbung und der neuen Medien kennen.

Auch Hitlers Propagandaverständnis basiert letztlich auf persönlichen Erfahrungen und seinen eigenen Erfolgen als Redner – doch der Kanzler sieht seine simplen Theorien über die „Bezwingung der Masse" mittels einfacher Botschaften wissenschaftlich untermauert durch soziologische Schriften aus den 1890er Jahren, in denen Autoren wie der Franzose Gustave Le Bon die Massenpsychologie begründeten.

Um jeden Konflikt mit dem Diktator zu vermeiden, vertritt Goebbels nach außen die Ansichten Hitlers. Und die Kritik mancher Parteigrößen – etwa des NS-Ideologen Alfred Rosenberg, der bei ihm einen Mangel an Theorie beklagt – hat seinen Aufstieg nicht verhindert.

Der Minister denkt ständig darüber nach, wie er den Alltag im Reich propagandistisch aufladen kann. Jedes Ereignis, jedes Fest und jedes Medium sieht er als mögliches Werkzeug seiner Manipulationsmaschinerie. In

MEDIEN

Am direktesten wirken die Nationalsozialisten über Presse und Radio auf die Bevölkerung ein. Sämtliche Zeitungen stehen unter Kontrolle des Propagandaministeriums, »Sprachregelungen« geben vor, über was und wie Journalisten zu berichten haben. Zu einer Hauptaufgabe des Rundfunks erklärt Goebbels die »geistige Mobilmachung des deutschen Volkes«

Nicht nur das NSDAP-Organ »Völkischer Beobachter«, auch alle anderen ZEITUNGEN verlautbaren die NS-Ideologie

Im HÖRFUNK verkünden oft die Machthaber persönlich den politischen Kurs – hier Goebbels bei einer Silvesteransprache

Ganz Deutschland hört den Führer mit dem Volksempfänger

Standardisierte Radios – »VOLKSEMPFÄNGER« – stehen millionenfach in den Haushalten, pro Kopf mehr als in den USA

regelmäßigen Mitteilungen lässt er sich von den Propaganda-Ämtern überall im Land über die Stimmung im Volk und die Wirkung seiner Maßnahmen unterrichten, später nutzt er dazu auch Berichte des Sicherheitsdienstes der SS.

Goebbels hat sein Spektrum als Redner erweitert, beherrscht nun die unterschiedlichsten Genres der Rhetorik. War sein Vortrag früher zumeist auf hasser

Über die günstigen »Volksempfänger« erreicht das Regime auch Menschen, die sich zuvor kaum mit POLITIK befasst haben

Die NS-Propagandisten nutzen neueste Technik: 1935 startet das erste regelmäßige FERNSEHPROGRAMM der Welt

füllte Aggressivität beschränkt, lässt er seine Stimme jetzt häufiger weich klingen. Er pflegt zuweilen den Plauderton, spricht feierlich bei repräsentativen Anlässen, drückt Schmerz und Trauer aus, etwa wenn es um die Deutschland angeblich zu Unrecht verwehrte Weltgeltung geht, gibt sich pathetisch, wenn er Hitler preist. Der hochbegabte Demagoge ist nun vielseitiger – und subtiler.

Goebbels erkennt die Gefahr, dass die permanente Beschallung mit radikalen nationalsozialistischen Parolen die Deutschen abschrecken könnte – zumal die NSDAP mittlerweile den öffentlichen Raum kontrolliert und das Straßenbild

dominiert durch Plakate, Aushänge, Fackelmärsche und Großveranstaltungen, etwa Parteitage, Erntedankfeste oder öffentliche Bescherungen zu Weihnachten. „Das ist das Geheimnis der Propaganda", erläutert er: „Den, den die Propaganda fassen will, ganz mit den Ideen zu durchtränken, ohne dass er es überhaupt merkt."

UND KEIN MEDIUM, davon ist Goebbels überzeugt, eignet sich für diese Art der Menschenfängerei so gut wie der Film. Denn der „appelliert nicht an den Verstand, sondern an den Instinkt".

Der Propagandachef hegt enorme Erwartungen an den künftigen, nationalsozialistischen Spielfilm. Wenn das deutsche Kino seinen Forderungen folge, „eigenes Gesicht" zeige und „eigene Art pflegt", so verkündet er, werde es „die Welt erobern".

Anfangs kann er seine hochtrabenden Pläne allerdings kaum umsetzen. Zwar kommen bereits wenige Monate nach der Machtübernahme die ersten nationalsozialistisch gefärbten Filme auf den Markt. Doch eilig produzierte Machwerke wie „SA-Mann Brand" (ein junger Angehöriger der SA findet im Kampf gegen die Kommunisten Lebenssinn und Liebesglück) entsprechen überhaupt nicht seinen Vorstellungen.

Viel zu plump erscheinen ihm diese Filme, mit denen übereifrige Opportunisten der Filmindustrie um die Gunst der neuen Machthaber werben.

Der Nationalsozialismus sei „unter gar keinen Umständen ein Freibrief für künstlerisches Versagen", verkündet Goebbels. Angesichts der ersten enttäuschenden Filmwelle stellt er nun ein für alle Mal klar: „Wir Nationalsozialisten legen an sich keinen gesteigerten Wert darauf, dass unsere SA über die Bühne oder über die Leinwand marschiert. Ihr Gebiet ist die Straße."

Doch anders als im Radio oder in den Zeitungsredaktionen kann er bei Filmfirmen nicht einfach vorgeben, was produziert werden soll. Zu kompliziert ist das Medium, und vom Drehbuch über die Regie bis zu den Schauspielern ist außergewöhnliches Talent notwendig, um das zu produzieren, was Goebbels verlangt: Filme, die die Botschaften der Nationalsozialisten dank handwerklicher Raffinesse unmerklich in die Köpfe der Zuschauer transportieren.

Um solche Filme hervorzubringen und die Massen in die Kinos zu locken, ist er auf populäre Schauspieler und die besten Regisseure angewiesen – seien sie nun Nationalsozialisten oder nicht. Deshalb umschwärmt Goebbels die Filmstars, lädt bekannte Mimen wie Heinz Rühmann oder Viktor de Kowa regelmäßig in seine Privatwohnung ein.

Und nicht wenige Schauspieler folgen seinem Ruf, zu den kleinen Gesellschaften und Teerunden zu erscheinen, obwohl dazu kein Zwang besteht. Viele Filmschaffende sehen es offenbar nicht als Problem an, dass sich die NS-Größen mit ihnen schmücken wollen.

Auch Hitler schätzt den Umgang mit ihnen, wünscht sich in kleiner Runde gelegentlich Darbietungen ihrer Kunst: Heinrich George rezitiert Texte, Johannes Heesters singt, Heinz Rühmann führt Sketche auf. Doch auch wer Erfolg hat, kann schnell in Gefahr geraten, die Gunst der Machthaber zu verlieren.

So verspielt der beim Publikum beliebte Südtiroler Luis Trenker, lange auch von Goebbels und Hitler geschätzt, 1937 seine Stellung durch einen Film, der nach Meinung des Diktators zu sehr dem von ihm geschmähten Katholizismus anhängt. Endgültig fallen gelassen wird Trenker, als er 1940 zögert, sich von seiner zu Italien gehörenden Heimat loszusagen und Reichsangehöriger zu werden. Der Star verschwindet fast vollständig von der deutschen Leinwand.

Dagegen haben die Aussichten auf prestigeträchtige Engagements und hohe Gagen für viele Künstler aus der zweiten und dritten Reihe seit der NS-Machtübernahme deutlich zugenommen. Ihr Marktwert steigt, weil jüdische Filmschaffende ihrem Beruf nicht mehr nachgehen dürfen und in großer Zahl das Land verlassen haben. Zudem weigern sich etliche Schauspieler, Regisseure und Drehbuchschreiber, mit dem neuen Regime zusammenzuarbeiten.

Die Emigration von Größen wie dem Regisseur Fritz Lang, dem Drehbuchautor Billy Wilder oder der Schauspielerin Elisabeth Bergner hinterlässt große Lücken in der deutsche Filmlandschaft.

Umgekehrt ermöglicht die neue Situation nun Mimen wie Marika Rökk oder Willy Birgel rasante Karrieren.

Die Aufnahme in die „Reichsfachschaft Film", eine Unterabteilung der „Reichsfilmkammer", die ab 1933 Voraussetzung für die Berufsausübung ist, verstehen solche Aufsteiger als Privileg.

Doch auch bereits etablierte Mimen wie Willi Fritsch und Gustav Fröhlich leisten den Eid der Fachschaft, geloben, „in unwandelbarer Treue zu unserem Führer und dem deutschen Kulturgut mit allen Kräften an dem Aufbau des deutschen Films mitzuarbeiten".

Gern akzeptieren die Stars die Zuwendungen, die Hitler nach persönlichem Gusto verteilt, Steuernachlässe etwa oder prächtige Villen. Zudem erhoffen sie sich vom Regime einen Aufschwung für die Branche. Denn Ende der 1920er Jahre sind die Zuschauerzahlen zurückgegangen, die wirtschaftlichen Probleme des Landes haben das Kino getroffen. Die Produktionsfirmen machen Verluste.

Dass Goebbels im Juni 1933 die Filmkreditbank GmbH gründet, um die Finanzierung neuer Projekte staatlich abzusichern, begrüßen die Verantwortlichen der Produktionsgesellschaften. Auch deshalb sehen viele von ihnen darüber hinweg, dass der Minister damit begonnen hat, ihre Arbeit zu zensieren.

Anfang 1934 erlässt die Regierung ein neues Lichtspielgesetz: Von nun an ist die Filmzensur in einer Prüfstelle unter Aufsicht des Propagandaministeriums zentralisiert; sie soll unter anderem Kinowerke verbieten, die das „nationalsozialistische" oder das „künstlerische" Empfinden verletzen könnten.

BILDENDE KUNST

Systematisch gehen die NS-Kulturwächter gegen die künstlerische Moderne vor, lassen abstrakte, expressionistische und avantgardistische Werke als »undeutsch« aus den Museen entfernen, diffamieren sie und ihre Schöpfer. Gefördert werden nun heimattümelnder Blut-und-Boden-Kitsch und aggressiv Heroisches

Millionen Deutsche besuchen die Ausstellung »ENTARTETE KUNST«, in der das Regime viele moderne Maler schmäht

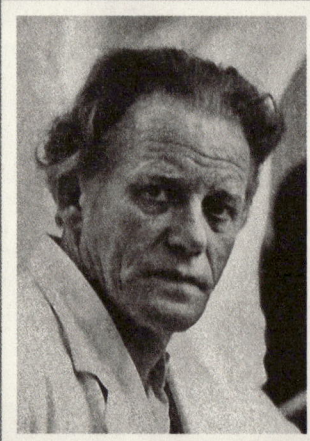

Wie Breker fertigt auch JOSEF THORAK Skulpturen, die die »Rassegemeinschaft« und den »Triumph des Starken« feiern

Damit es erst gar nicht so weit kommt, lässt Goebbels einen „Reichsfilmdramaturgen" einsetzen, dem alle Filmprojekte vor Drehbeginn vorgelegt werden müssen. Die Position besetzt Goebbels mit Willi Krause, einem Schriftsteller und vormaligen Redakteur des NS-Blattes „Der Angriff". Es ist eine Wahl aus Mangel an Alternativen: Echte Filmexperten fehlen in dem Ministerium.

Anhand von Exposés müssen die Produzenten den Dramaturgen fortan über jede ihrer Filmideen informieren; der kann sich in der Folge auch das fertige Drehbuch vorlegen lassen.

Doch das System gerät ins Stocken, die Filmindustrie klagt über Verzögerungen und Stillstand. Krause ist mit der Aufgabe überfordert; seine Abteilung kann die Vielzahl der eingereichten Konzepte nicht bewältigen. Ende 1934 muss Goebbels das zuvor obligatorische System der Vorzensur auf freiwillig eingereichte Projekte beschränken.

Die Firmen fürchten ihrerseits jedes finanzielle Risiko. So vermeiden sie von sich aus Stoffe, denen ein Verbot drohen könnte, zumeist aber auch politische Filme oder die von Goebbels erwünschten „künstlerischen" Werke, die womöglich beim Publikum nicht ankommen.

Stattdessen drehen sie vor allem banale Unterhaltungsfilme, Komödien, Operetten. Es sind diese harmlosen Werke, die es Stars wie Heesters oder Rühmann ermöglichen, auf der Leinwand „unpolitisch" zu bleiben, ohne einen Konflikt mit dem Regime zu riskieren.

Goebbels ist mit der Produktion von Unterhaltungsfilmen im Prinzip einverstanden; sie sollen den Menschen als Ausgleich und Ablenkung von den Sorgen des Alltags dienen. Dennoch stört es ihn, dass die Studios fast ausschließlich Vergnügungsware hervorbringen – und kaum Filme, die sich durch eine „Durchdringung des Stoffes mit nationalsozialistischen Ideen und Problemen" auszeichnen und den Kern seiner Propagandastrategie ausmachen. Und schlimmer noch für Goebbels: Auch der „Führer" wird langsam ungehalten.

In ihren Unterredungen dringt Hitler bei Goebbels immer wieder auf eine stärkere nationalsozialistische Ausrichtung des deutschen Films.

Für den Minister sind diese Rügen kaum zu ertragen. Denn kein Lob ist ihm so wichtig wie das des Diktators.

Goebbels verehrt Hitler, idealisiert ihn in seinem Tagebuch zum gottgesandten Erlöser. Schon der kleinste Hinweis darauf, dass sein Idol unzufrieden mit seiner Arbeit sein könnte, stürzt ihn in bittere Verzweiflung.

Sein Dilemma besteht aber auch darin, dass weder er noch Hitler konkrete Vorstellungen davon haben, wie genau der große NS-Film aussehen soll.

ZWAR GIBT ES REGISSEURE wie Leni Riefenstahl, die in ihrem Parteitagswerk „Triumph des Willens" und in einem zweiteiligen Olympiafilm eine neue Ästhetik entwickelt hat. Mit ihrer dynamischen Kameraführung, den aufwendig arrangierten Aufnahmen marschierender Massen und gestählter Athletenkörper perfektioniert die Filmemacherin das andere Extrem, das neben der biederen Heimattümelei die Bilderwelt des NS-Regimes ausmacht: das Heroische, das Anmaßende und Übermenschliche.

Doch Riefenstahls Werke sind (wenn auch idealisierte) Dokumentarfilme; sie basieren auf Ereignissen, die vom Regime von vornherein als choreografische Glanzstücke konzipiert wurden.

Spielfilme dagegen müssen ohne ein solches Gerüst auskommen. Und natürlich verstehen Hitler und Goebbels zu wenig vom Handwerk des Filmemachens, um selbst Ideen für Drehbücher zu skizzieren. Zwar lädt der Diktator seinen Minister regelmäßig zu Vorführungen in die Reichskanzlei ein, sieht sich Goebbels in seiner Sommerresidenz am Wannsee bis zu fünf Filme hintereinander an. Doch das ist Liebhaberei. Wirkliche Kenner sind die NS-Größen nicht.

Starkes Interesse hegt Goebbels an ausländischen Produktionen: Häufig lobt er die hohen handwerklichen Standards amerikanischer Filme.

Und geradezu begeistert äußert er sich über Sergej Eisensteins „Panzerkreuzer Potemkin" und andere sowjetische Werke – nicht ohne festzustellen, wie „gefährlich" die „bolschewistischen" Filme gerade wegen ihrer künstlerischen Qualität seien.

Auch deutsches Kino weiß er als Vorbild zu nennen, wenn er versucht, eine Vision des idealen NS-Films zu entwerfen, Fritz Langs „Nibelungen" etwa oder Luis Trenkers „Der Rebell" von 1932.

Die Verwirklichung dieser Vision aber erweist sich als äußerst schwierig. Das einzige Ziel, das er in den ersten Jahren als Minister erreicht, ist die Verdrängung der Juden aus der Filmindustrie – durch die das Niveau der Branche allerdings erheblich leidet.

So offenbart sich auch im Film ein Problem, das die Kulturpolitik der Nationalsozialisten grundsätzlich kennzeichnet: Sie wissen oftmals genau, was sie nicht wollen – können aber kaum sagen, worin ihre Alternative besteht.

DIESES GEDANKLICHE VAKUUM, das Primat der Ablehnung, zeigt sich auch in der Literatur. Am 10. Mai 1933 organisiert die „Deutsche Studentenschaft"

Bücherverbrennungen in vielen Universitätsstädten, bei denen unliebsame Werke auf dem Scheiterhaufen landen. Goebbels hält dazu auf dem Berliner Opernplatz eine Rede, verleiht der „Aktion wider den undeutschen Geist" so die Weihen des Regimes.

Viele jüdische Schriftsteller sowie kritische Literaten haben das Land zu diesem Zeitpunkt bereits verlassen – darunter Thomas Mann, Erich Maria Remarque und Alfred Döblin. Wer nicht emigriert oder von Verfemung betroffen ist, gehört fortan fast zwangsläufig zur Elite der Literaten im NS-Staat.

Nationalkonservative Autoren wie Gustav Frenssen oder Werner Beumelburg, deren Trivialromane über jugendliche Sinnsucher oder die Schlachten des Ersten Weltkriegs schon vor 1933 hohe Auflagen erzielten, hätten es ohne den massiven Exodus wohl nie in die „Deutsche Akademie der Dichtung" geschafft. Nun werden sie mit Preisen geehrt, huldigen ihrerseits den Machthabern.

Doch bestehen trotz Zensur weiterhin einige Freiräume für Autoren, die sich nicht vom nationalsozialistischen Kulturbetrieb vereinnahmen lassen. So kann 1939 Ernst Jüngers Roman „Auf den Marmorklippen" erscheinen, der das NS-Regime, symbolisch verschlüsselt, als geistlose Diktatur darstellt.

Konsequenter geht Goebbels beim Theater vor: Hunderte Stücke lässt er von den Spielplänen streichen. Werke von Dramatikern wie Bertolt Brecht oder Carl Zuckmayer, die dem Regime nicht genehm sind, dürfen nicht mehr aufgeführt werden. Alle Theater müssen ihre Programme genehmigen lassen.

Zudem kommt aus dem Propagandaministerium die Idee, große Freiluftbühnen für Tausende Besucher zu errichten, um dort „Thingspiele" zu zelebrieren: Aufführungen kultischer Dramen, in denen die Texte meist von

MUSIK

Am Dirigentenpult und in der Komponierstube sollen nur noch Künstler »arischer Abstammung« wirken. Das Regime erwartet von ihnen leicht zugängliche, harmonische Werke und Stücke etwa über nationales Heldentum. Den Dogmatikern gilt Dissonantes und allzu Komplexes als »jüdisch« und verdammenswert, in der populären Musik ist der Jazz ihr Feindbild

Hitler verehrt den Komponisten Richard Wagner. Oft trifft er dessen Schwiegertochter **WINIFRED WAGNER**

WILHELM FURTWÄNGLER, weltberühmter Dirigent, lässt sich vereinnahmen – und beruft sich auf das »Unpolitische« der Musik

Für Männerchor komponiert **RICHARD TRUNK** seinen oft aufgeführten Zyklus »Feier der neuen Front – Adolf Hitler, dem Führer, gewidmet«

einem Chor vorgetragen werden. Bald stehen 14 dieser gewaltigen Spielstätten, doch Goebbels ist enttäuscht von den einfallslosen Stücken regimetreuer Autoren, die dort aufgeführt werden. Im Herbst 1935 kritisiert er das Konzept als „falschen Übereifer" und lässt das Projekt stoppen.

Ähnlich erfolglos ist der Minister bei Malern und Bildhauern. In der „Großen

Ausstellung vergebens. Goebbels gesteht angesichts der dürftigen Qualität ein, die „großen weltanschaulichen Ideen" seien „für die künstlerische Gestaltung noch nicht reif".

Kein Mangel an Exponaten besteht für die Nationalsozialisten hingegen bei der zeitgleichen Gegenausstellung „Entartete Kunst".

Hier soll alles verdammt werden, was die Machthaber für „undeutsch" halten – etwa die Werke der Expressionisten, die abstrakte Kunst eines Wassily Kandinsky oder die gesellschaftskritischen Bilder von Otto Dix.

600 Werke wählen die Ausstellungsmacher als künstlerische Feindbilder aus und kommentieren sie mit höhnischen Zeilen („So schauten kranke Geister die Natur"). Um das vermeintliche Chaos in den Köpfen der „entarteten" Künstler zu betonen, hängen sie die Gemälde oft nicht in einer Reihe, sondern in der Höhe versetzt.

Als die Schau bald darauf in Berlin gezeigt wird, präsentieren die Organisatoren die Gemälde neben Bildern von Patienten einer Nervenheilanstalt.

„Die Ausstellung", schreibt das „Berliner Tageblatt", „ist alles andere als ein ästhetischer Genuss, sie ist vielmehr eine erschütternde Anklage und zugleich Rechtfertigung des neuen Kulturwillens." Und die „Berliner Morgenpost" kommentiert: „Die Disharmonie der Farben – was bezweckt die anders, als den angeborenen Schönheitssinn des deutschen Menschen zu ertöten?"

Das Volk steht Schlange. Unter den Augen uniformierter SA-Wachen schieben sich die Massen meist schweigend durch die Räume. Allein in München zählt die Ausstellung bis zum November 1937 rund zwei Millionen Besucher, in Berlin und weiteren Stationen kommen zahllose hinzu – nie zuvor hat eine Kunstveranstaltung in Deutschland derart viele Menschen angezogen.

Anderen Problemen als beim Theater und der bildenden Kunst begegnet Goebbels auf dem Gebiet der ernsten Musik. Denn hier besonders fühlen sich

Der junge, hochbegabte Orchesterleiter **HERBERT VON KARAJAN** tritt der NSDAP bei, um seine Karriere zu beschleunigen

Deutschen Kunstausstellung", die im Juli 1937 in München eröffnet wird, hängen vorwiegend traditionalistische Werke: Landschaftsmalerei, bäuerliche Szenerien, Porträts des „Führers" und anderer NS-Größen.

Bei den Skulpturen ist Arno Breker, der gerade zum Vorzeigekünstler der Nationalsozialisten aufsteigt, mit einigen Arbeiten vertreten. Vor allem wegen seiner monumentalen, heroisch übersteigerten Standbilder und Reliefs gilt er den Machthabern als Vertreter einer „neuen" deutschen Kunst.

Doch Breker bleibt ein Einzelfall. Wirklich Neuartiges sucht man in der

Einer der meistgespielten Opernkomponisten im »Dritten Reich« ist der Nationalsozialist **PAUL GRAENER**

Dogmatiker aus den eigenen Reihen berufen, jeglichen Ansatz von Modernität als „Kulturbolschewismus" zu diffamieren. Goebbels dagegen ist sich vermutlich bewusst, dass aus einer Haltung, die allein dem 19. Jahrhundert oder dem Volksliedhaften verpflichtet ist, kaum eine „zeitgemäße" nationalsozialistische Klangkunst entstehen kann.

Mögliche Vorbilder sieht der Propagandaminister in modernen Komponisten wie Igor Strawinsky. Die stark rhythmisch akzentuierten Werke des in Frankreich lebenden Exilrussen werden noch bis 1940 in deutschen Rundfunksendern und Konzertsälen gespielt, obwohl auch er in Teilen der NSDAP als „entartet" gilt.

Einig sind sich die verschiedenen Fraktionen der Partei nur über die Verdrängung aller Juden aus dem Musikbetrieb. Goebbels lässt gleichwohl die Aufführung von Opern zu, die nach einer gemilderten Variante der Zwölftontechnik komponiert sind. Dass deren Erfinder der als Jude und angeblicher Begründer der „Atonalität" besonders stark angefeindete Arnold Schönberg ist, interessiert ihn offenbar nicht.

Breitere öffentliche Anerkennung finden zeitgenössische Komponisten allerdings zumeist nur dann, wenn Hitler höchstpersönlich an ihren Werken Geschmack findet – etwa Carl Orff, dessen „Carmina Burana" 1937 mit großem Erfolg in Frankfurt am Main uraufgeführt werden, oder Richard Strauss, über den der Diktator seine schützende Hand hält, obwohl Strauss noch 1935 mit dem jüdischen Schriftsteller Stefan Zweig zusammenarbeitet.

Weitaus bedeutsamer als neu komponierte Werke sind für die Propagandaarbeit von Goebbels aber ohnehin die Komponisten der Vergangenheit – allen voran Beethoven und Wagner, aber auch Bach, Mozart, Bruckner und Brahms.

Sie alle gelten den Nationalsozialisten als Heroen der Musikgeschichte, ihre Werke präsentieren sie als klingenden Beweis für den Vorrang der „deutschen Rasse" gegenüber allen anderen Völkern. Und trotz der Vertreibung und Ausgrenzung zahlloser Musiker

jüdischer Abstammung finden sich genügend Sänger, Dirigenten und Instrumentalisten, die auch unter den nationalsozialistischen Machthabern bereit sind, den deutschen Musikbetrieb auf hohem Niveau aufrechtzuerhalten – darunter ein junger Dirigent von Weltklasse namens Herbert von Karajan.

Während sich Goebbels bei der ernsten Musik überwiegend mit Altem begnügt und in der bildenden Kunst wie in der Literatur vorerst mit dem Qualitätsmangel der regimekonformen Werke abfindet („Der Nachwuchs, der diese Aufgabe einmal zu lösen hat, ist noch im Kommen"), versucht er im Film, seine Ideen durch mehr direkte Kontrolle umzusetzen.

Ab 1936 treibt er die Verstaatlichung der Kino-Industrie voran. Nach und nach lässt er alle bedeutenden Produktionsgesellschaften aufkaufen, die Tobis, die Terra, die Bavaria sowie die Ufa, die größte deutsche Filmfirma.

Da die Branche in den Jahren zuvor meist rote Zahlen geschrieben hat, hält sich der Widerstand der vorherigen Besitzer in Grenzen.

Nur bei der Ufa gibt es größere Probleme: Der Mehrheitsteilhaber Alfred Hugenberg, einst erster Wirtschaftsminister im Kabinett Hitler, stimmt dem Verkauf im März 1937 nicht zu und sperrt sich gleichzeitig gegen eine weitergehende künstlerische Einflussnahme durch den Propagandachef.

Daraufhin weist Goebbels die Presse an, einen gerade herausgekommenen neuen Film der Ufa bis auf Weiteres schlecht zu besprechen.

Die Taktik scheint aufzugehen. Er habe Hugenberg „mürbe geschossen", notiert Goebbels in seinem Tagebuch. „Mein Bombardement hat also gewirkt." Wenige Tage später geht die Aktien-

THEATER

Goebbels nimmt auch Einfluss auf die Spielpläne sämtlicher Bühnen. Vier von fünf Stücken müssen aus deutscher Feder stammen, Kritisches ist verboten. Viele Intendanten flüchten sich in die Inszenierung von Klassikern. Aber zahlreiche prominente Theatermacher unterstützen das Regime auch aktiv oder verleihen ihm zumindest künstlerischen Glanz

Als »Staatsschauspieler« und Intendant in Berlin zählt GUSTAF GRÜNDGENS zu den bekanntesten Günstlingen des Regimes

MARIANNE HOPPE wird zum Theater- und Filmstar. Sie hält Kontakt zu NS-Größen, besucht etwa mit Goebbels ein Varieté

»Reichsdramaturg« **RAINER SCHLÖSSER**, zuvor Redakteur des »Völkischen Beobachters«, wacht über die Programme der Theater

1934 spielt **HANS ALBERS** (2. v. l.) in Berlin das Stück »Rivalen«, das mit seiner Feier der Kameradschaft dem NS-Wertekanon entspricht

Der Leiter der Volksbühne in Berlin, **EUGEN KLÖPFER**, ist unter Künstlern bekannt für seine NS-treuen Tiraden

mehrheit an der Ufa in den Staatsbesitz über.

Doch während der eitle Minister sich selbst den Sieg in einem politischen Kampf zuschreibt, ist der tatsächliche Gewinner der Verkaufsverhandlungen wohl eher Hugenberg: Die 21,25 Millionen Reichsmark, die er für seinen Anteil des hochgradig defizitären Unternehmens erhält, liegen deutlich über dem Marktwert.

Zu diesem Zeitpunkt hat Goebbels seinen Einfluss bei den Filmfirmen bereits energisch ausgebaut. Er erstellt komplette Besetzungslisten, erteilt ungeliebten Regisseuren Drehverbote, legt Gagenhöhen fest, erlässt sogar Richtlinien für das „Engagement von Filmkomparsen".

EINER DER ERSTEN Regisseure, die den neuen Tatendrang zu spüren bekommen, ist Veit Harlan.

Im Jahr 1933 hat Harlan, damals noch Schauspieler, die Machtübernahme der Nationalsozialisten begrüßt: Die Aussicht auf höhere Fördergelder für das Theater war ihm offenbar wichtiger als seine später behauptete Abneigung gegen die antisemitischen Parolen der NS-Herrscher.

Harlans Ehrgeiz ist groß. Er inszeniert zunächst erfolgreich am Theater, dreht dann ab 1935 in weniger als anderthalb Jahren sechs Spielfilme als Regisseur – und macht so Goebbels auf sich aufmerksam.

Vor allem Harlans Melodram „Die Kreutzersonate" von 1936, eine tragische Eifersuchtsgeschichte nach Leo Tolstoj, gefällt dem Minister. In seinem Tagebuch kommentiert er: „Ein ganz großer, erregender und hinreißender Film. Man ist ergriffen und auf das Tiefste erschüttert."

Goebbels hat recht: Harlan besitzt ein enormes Talent dafür, die Gefühle des Publikums zu wecken. Ihm gelingen emotionale Bilder, die im Gedächtnis bleiben. Und genau so jemanden sucht der Minister: einen Regisseur, der es vermag, nationalsozialistische Haltung virtuos in die Handlung einzuflechten.

Ende 1936 bekommt Harlan den Auftrag, einen Film nach Motiven aus Gerhart Hauptmanns Theaterstück „Vor Sonnenuntergang" zu drehen.

Das Leinwanddrama, das den Namen „Der Herrscher" tragen soll, ist Harlans bis dahin größtes Projekt. Es eröffnet dem jungen Regisseur die Gelegenheit, mit Emil Jannings zusammenzuarbeiten, der den alternden Firmenchef Matthias Clausen verkörpern soll.

Der 52-jährige Schauspieler hat gegen Ende der Stummfilmzeit in Hollywood Karriere gemacht und 1929 bei der ersten Oscar-Verleihung überhaupt die Trophäe für den besten männlichen Hauptdarsteller gewonnen.

Obwohl die Amerikaner den massigen Mimen mit dem mächtigen Schädel sehr schätzen, ist Jannings noch im gleichen Jahr nach Deutschland zurückgekehrt. Denn hier kann er als einflussreicher Star bei seinen Projekten weitaus mehr mitbestimmen.

Wohl deshalb ist er nach 1933 bereit, mit den neuen Machthabern zu kooperieren – und weiß natürlich auch um die Ambitionen des Propagandaministers und dessen regelmäßige Einmischung in das Filmgeschäft.

So ist es für ihn und seinen Regisseur Harlan vermutlich keine große Überraschung, als sie auf dem Set Arnold Raether antreffen, einen Funktionär der Reichsfilmkammer. Der soll darauf achten, dass „die Belange des Nationalsozialismus" gewahrt bleiben.

Unter anderem fordert Raether, bei einer Festszene auf dem Fabrikgelände Hakenkreuzfahnen zu hissen und die Komparsen zum Hitlergruß antreten zu lassen: So jedenfalls schildert es Harlan in seinen Erinnerungen – und berichtet weiter, Jannings und er hätten Raether mit dem Verweis auf die Verwertung des Films im Ausland zu einem Telefonat mit Goebbels gedrängt.

Der Minister folgt ihren Argumenten: Im Film wehen keine Fahnen, die emporgereckten Arme der Statisten erinnern nur entfernt an den Hitlergruß.

OBWOHL DAS DREHBUCH den Dialogen in Gerhart Hauptmanns Drama zum großen Teil folgt, stellt es die Vorlage dennoch geradezu auf den Kopf.

Aus dem Protagonisten des Theaterstücks, einem resignierenden Verleger, der am Ende Selbstmord begeht, wird nun ein energischer Firmenchef, bestens geeignet, das „Führerprinzip" der Nationalsozialisten im Film darzustellen. (Der 74-jährige Nobelpreisträger Hauptmann protestiert nicht gegen diese Entstellung; anders als viele seiner Kollegen ist er nach der Machtübernahme durch die Nationalsozialisten auch nicht ins Exil gegangen, sondern bekundet vielmehr immer wieder öffentlich seine Zustimmung zum Regime).

Die Direktoren der Fabrik sowie Clausens Familie werden als selbstsüchtig und verständnislos gegenüber der „heutigen Zeit" gezeichnet.

Nur der Patriarch weiß, worauf es ankommt: „Wir sind dazu da, für die Volksgemeinschaft zu arbeiten, der Volksgemeinschaft zu dienen. Das muss das Ziel eines jeden Wirtschaftsführers sein, der sich seiner Verantwortung bewusst ist", bekundet Clausen in einer Szene – ein Satz wie aus einer Propagandarede.

Selbst Passagen, die die nationalsozialistische Wirtschaftspolitik rechtferti-

gen sollen, finden sich im Film: Clausen verteidigt gegenüber den Direktoren die kostspieligen Forschungen, die das Unternehmen von Rohstofflieferungen des Auslands unabhängig machen sollen – eine klare Anspielung auf die Autarkiebestrebungen der NS-Regierung.

Aus Hauptmanns Familiendrama wird so ein Gesellschaftsporträt, in dem völkischer Zusammenhalt und individuelle Führungsstärke gefeiert werden. Während der Patriarch in der Vorlage ein Bildungsbürger ist, der Luxus sehr wohl schätzt, wird der Clausen im Film zu einem Stahlmagnaten, dem nichts so viel bedeutet wie das Wohl seiner Belegschaft und seines Vaterlandes.

Und wo Hauptmanns Charakter an den Umständen zugrunde geht, erhebt sich der nationalsozialistisch gewendete Firmenchef über die egoistischen Interessen seiner gierigen Verwandtschaft und vermacht am Ende des Films seine Fabrik dem Staat und damit dem Volk.

Den entsprechenden Schlussmonolog lässt Goebbels von seinem Staatssekretär Walther Funk verfassen, wie Harlan später berichtet.

„Ich schenke das Werk, das ich geschaffen habe, nach meinem Tode dem Staat, also der Volksgemeinschaft", heißt es da. „Ich bin gewiss, dass aus den Reihen meiner Arbeiter und Angestellten, die mir geholfen haben, das Werk aufzubauen, der Mann erstehen wird, der berufen ist, meine Arbeit fortzusetzen. Ich will ihn das Wenige lehren, das ein Scheidender den Kommenden zu lehren vermag; denn wer zum Führer geboren ist, braucht keinen Lehrer als sein eigenes Genie."

Jannings ist entsetzt, als man ihm die Zeilen vorlegt. Funks „Schachtelsätze" wiederzugeben, fällt dem Schauspieler so schwer, schreibt Harlan, dass er den Monolog 64-mal wiederholen muss.

Trotz solcher Eingriffe gelingt es dem Regisseur, den Film nicht zu einem

HANNS JOHST schreibt das erfolgreichste nationalsozialistische Drama: »Schlageter«, über einen antifranzösischen Kämpfer

Schriftsteller **WILL VESPER** hetzt als Herausgeber der NS-Kulturzeitschrift »Die Neue Literatur« gegen nicht genehme Autoren

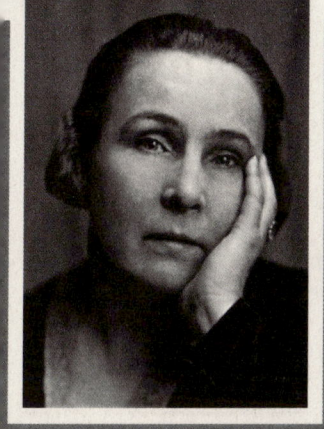

Zu Hitlers 50. Geburtstag 1939 verfasst INA SEIDEL Elogen auf den NS-Chef, lobt ihn als von Gott berufenen »Führer«

plumpen Propagandastück verkommen zu lassen. Harlan verleiht ihm eine ganz eigene Ästhetik, mit der er die nationalsozialistische Botschaft weitaus subtiler vermittelt.

Die Kulisse des Stahlwerks etwa nutzt er für düstere Bilder aus qualmenden Schloten, wabernden Dampfschwaden und feuerspeienden Hochöfen. Und wenn der hünenhafte Jannings, geklei-

besonders wertvoll". Die Presse im Reich feiert ihn „als ersten Film der neuen Ära, als Resultat einer neuen Kunstpolitik des Dritten Reiches".

Die wichtigste Bestätigung, zumindest für Goebbels, kommt direkt von Hitler. „Abends zum Führer. Sehen Janningsfilm Der Herrscher", notiert der Minister zwei Tage vor der offiziellen Uraufführung am 17. März 1937 in Berlin: „Der Führer ist ganz ergriffen. Er macht den tiefsten Eindruck. Vor allem in seiner Milieuschilderung."

Mit seiner Entscheidung, Harlan und Jannings im Mai 1937 den Staatspreis zu verleihen, erteilt sich Goebbels quasi selbst die lang ersehnte Würdigung seiner Kulturpolitik. Die feierliche Zeremonie in der Reichskanzlei, die lobenden Worte Hitlers: All das empfindet der Propagandachef als Genugtuung.

Nach der Begrüßung beginnt Hitler zu plaudern, so wird sich Harlan später erinnern, spricht von einem Bauvorhaben für die SS, das ihn im Garten der Reichskanzlei vor Attentaten schützen soll. Hält einen bühnenreifen Monolog über die Gefahren des Lebens als politische Größe.

„Was meinen Sie", fragt er rhetorisch, „wie viele Hähne schon und wie oft sie gespannt waren und immer wieder gespannt sein werden, um auf mich abzudrücken."

Wenig später führt der Diktator Harlan und Jannings durch den Park und lässt sie miterleben, wie er einige Bürger empfängt, die zu ihm vorgelassen worden sind, um Geschenke zu überreichen und ihre Sorgen vorzubringen. Harlan registriert, wie nervös und demütig sich die Menschen Hitler nähern – und beobachtet erstaunt, wie „lieb" sich der Diktator ihnen gegenüber präsentiert.

Goebbels aber triumphiert: Er sei sich sicher, notiert der Minister tags darauf in seinem Tagebuch, dass Hitlers Äußerungen auf die preisgekrönten Künstler „einen sehr tiefen Eindruck" gemacht hätten.

NS-Funktionäre halten 1935 eine »WEIHE-STUNDE« zu Ehren des Buches ab – während jährlich Tausende Titel verboten werden

det im dunklen Mantel und breitkrempigen Hut, langsam durch dieses infernalische Labyrinth aus Hitze und Rauch schreitet, zeigt die Szene sinnbildlich die Verantwortung für Werk und Belegschaft, die auf seine Schultern drückt.

In der großen Festszene rücken auch die Arbeiter der Fabrik in den Mittelpunkt. Zu Tausenden jubeln sie Clausen zu, der selbst als einfacher Schlosser begonnen hat: ihrem Führer, der im Herzen immer einer von ihnen geblieben ist.

Goebbels ist von dem Ergebnis begeistert. „Der Herrscher" erhält das Prädikat „staatspolitisch und künstlerisch

Der völkischnational gesinnte HANS FRIEDRICH BLUNCK soll im Ausland für »deutsches Schrifttum« werben

Der Minister setzt seinen cineastischen Propagandafeldzug nun mit neuem Elan fort. Filme wie „Urlaub auf Ehrenwort" (deutsche Soldaten aus unterschiedlichen Schichten eint 1918 der Wille, für ihr Vaterland zu kämpfen) oder „Mit versiegelter Order" (deutsche Investoren müssen sich beim Kampf um Rohstoffe der Intrigen internationaler Konkurrenten erwehren) gelten ihm als weitere Erfolge auf dem Weg, den Deutschen die nationalsozialistische Weltsicht einzuflößen.

Als im September 1939 der Krieg ausbricht, ändert sich die Tonlage deutlich: Nun sollen politische Filme das Volk aggressiv und unverhohlen gegen die vermeintlichen Gegner Deutschlands aufwiegeln. Nicht mehr die Festigung der Volksgemeinschaft ist jetzt das Hauptziel, sondern die radikale Herabsetzung, Ausgrenzung und Diffamierung aller, die den Nationalsozialisten als Feinde gelten.

Für eines der bedeutendsten Projekte engagiert Goebbels erneut Veit Harlan: 1940 dreht der Regisseur den erfolgreichsten und nach Meinung vieler späterer Kritiker widerlichsten Hetzfilm aller Zeiten – „Jud Süß", die pervertierte Biografie einer historischen Figur.

Die wahre Geschichte: Der jüdische Finanzier Joseph Süß Oppenheimer, um 1735 Berater des Herzogs von Württemberg, setzt einen rigiden Modernisierungskurs zur Sanierung der Staatsfinanzen durch. Nach dem Tod des Fürsten wird er von dessen Gegnern festgenommen und schließlich gehängt.

Aus dem Opfer eines antisemitischen Justizmordes macht der Film nun einen machtgierigen Verführer, der auf dem Höhepunkt des Dramas eine Christin vergewaltigt und dafür die gerechte Strafe erleidet.

Mehr als 20 Millionen Zuschauer sehen das Werk, etwa jeder vierte Einwohner des Deutschen Reichs. Zuweilen kommt es nach den Kinovorführungen zu spontanen Demonstrationen gegen Juden.

Ereignisse wie diese lassen später den Mythos der Goebbelschen Verführungskunst entstehen, der das deutsche Volk nicht habe entrinnen können. Tatsächlich aber bleibt die nationalsozialistische Propaganda, wie der Minister sie erträumt, letzten Endes Stückwerk. Zwar wirkt zweifellos die Kontrolle der Medien – des Rundfunks, der Presse und der Wochenschauen in den Kinos –, denn durch sie bestimmt das Regime zum großen Teil, welche Informationen zum Volk gelangen, prägt nachhaltig Meinungen. Und zweifellos beeinflusst auch die rigorose Kulturpolitik das Empfinden und Denken der Menschen.

Doch ob die Strategie des Propagandachefs verfängt, gerade mithilfe der Unterhaltungsindustrie und des Kunstbetriebs die Deutschen zu leidenschaftlichen NS-Anhängern zu machen, ist unter Historikern bis heute umstritten.

Denn im Kulturbereich gelingt es Goebbels kaum, seine Ideen auf breiter Front durchzusetzen, weder in der bildenden Kunst noch in der Literatur oder im Film. Zu schablonenhaft und unausgegoren sind seine Vorstellungen, als dass aus ihnen die von ihm erwünschte Kunst hervorgehen könnte, und in seinem Ministerium fehlt es gleichfalls an Einfallsreichtum und Expertise.

In jedem Fall hinterlassen „Entjudung", Lenkung und Zensur eine einförmige, beschränkte Kulturlandschaft. Überall dominiert das Heroische oder das Biedere, Konforme.

Auf den Spielplänen der Theater fehlen viele der fähigsten Dramatiker; die Literatur ist geprägt durch die martialische Rhetorik nationalkonservativer Autoren; in der Malerei überwiegt eine uniforme Postkarten-Ästhetik.

Bei der ernsten Musik kann sich der Minister zwar auf begabte Interpreten und etablierte Institutionen verlassen, um die Werke deutscher „Meister" der Vergangenheit zu zelebrieren, doch Neues aufzubauen gelingt ihm auch hier kaum.

Und das Bestreben, eine eigenständige nationalsozialistische Kunst entstehen zu lassen, scheitert in einem solchen Ausmaß, dass selbst Goebbels öffentlich die fehlende Kreativität beklagt.

Trotz allem glaubt der Minister bis zum Schluss an seine Mission: Noch 1945 im Führerbunker, als die Rote Armee schon vor Berlin steht, liest er Stapel von Drehbüchern. Kurz bevor er im Angesicht der Niederlage Selbstmord begeht.

VEIT HARLAN IST nach dem Krieg der einzige Künstler des „Dritten Reichs", der wegen eines Films vor Gericht gestellt wird. Die Anklage lautet auf „Beihilfe zur Verfolgung aus politischen, rassistischen oder religiösen Gründen".

Doch das Hamburger Schwurgericht entscheidet 1949, dass ein kausaler Zusammenhang zwischen der Verfolgung der Juden und dem Film „Jud Süß" nicht nachweisbar sei. Harlan wird freigesprochen. Zwar legt die Staatsanwaltschaft Revision ein, aber auch in zweiter Instanz wird das Urteil bestätigt – nun kann Harlan das Gericht davon überzeugen, dass Goebbels ihn zur Mitarbeit an „Jud Süß" gezwungen habe.

Letztlich fehlt es der Justiz wohl nicht nur am Willen, Harlan zu verurteilen, sondern auch an den rechtlichen Mitteln. Große Teile der Öffentlichkeit halten den Regisseur aber nun für moralisch reingewaschen.

Bis zu seinem Tod 1964 dreht Harlan noch zehn Filme. Es sind meist Melodramen, handwerklich routiniert, emotional ergreifend bis kitschig; an die künstlerische Qualität seiner Arbeiten im „Dritten Reich" kann er nicht mehr anschließen. So bleibt er als Regisseur von NS-Propagandafilmen wie „Der Herrscher" in Erinnerung, vor allem aber als Mann hinter „Jud Süß" – den er angeblich nur gedreht hat, weil Goebbels ihm mit Erschießung drohte.

Aber, so fragt ein Historiker später: „Wenn man einen antisemitischen Film eigentlich nicht machen will, warum inszeniert man ihn dann so gut, so perfide, so wirksam?" □

Literaturempfehlungen: Peter Longerich, „Joseph Goebbels. Biographie", Siedler: kundige Beschreibung des Demagogen. Klaus Kreimeier, „Die Ufa-Story. Geschichte eines Filmkonzerns", Fischer: porträtiert ein Schlüsselunternehmen des NS-Films.

Johannes Schneider, 31, hat überrascht, dass sich Goebbels in Details der Filmproduktion einmischte – und gleichzeitig doch beträchtliche Lücken in seinem Propaganda-Apparat zuließ.

Das größte Wunder unserer Zeit:
der Glaube daran.

Weitere Themen

Tiere im Bau
Der Winterschlaf in Bildern.

Berge im Nebel
Mit Stefan Glowacz in den Wänden der Tepui.

Russen im Eis
Energie aus der Arktis.

GEO

DIE WELT MIT ANDEREN AUGEN SEHEN

01 | JANUAR 2013

Traumziel Roraima
Eine Steilwand-Expedition
in die Urwelt der Tepuis

Der Kälteschock
Wie die Russen
die Arktis erobern

Leibesfrucht
Eine Geschichte der
Schwangerschaft

Winterschlaf
Wenn Tiere dann
mal weg sind

DER GLAUBE AN
WUNDER

www.geo.de

GEO. Die Welt mit anderen Augen sehen

DER BETRUG VON MÜNCHEN

Unverhohlen bricht das NS-Regime den Versailler Vertrag: 1936 marschiert die Wehrmacht ins Rheinland ein, zwei Jahre später wird Österreich annektiert. Kurz darauf droht Adolf Hitler mit der Invasion der Tschechoslowakei, weil die dort lebenden Sudetendeutschen angeblich diskriminiert werden. Britische und französische Politiker fürchten nun einen europäischen Krieg und versuchen ihn auf einer Konferenz in München noch abzuwenden – um fast jeden Preis

VON CHRISTINA SCHNEIDER

»Frieden!«, verkünden englische Zeitungen am 30. September 1938. Erleichtert glauben die Briten, das Abkommen mit Hitler und Benito Mussolini habe die Kriegsgefahr gebannt

Es sind die größten Lettern, die jemals auf eine englische Zeitungsseite gedruckt wurden: „PEACE!", schreit es am 30. September 1938 von der Titelseite des „Daily Express". Mit Sonderbussen fahren Tausende Londoner daraufhin zum Flugplatz; sie warten auf Premierminister Neville Chamberlain, der aus München zurückkehrt.

Und er enttäuscht sie nicht, als er am Nachmittag aus der Super-Lockheed 14 steigt: „Ich habe es, ich habe es!", ruft er Großbritanniens Außenminister Lord Halifax zu.

Chamberlain zieht ein Papier aus seiner Brusttasche und liest vor laufenden Kameras eine Vereinbarung zwischen „dem deutschen Führer und Kanzler und dem britischen Premierminister" vor: „Wir betrachten das gestern Nacht unterschriebene Abkommen als symbolhaft für den Wunsch unserer beiden Völker, niemals wieder gegeneinander in den Krieg zu ziehen."

Jeder weitere Satz wird in Gesängen von „For he's a jolly good fellow" und „Rule, Britannia!" ertränkt.

Der größte Albtraum der Engländer, er ist nicht wahr geworden: Es wird keinen Krieg zwischen ihnen und den Deutschen geben. Dabei schien in den Wochen zuvor ein Waffengang so nah wie nie zuvor seit dem Ersten Weltkrieg, entflammt an einem Streit um einen Teil der Tschechoslowakei.

Seit Monaten hatte Hitler Anspruch auf die dortigen Sudetengebiete erhoben, in denen überwiegend Deutsche

Nach seiner Rückkehr aus München lässt sich der britische Premier Neville Chamberlain am Flughafen bejubeln. In seiner Hand hält er eine vermeintliche Friedensgarantie Hitlers

leben. Zuletzt waren seine Invasionsdrohungen immer schärfer geworden – bis ein Krieg unvermeidbar schien, um Hitler in letzter Minute aufzuhalten.

Jetzt aber ist Chamberlain mit der Nachricht aus München zurückgekehrt, dass sich die europäischen Staaten doch noch geeinigt haben. Die Gebiete werden auf Deutschland übergehen, ohne dass dafür ein Schuss fallen wird. Die Konferenz in der bayerischen Hauptstadt, auf der dies beschlossen worden ist, war Chamberlains Idee. Ein glorioser Sieg für seine Friedenspolitik.

An diesem Abend gehen die Londoner nicht nach Hause. „Wir wollen Chamberlain", rufen die Massen vor dem Buckingham Palace, bis der Premier mit seiner Frau und dem Königspaar auf den Palastbalkon tritt.

Später, als sein Wagen sich den Weg zu seinem Regierungssitz in Downing Street 10 gebahnt hat, spricht er dort aus dem Fenster im ersten Stock zum Volk. „Ich glaube, es ist Frieden für unsere Zeit", sagt er.

Am selben Tag spricht der deutsche Außenminister Joachim von Ribbentrop Hitler auf die gemeinsame Friedenserklärung mit Großbritannien an.

„Ach, das brauchen Sie nicht alles so ernst zu nehmen", antwortet der Diktator. „Dieses Papier hat doch weiter keinerlei Bedeutung."

SEIT BEGINN seiner Herrschaft hat Hitler alles daran gesetzt, die Bestimmungen des Versailler Vertrags von 1919 rückgängig zu machen, die ihm als Demütigung des deutschen Volks erschienen. Er hat trotz alliierten Verbots die Wehrpflicht wieder eingeführt und 1936 das entmilitarisierte Rheinland besetzt.

In den darauffolgenden Jahren trieb er seine aggressiven Pläne voran, annektierte gar im März 1938 sein Geburtsland Österreich. Doch der „Anschluss" löste, ebenso wie die Besetzung des Rheinlands zuvor, kaum nennenswerte Widerstände bei Großbritannien und Frankreich aus.

Vor allem in London herrscht im Sommer 1938 bei den dort regierenden Konservativen die Meinung vor, dass sich die faschistischen Diktatoren – Hitler und der Italiener Benito Mussolini – friedlich und still verhalten werden, sobald sie das erreicht haben, was sie als ihr nationales „Recht" verstehen.

„Appeasement", Beschwichtigung, heißt diese Politik. Die Idee, die Diktatoren zu besänftigen, indem man ihnen Zugeständnisse macht, existiert in Großbritannien seit Mitte der 1930er Jahre. Die Gegner dieser Politik, die „Resister" – vor allem Linke und Intellektuelle, die nicht glauben, dass sich die Potentaten langfristig zufriedenstellen lassen –, sind in der Minderheit.

Denn Argumente haben die „Appeaser" für ihr Vorgehen gegenüber dem Deutschen Reich viele. So empfinden zahlreiche Politiker die deutschen Gebietsforderungen durchaus als angemessen – als Wiedergutmachung der harten Bestimmungen des Versailler Vertrags.

Auch gilt der sowjetische Diktator Josef Stalin vor allem bei Konservativen als die weitaus größere Bedrohung. Immerhin will Stalin den Kapitalismus zerstören; Hitler wiederum hat sich der Zerschlagung des Kommunismus verschrieben – ein Ziel, das ihm in Großbritannien Sympathien einbringt.

In der britischen Politik gilt zudem die Doktrin des Gleichgewichts der Mächte, nach der Großbritannien keinen einzelnen überlegenen Staat auf dem Kontinent wünscht. Ein Deutsches Reich als ebenbürtiger Gegner Frankreichs wäre daher ganz im Sinne englischer Traditionalisten.

Vor allem aber ist Großbritannien stark geschwächt aus dem Ersten Weltkrieg hervorgegangen. Seit der Weltwirtschaftskrise taumelt das Land. Es ist weder ökonomisch noch militärisch für einen Krieg bereit. Nicht zuletzt würde es dafür auch an einem Verbündeten auf dem Kontinent fehlen, denn Frankreich wird von Regierungskrisen erschüttert.

Und so setzt Neville Chamberlain die britische Appeasement-Politik unbeirrt fort, als Hitler bereits kurz nach dem Anschluss Österreichs Anspruch auf die Sudetengebiete erhebt – auf jene einst österreichischen Grenzregionen zu Bayern, Sachsen und Schlesien, in denen die meisten Menschen Deutsch sprechen und die 1919 der damals neu gegründeten Tschechoslowakei zugeschlagen worden sind.

Der Konservative Chamberlain ist seit Mai 1937 Regierungschef. Er glaubt, dass es sich bei den tschechoslowakischen Gebieten um Hitlers letzte Territorialforderung handelt. Den Briten ist Chamberlain, der vorher Gesundheitsminister und Schatzkanzler war, für sein Verwaltungsgeschick bekannt. Und für Sozialreformen, etwa der Armenversorgung. Mit Außenpolitik hat er bis dahin kaum etwas zu tun gehabt.

Der deutsche Diktator dagegen ist vor allem von außenpolitischen Überlegungen getrieben, von Expansionsvisionen im Osten. Bereits am 5. November 1937 hat er den wichtigsten Vertretern der Wehrmacht im Geheimen seine Pläne erläutert: Deutschland brauche mehr

Am 1. Mai 1938 demonstrieren Sudetendeutsche, die deutschsprachige Minderheit in der Tschechoslowakei, gegen ihre angebliche Diskriminierung

Lebensraum, „zur Erhaltung der Volksmasse und deren Vermehrung". Der Krieg sei unvermeidbar, nur noch eine Frage des richtigen Zeitpunkts. Vor einer Auseinandersetzung müssten allerdings zuerst Österreich und die Tschechoslowakei beseitigt werden, um so eine bessere Ausgangsposition für den entscheidenden militärischen Konflikt mit Europas Mächten zu erreichen.

Seither bereitet die Wehrmacht einen Angriff auf die Tschechoslowakei vor. Hitler wünscht den Krieg: Das deutsche Volk, meint er, müsse sich im Überlebenskampf beweisen. Er setzt alles daran, dass diese große Schlacht noch zu seinen Lebzeiten stattfindet. Kampf ist für ihn der Vater allen Fortschritts.

Ganz anders Chamberlain. „Peaceful Change" lautet sein Credo, friedlicher Wandel für Europa. Auch durch Warnungen des britischen Geheimdienstes sowie hitlerkritischer deutscher Konservativer, deren Emissär in England heimlich besorgt von den Kriegsplänen des Diktators berichtet, lässt er sich nicht von dieser Maxime abbringen.

Käme man Hitler in der Sudetenfrage nur weit genug entgegen, so Chamberlain, müsste auch der Deutsche die friedliche Lösung einem Krieg vorziehen. Kein rational handelndes Staatsoberhaupt, glaubt der Premier, würde sein Volk in einen militärischen Konflikt führen und Hunderttausende Tote riskieren, wenn es sich vermeiden ließe.

Der Brite aber hat auch kaum eine andere Wahl. Soll man Deutschland mit Gewalt stoppen, wie es sein parteiinterner Kontrahent Winston Churchill immer wieder fordert? Käme es zu einem Krieg, droht ein Flächenbrand: Frankreich als Bündnispartner der Tschechoslowakei müsste gegen die Deutschen in den Krieg ziehen. Großbritannien wiederum wäre vertraglich verpflichtet, Frankreich zu unterstützen. Die faschistischen Staaten Italien und Japan kämen wahrscheinlich Berlin zu Hilfe.

Schon wieder ein großer Krieg, nach kaum 20 Jahren? Noch immer steht in England bei jährlichen Schweigeminuten der Verkehr still zum Gedenken an die mehr als 700 000 britischen Toten des Ersten Weltkriegs. Chamberlain selbst hat einen Cousin verloren; seine Aversion gegen militärische Konflikte sitzt tief.

Noch schwerer als das Kriegstrauma mag für ihn wiegen, dass die Army noch immer nicht kampfbereit ist. London könnte keine zwei vollständig ausgerüsteten Divisionen von rund 15 000 Mann nach Frankreich schicken – viel zu wenig gegen eine Übermacht von mehr als einer halben Million deutscher Soldaten.

ENDE APRIL 1938 stellt in der Tschechoslowakei Konrad Henlein, Chef der Sudetendeutschen Partei (SdP), eine Reihe von Forderungen an die Regierung in Prag. Henlein, dessen Organisation eng mit der NSDAP verknüpft ist, verlangt, dass die Sudetendeutschen sich „zum deutschen Volkstum und zur deutschen Weltanschauung" bekennen dürfen. Er erwarte zudem Entschädigungen für das mit dem Versailler Vertrag an Sudetendeutschen begangene „Unrecht". Und er fordert eine Autonomie der Sudetengebiete, die sich fortan selbst verwalten sollen.

Zwar ist der tschechoslowakische Präsident Edvard Beneš zu Zugeständnissen bereit – etwa die Zahl der deutschen Beamten in der Sudetenregion zu erhöhen –, doch eine Autonomie lehnt er strikt ab. Und er lässt (wohl nach Gerüchten über einen möglichen sudetendeutschen Aufstand) Reservisten in den Grenzgebieten aufmarschieren.

Hitler ist über diese tschechoslowakische Teilmobilmachung außer sich. Eine sofortige Invasion, mit der manche internationale Beobachter nun rechnen, passt allerdings nicht in seinen Zeitplan. Daher verkündet er seinen Generälen Ende Mai zwar wütend, die Tschechoslowakei müsse zerschlagen werden, doch er legt dafür ein spätes Datum fest: den 1. Oktober 1938.

Ein anschwellender Strom antitschechoslowakischer Propaganda soll die Deutschen auf den Krieg einstimmen. In den Sudetengebieten beginnen SdP-Anhänger, ihre tschechischen Mitbürger auszugrenzen, deren Geschäfte zu boykottieren, Wohnungen zu kündigen.

In der Folgezeit provozieren SA-Männer, die auf Hitlers Befehl heimlich in die Tschechoslowakei gebracht worden sind, in den Grenzgebieten gewalttätige Zusammenstöße mit Tschechen, bei denen es Tote gibt.

Sudetendeutsche wiederum randalieren als vermeintliche Tschechen in Dörfern auf der deutschen Seite – worüber Zeitungen im Reich dann in empörtem Ton berichten.

So wie viele Politiker in Europa sieht Chamberlain in den Differenzen zwischen Berlin und Prag eine massive Gefahr für den Frieden. Eine britische Delegation reist daher am 3. August nach Prag, um Edvard Beneš zum Einlenken zu bewegen. Einen Monat lang bearbeiten die Gesandten den tschechoslowakischen Staatschef mit der Bitte, den Sudetendeutschen Autonomie zuzugestehen, um sein Land zu retten.

Beneš habe die Wahl, erklären ihm die Briten: Entweder er akzeptiere die Forderungen, oder seine Heimat werde zum Schlachtfeld – mit britischer Hilfe könne er dann nicht rechnen. Daraufhin willigt der Präsident am 30. August ein, die sudetendeutschen Provinzen in autonome Kantone umzuwandeln.

Doch drei Tage später erhält SdP-Führer Henlein bei einem Treffen mit Hitler die Order, das Autonomie-Angebot abzulehnen. Eine Einigung der Sudetendeutschen mit Beneš darf es nicht geben: Sie würde Hitlers Kriegspläne vereiteln. „Lang lebe der Krieg, und wenn er zwei bis acht Jahre dauert", ruft der Diktator am Ende des Gesprächs.

Wie abgesprochen weist die SdP kurz darauf das Angebot von Beneš als nicht ausreichend zurück – die dramatischste außenpolitische Krise seit der Machtübernahme der Nationalsozialisten geht in ihre entscheidende Phase.

Die Friedensverträge nach dem Ersten Weltkrieg haben einige einst österreichische Grenzgebiete der neu gegründeten Tschechoslowakei zugeschlagen. Die dort lebenden Menschen sprechen meist Deutsch und fordern den »Anschluss« an das Reich. Nach dem »Münchner Abkommen« rücken deutsche Truppen am 1. Oktober 1938 in die Sudetengebiete ein (1). Doch nur ein halbes Jahr später bricht Hitler den Vertrag – und zerstückelt die Tschechoslowakei: Die Slowakei wird formal unabhängig (2), während die Wehrmacht den tschechischen Teil besetzt (3). Weitere Territorien gehen an die mit Deutschland verbündeten Ungarn (4)

UM DEN FRIEDEN ZU RETTEN, LÄSST SICH DER BRITE DEMÜTIGEN

5. September, Prager Burg. Ohne Begrüßung schiebt Präsident Beneš zwei ihm gegenübersitzenden SdP-Funktionären ein leeres Blatt Papier über seinen Schreibtisch. „Bitte listen Sie alle Forderungen Ihrer Partei auf", sagt er. „Ich verspreche Ihnen im Voraus, sie umgehend zu akzeptieren."

Die beiden Männer, die auf seine Einladung hin gekommen sind, rutschen unschlüssig auf ihren Stühlen herum. Auf dieses Szenario hat Hitler sie nicht vorbereitet. Schließlich weigern sie sich, ihre Forderungen selbst zu Papier zu bringen, willigen aber ein, sie Beneš zu diktieren. Der Präsident setzt noch seine Unterschrift darunter und händigt die Liste den beiden SdP-Männern aus.

Ein kluger Plan: Beneš will London und Paris so wohl beweisen, dass keine noch so umfassenden Zugeständnisse die Deutschen befriedigen werden.

Und wirklich: Zwei Tage später, am 7. September, provozieren SdP-Leute einen Aufruhr in einem Städtchen, bei dem ein Sudetendeutscher von einem Polizisten verletzt wird. Dieses Ereignis nimmt die SdP zum Anlass, alle zu Papier gebrachten Vereinbarungen mit Beneš für nichtig zu erklären.

10. September, London. Auf den Straßen Großbritanniens und in den Meinungsspalten der Zeitungen hat das Verständnis für Prag zugenommen, seit bekannt geworden ist, dass die Zugeständnisse von Beneš bei den Deutschen zu nichts geführt haben.

Chamberlain und seine Berater warten nun angespannt auf Hitlers große Nürnberger Parteitagsrede, die für den übernächsten Tag angesetzt ist. Wird der Diktator öffentlich die Invasion der Tschechoslowakei ankündigen? Drohungen aussprechen, nach denen es kein Zurück mehr geben kann?

12. September, Nürnberg. Als Hitler auf dem Parteitag vor 30 000 handverle-

sene Zuhörer tritt, steht an der New Yorker Wall Street die Börse still, die BBC unterbricht ihr Programm. „Wenn die Demokratien der Überzeugung sein sollten, dass sie mit allen Mitteln die Unterdrückung der Deutschen beschirmen müssen, dann wird dies schwere Folgen haben", dräut der Diktator. „Die Deutschen in der Tschechoslowakei sind weder wehrlos, noch sind sie verlassen!"

Für die französische Regierung ist das eine kaum verklausulierte Kriegsdrohung. Die Entscheidung, ob Paris dem Bündnispartner beispringt, muss nun endgültig fallen. Aber wird Großbritannien im Kriegsfall wirklich neben Frankreich stehen?

Der französische Außenminister stellt einem britischen Diplomaten eben diese Frage – und erhält keine eindeutige Antwort. Chamberlain geht bei Anrufen aus Paris einfach nicht ans Telefon.

Der britische Premier ist mit seinen Gedanken bei einem Plan, den er im August mit Vertrauten entworfen hat: Am Tiefpunkt der Krise will er Hitler aufsuchen, um mit ihm doch noch eine friedliche Lösung auszuhandeln. Dieser Zeitpunkt ist zweifellos erreicht: Gerade meldet der britische Geheimdienst, dass Hitler den Termin für die Invasion der Tschechoslowakei auf das Ende des Monats festgelegt habe.

Chamberlain kontaktiert Hitler, und der stimmt einem Treffen tatsächlich zu. Wenn er sich den Briten gegenüber kompromissbereit zeigt, so das Kalkül des Deutschen – der gerade in den Alpen auf dem Obersalzberg residiert –, fällt es London vielleicht noch schwerer, sich in seinen Krieg einzumischen.

15. September, Heston Aerodrome. Chamberlains Maschine hebt ab Richtung Deutschland. Tausende Londoner haben ihrem Premier auf dem Weg zum Flugplatz zugewinkt. Seine Landsleute sind begeistert. Der Premier auf dem Weg zu Hitler – eine Sensation! Selbst seine Gegner feiern die Kühnheit Chamberlains: dass er sich mit 69 Jahren zum

Auf dem Flughafen Köln wird Premierminister Chamberlain (Mitte) am 22. September 1938 durch Außenminister Joachim von Ribbentrop (rechts) empfangen

ersten Mal in ein Flugzeug wagt; und dass er einen Gesichtsverlust riskiert, um den Frieden zu retten.

In Prag herrscht dagegen eine andere Stimmung. „Lesen Sie alles darüber, wie der mächtige Führer des britischen Empire bei Hitler betteln geht!", preisen Zeitungsjungen die Ausgaben an.

Turbulenzen schütteln Chamberlains Maschine. Der Premier beruhigt seine Nerven mit Schinken-Sandwiches und Whisky. Er ist bereit, Hitler den Griff auf die Sudetengebiete zu ermöglichen, wenn der Frieden erhalten bleibt.

Sein Plan: Per Volksabstimmung sollen die Bewohner der Sudetenregionen entscheiden, zu welchem Land sie gehören wollen. Die neuen Grenzen müssten, darauf hat sein Kabinett bestanden, von Großbritannien, Frankreich, der UdSSR und Deutschland garantiert werden.

Obersalzberg, 17.00 Uhr. Für die Fahrt von München nach Berchtesgaden hat Hitler dem Gast seinen Privatzug

Chamberlain ist verärgert. Die Weigerung der Tschechoslowaken droht sein zweites Treffen mit Hitler scheitern zu lassen – gerade jetzt, wo er meint, zu dem Deutschen ein Vertrauensverhältnis aufgebaut zu haben. Für den britischen Premier gibt es keinen Zweifel, dass die Tschechoslowakei das Opfer für einen dauerhaften Frieden in Europa bringen muss.

In der folgenden Nacht wird Edvard Beneš in seinem Regierungssitz vom britischen und vom französischen Botschafter geweckt: Sollte sein Land sich weigern, die Sudetengebiete an Deutschland abzutreten, übernähmen London und Paris keinerlei Verantwortung und würden auch keine Waffenhilfe leisten.

Vor Scham, diese Worte vorlesen zu müssen, bricht der Franzose in Tränen aus – den Bündnispartner so im Stich zu lassen ist ein unerträglicher Gesichtsverlust für sein Land.

Aber die französische Bündnistreue ist durch die Zweifel an der britischen Unterstützung erschüttert worden. „Wir können Ihnen dazu keine präzisen An-

zur Verfügung gestellt. Jetzt führt ihn der Diktator in die große Halle mit dem Ausblick auf das Alpenpanorama.

„Ich habe schon viel über diesen Raum gehört", sagt der Premier. „Aber er ist viel größer, als ich dachte."

„Sie in England haben doch die großen Räume", sagt Hitler.

„Sie müssen mal kommen und sie sich ansehen", antwortet Chamberlain.

Hitler ist noch in Parteitagsstimmung. Er trägt eine khakifarbene Jacke mit Hakenkreuzarmbinde und schwarze Hosen. Nach einem Begrüßungstee in der Halle führt er den Besucher in sein Arbeitszimmer und beginnt dort einen Monolog über die untragbare Situation der Sudetendeutschen, immer wieder übermannt von angeblichem Zorn auf Beneš. Empört verurteilt er die Einmischung Großbritanniens und die Kritik der englischen Presse an Deutschland.

Chamberlain hört höflich zu, weist mit freundlichem Lächeln auf die Pressefreiheit hin. Er sei bereit, jede der Beschwerden zu erörtern, teilt er Hitler mit, sofern Gewalt unter allen Umständen ausgeschlossen werde.

„Herr Beneš wendet diese Gewalt gegen meine Landsleute im Sudetenland an!", fährt Hitler auf. „Ich werde in kürzester Frist diese Frage – so oder so – aus eigener Initiative regeln!"

Chamberlain ist konsterniert. „Wenn ich Sie richtig verstanden habe, dann sind Sie entschlossen, auf jeden Fall gegen die Tschechoslowakei vorzugehen", entgegnet er aufgebracht – und droht mit sofortiger Abreise: „Es hat ja anscheinend doch alles keinen Zweck mehr!"

Will Hitler es wirklich zum Krieg kommen lassen? Nun wäre der Augenblick gekommen, es zu verkünden.

Aber der Diktator nimmt sich im entscheidenden Moment zurück. Plötzlich ganz ruhig, macht er ein Angebot: Sofern Chamberlain das Selbstbestimmungsrecht der Sudetendeutschen anerkenne, könnten sie ins Gespräch kommen.

Dass die Tschechoslowaken einer Volksabstimmung in den Sudetengebieten zustimmen würden, glaubt Hitler ohnehin nicht. Falls doch? Dann wäre er um seinen Krieg betrogen.

Chamberlain schlägt ein zweites Treffen in wenigen Tagen vor. Immerhin muss er noch die tschechoslowakische Regierung zum Einlenken bringen.

20. SEPTEMBER. Beneš hat die Vorschläge abgelehnt. Eine Zustimmung würde zur „vollständigen Verstümmelung des Staats in jeder Hinsicht" führen. Stattdessen, so sein Gegenangebot, solle der Fall von einem internationalen Schiedsgericht verhandelt werden.

We, the German Führer and Chancellor and the British Prime Minister, have had a further meeting today and are agreed in recognising that the question of Anglo-German relations is of the first importance for the two countries and for Europe.

We regard the agreement signed last night and the Anglo-German Naval Agreement as symbolic of the desire of our two peoples never to go to war with one another again.

We are resolved that the method of consultation shall be the method adopted to deal with any other questions that may concern our two countries, and we are determined to continue our efforts to remove possible sources of difference and thus to contribute to assure the peace of Europe.

September 30. 1938

Ein Ergebnis der Münchner Konferenz ist das Bekenntnis zum Frieden – von Hitler und Chamberlain unterzeichnet. Der Deutsche aber nennt es »bedeutungslos«

gaben machen", hat nun Außenminister Lord Halifax in einem Brief an Paris auf die Frage geantwortet, ob die Briten im Falle eines Kriegs an der Seite der Franzosen marschieren würden. Zudem sind neue Informationen über die Stärke der deutschen Luftwaffe bekannt geworden. Im Kriegsfall, ist sich Frankreichs Regierung sicher, könnten britische und französische Städte mehr oder weniger ungeschützt ausgelöscht werden.

Für Beneš bedeutet die Abtretung an das Deutsche Reich die Vernichtung seines Landes. Alle tschechoslowakischen Verteidigungsanlagen an der langen gemeinsamen Grenze würden damit in deutsche Hände fallen; sein übriges Territorium würde offen und ungeschützt vor den Wehrmachtspanzern liegen.

Doch er sieht keine andere Möglichkeit, als zuzustimmen. Über Lautsprecher teilt die Regierung den Menschen am folgenden Morgen mit: „Wir wurden allein gelassen."

22. September, Bad Godesberg. Hitler hat als Ort für das zweite Treffen mit dem britischen Premier die Stadt am Rhein festgelegt. Im Hotel „Petersberg" 300 Meter oberhalb des Flusses sind für Chamberlain und dessen Entourage zwei Etagen reserviert worden. Das deutsche Außenministerium will Eindruck machen und hat die gesamte Einrichtung gegen prächtige Möbel im Louis-quinze-Stil austauschen lassen.

Hitler residiert am anderen Ufer des Rheins, in seinem Stammhotel „Dreesen". Um 14 Uhr trifft er Chamberlain in der Eingangshalle des Hotels; er schüttelt dem Premier zur Begrüßung demonstrativ freundlich die Hand und erkundigt sich, ob der mit seiner Unterbringung zufrieden sei.

Im Konferenzraum nimmt der Diktator am Kopfende eines Tisches Platz und bietet Chamberlain den Stuhl zu seiner Rechten an. Tausende Deutsche, die dem Briten auf dem Weg zugejubelt haben, scheinen diesen in seinem Friedenskurs zu bestätigen. Er ist auf eine Diskussion über die Umsetzung seiner Vorschläge eingestellt: Weil die Franzosen eine Volksabstimmung ablehnen –

Am 1. Oktober 1938 überschreiten Einheiten der Wehrmacht die Grenze zur Tschechoslowakei und besetzen das »Sudetenland« – so wie es das »Münchner Abkommen« vorsieht

aus Angst, andere Minderheiten in der Tschechoslowakei könnten nachziehen –, sollen die Sudetengebiete nun direkt an Deutschland übergeben werden.

Nachdem Chamberlain die Pläne erläutert hat, zu denen auch die Garantie für den Fortbestand der restlichen Tschechoslowakei, Details der neuen Grenzen und die Übergabefristen gehören – und alles mit Zustimmung der Tschechoslowaken! –, lehnt er sich zufrieden in seinem Stuhl zurück. Mehr kann Hitler wohl kaum erwarten?

Doch statt Genugtuung, zumindest Zufriedenheit zu zeigen, lehnt Hitler ab. „Die Besetzung der abzutretenden Sudetengebiete muss sofort erfolgen", insistiert er. Die Fristen seien viel zu lang. An einer internationalen Garantie werde Deutschland sich nicht beteiligen.

Mit vor Wut gerötetem Gesicht kehrt Chamberlain in sein Hotel zurück.

Das Foreign Office hatte ihn vor der Abreise gewarnt, dass Hitler seine Forderungen erneut ausweiten würde. Aber Chamberlain hatte dies für unwahrscheinlich gehalten. Hitler sei ein „Mann, auf dessen Wort man sich verlassen kann", hatte er nach der Rückkehr aus Berchtesgaden seiner Schwester gesagt.

23. September. Mit den Worten „My dear Reichskanzler" beginnt ein per Kurier über den Rhein geschickter Brief, in dem der britische Premier die neuen deutschen Bedingungen zurückweist. Hunderte Journalisten beobachten das Hotel „Dreesen" mit Ferngläsern. Nichts scheint sich dort zu rühren.

Um 15.00 Uhr erkennen die Presseleute vor dem Hotelgebäude Hitlers Dolmetscher mit einem braunen Umschlag in der Hand. Er steigt in den Wagen, lässt sich mit der Fähre übersetzen und auf der anderen Seite zum Hotel „Petersberg" hinauffahren.

„Bringen Sie Krieg oder Frieden in Ihrem Umschlag?", fragt ein Journalist in der Hotelhalle.

Eine Stunde lang übersetzt der Dolmetscher in Chamberlains Suite Hitlers Antwortbrief. Der Premier zeigt keinerlei Regung, während ihm erneut ausschweifende Erklärungen über die Sudetenfrage und das Unrecht des Versailler Vertrags vorgetragen werden. Konkrete Vorschläge, Zugeständnisse gar sind aus Hitlers Brief nicht herauszuhören.

Aber der Brite will nicht ergebnislos abreisen: Es wäre nicht nur eine Blamage für ihn – vor seinem Kabinett und der Weltöffentlichkeit –, es würde auch den sicheren Krieg bedeuten.

Um Hitler auf eindeutige Aussagen festzulegen, bittet Chamberlain ihn in einem weiteren Brief, seine Forderungen in Form eines „Memorandums" nochmals kurz zusammenzufassen.

Kurz vor 23.00 Uhr treffen sich beide Delegationen erneut im Hotel „Dreesen", wo Hitlers Dolmetscher die Übersetzung des deutschen Memorandums verliest: Die tschechoslowakische Armee solle sich aus einem auf einer Karte markierten Gebiet mit Sudetendeutschen zurückziehen, „dessen Räumung am 26. September beginnt und das am 28. September an Deutschland übergeben wird".

Chamberlain hebt abwehrend die Hände. „Das ist ja ein Ultimatum!", ruft er. Völlig undenkbar, diese Bedingungen an die tschechoslowakische Regierung weiterzuleiten. Eine derart schnelle Übergabe würde in Tumulten und Schießereien enden.

„Mit großer Enttäuschung und tiefem Bedauern", fährt er fort, „muss ich feststellen, Herr Reichskanzler, dass Sie mich in meinen Bemühungen um die Erhaltung des Friedens auch nicht im Geringsten unterstützt haben."

„Es steht ja Memorandum darüber und nicht Ultimatum", erwidert Hitler etwas unbeholfen. Möglich, dass er vor den Journalisten nicht kompromisslos wirken möchte. Und auch nicht vor seinem eigenen Volk.

In diesem Moment erreicht die beiden Politiker die Nachricht von der tschechoslowakischen Mobilmachung. Totenstille.

Dann kündigt Hitler umgehend „militärische Maßnahmen" an, verspricht aber nach langer Diskussion, die Grenzen nicht zu überschreiten, solange die Konferenz mit Chamberlain andauert.

Schließlich stimmt er einer minimalen Fristverlängerung zu: vom 26. September, dem im Memorandum geforderten Beginn der Räumung, auf den 1. Oktober (jenen Tag, für den er die Invasion schon seit Langem plant).

„Ihnen zuliebe, Herr Chamberlain, will ich in der Zeitfrage eine Konzession machen", erklärt Hitler. „Sie sind einer der wenigen Männer, denen gegenüber ich das jemals getan habe."

Der Brite wirkt erfreut und geschmeichelt. Er erklärt sich bereit, das Memorandum an die tschechoslowakische Regierung weiterzuleiten.

Diese territoriale Forderung sei, so verspricht Hitler Chamberlain zum Abschluss, seine definitiv letzte in Europa.

NACHT ZUM 25. SEPTEMBER, London. Lord Halifax, Großbritanniens Außenminister, liegt wach im Bett. Einige Stunden zuvor hat der Premier die Ergebnisse aus Godesberg vorgestellt. Er habe einen gewissen Einfluss auf Hitler gewonnen, hat Chamberlain erklärt, er vertraue Hitler, und Hitler vertraue ihm.

Woher bloß rührt Chamberlains Zufriedenheit mit dem Verhandlungsergebnis? Es scheint Halifax, als habe Hitler einfach seine Forderungen diktieren können. Als habe der Deutsche einen Krieg gewonnen, ohne kämpfen zu müssen. Kann dies der richtige Weg sein, um mit dem Diktator umzugehen?

Halifax, einer der treuesten Weggefährten Chamberlains, wird in dieser Nacht vom Appeaser zum Resister.

25. SEPTEMBER, London. Edvard Beneš hat das „Memorandum" von Bad Godesberg abgelehnt; in der Tschechoslowakei läuft die Mobilmachung weiter; auch in Frankreich sind nun eine Million Männer einsatzbereit.

An den Straßen der britischen Kapitale stapeln sich Sandsäcke zum Schutz gegen mögliche deutsche Bombenangriffe, Ärzte müssen sich in ein Zentralregister eintragen. Hunderte Engländer heiraten noch schnell, viele fotografieren ihre Bankauszüge, um die Kopien außerhalb der Stadt in Sicherheit zu bringen.

Am Vormittag hat Lord Halifax im Kabinett bekannt gegeben, dass er die Appeasement-Politik gegenüber Hitler nicht länger für angebracht hält. Nun trifft Chamberlain auch noch auf einen wütenden französischen Premier, der ihn in Downing Street 10 aufsucht: Édouard Daladier will das deutsche Ultimatum auf keinen Fall akzeptieren und Prag beistehen. Im Kabinett wird der Franzose von Chamberlains Unterstützern einem aggressiven Verhör unterzogen. Ob er sich schon Gedanken darüber gemacht habe, wie deutsche Bombenangriffe auf die französische Bevölkerung wirken würden? Ob er etwa glaube, die Sowjetunion werde ihm helfen?

Daladier hält dagegen. Wären die Briten bereit, den nötigen Druck auf die Tschechoslowakei auszuüben, damit sie das Memorandum doch noch akzeptiert? Seien sie allen Ernstes der Meinung, Frankreich sollte nichts tun, um den Tschechoslowaken zu helfen?

Für alle überraschend vollzieht Chamberlain plötzlich vor dem Kabinett eine Kehrtwende – offenbar fürchtet er einen Bruch zwischen der wachsenden Zahl seiner Gegner in der Regierung und den wenigen ihm noch gebliebenen Unterstützern. Er schlägt vor, eine internationale Kommission solle die Übergabe der Gebiete leiten. Lehne Hitler ab und trete Paris daraufhin in den Krieg ein, werde London es unterstützen.

Keiner widerspricht. Nie zuvor haben die Kabinettsmitglieder den 69-Jährigen so ausgelaugt und müde gesehen.

27. SEPTEMBER, Berlin. Hitlers Antwort auf die neuen Forderungen des britischen Premiers könnte nicht deutlicher ausfallen. „Wenn die Tschechen nicht bis zum Mittwoch, den 28. September, zwei Uhr mittags, meine Forderungen angenommen haben, marschiere ich am 1. Oktober mit der deutschen Armee in das Sudetengebiet ein", brüllt er den Überbringer der Nachricht an, einen Berater Chamberlains. „Dann werden wir uns eben alle miteinander in der nächsten Woche im Kriege befinden!"

28. September, London, 7.30 Uhr. „Ich würde mich vor einer Wand erschießen lassen, wenn ich damit einen Krieg verhindern könnte", sagt Chamberlain morgens nach dem Aufstehen zu seiner Frau. Noch sechseinhalb Stunden, bis Hitlers Ultimatum an die tschechoslowakische Regierung abgelaufen ist. Und Beneš weigert sich weiterhin, den Godesberger Forderungen zuzustimmen.

Chamberlain schickt Hitler eine „allerletzte Botschaft" und schlägt ihm eine sofortige Konferenz vor, auf der Großbritannien, Frankreich, Deutschland, Italien und die Tschechoslowakei ein letztes Mal gemeinsam die Übergabemodalitäten zu klären versuchen.

Und er bittet Mussolini in einem zweiten Schreiben, Hitler zu dieser Konferenz zu überreden.

Hitler braucht die Italiener als Verbündete. Mussolini aber hat kein Interesse an einem europäischen Krieg. Das will Chamberlain ausnutzen.

Um 16.15 Uhr erklärt Chamberlain im Parlament, der Reichskanzler sei damit einverstanden, das Ultimatum um 24 Stunden zu verschieben: „Ich wurde gerade informiert, dass Herr Hitler mich zu einem Treffen in München morgen einlädt. Er hat außerdem Signore Mussolini und Monsieur Daladier eingeladen. Ich brauche nicht zu erwähnen, wie meine Antwort lauten wird."

Die Volksvertretung ist angesichts des drohenden Krieges voll besetzt; die Sitzung wird zudem über Lautsprecher in andere Räume des Gebäudes übertragen.

Literaturempfehlungen: David Faber, „Munich. The 1938 Appeasement Crisis", Simon & Schuster: präzise Rekonstruktion der diplomatischen Ereignisse. Detlef Brandes, „Die Sudetendeutschen im Krisenjahr 1938", Oldenbourg: Standardwerk über die Sudetenkrise.

Nachdem die Zuhörer die Bedeutung der Worte erfasst haben, bricht in allen Ecken minutenlanger Jubel aus. Diplomaten erheben sich und applaudieren.

Die Augen von Königin Mary füllen sich mit Tränen; der ebenfalls anwesende Erzbischof von Canterbury schlägt mit beiden Händen auf die Geländerbrüstung ein.

29. September, München. Trommelwirbel begleitet Chamberlain, als er gegen Mittag die breite Steintreppe zum „Führerbau", Hitlers Münchner Hauptquartier, emporschreitet – zum womöglich alles entscheidenden Treffen. Auf den Korridoren stehen uniformierte SS-Männer. Der Premier begegnet ihrem gebrüllten „Heil Hitler" mit freundlichem Nicken.

Endlich kommen auch die Franzosen um Daladier. Und Mussolini. Die Tschechoslowaken nehmen nicht teil; Hitler weigert sich, mit ihnen an einem Tisch zu sitzen. Er erscheint als Letzter.

In tiefen Sesseln gruppieren sich die vier Staatschefs und ihre Berater in Hitlers Privatbüro um einen niedrigen Tisch. Es gibt keine Tagesordnung, nicht einmal Stifte und Blöcke liegen aus. Zögerlich, unmoderiert kommt das Gespräch in Gang.

Wer, fragt Chamberlain, wird die Tschechoslowaken für Regierungsgebäude, Anlagen und Vieh entschädigen, die sie zurücklassen müssen?

„Unsere Zeit ist mir zu schade, um mit derartigen Lappalien vertan zu werden!", wischt Hitler die Bemerkung weg. Bedrohlich lastet die angekündigte deutsche Invasion auf den Gesprächen.

In den Stunden danach kommen nach und nach immer mehr Rechtsberater, Botschafter, Staatssekretäre und Adjutanten ins Konferenzzimmer; in Grüppchen diskutieren sie einen von Mussolini eingebrachten Aktionsplan.

Danach soll die tschechoslowakische Räumung der Sudetengebiete am 1. Oktober beginnen und am 10. Oktober abgeschlossen sein. Eine Kommission aus Deutschen, Italienern, Franzosen und Briten sowie einem Beisitzer aus Prag soll neue Grenzen festlegen.

Dass dieser Plan gar nicht aus der Feder des Duce stammt, sondern am Vortag von Hitlers Mitarbeitern verfasst und nach Rom weitergeleitet worden ist, ahnen vermutlich weder die Briten noch die Franzosen.

„Objektiv und realistisch", lobt Daladier das Vorschlagspapier. Er und Chamberlain stimmen zu. Es erscheint ihnen als die letzte Möglichkeit, um zu verhindern, dass ihre Länder wegen drei Millionen Sudetendeutschen in den Krieg ziehen müssen. Diskutiert wird nur noch über Feinheiten.

Dabei entspricht der Plan nahezu exakt Hitlers ursprünglichem Vorhaben: der Besetzung der Sudetenregion. 70 Prozent der tschechoslowakischen Stromkraftwerke befinden sich in dem Gebiet, das Deutschland nun zufällt, dazu Eisen- und Stahlfabriken, fast alle Chemiewerke.

Trotzdem hat es der Diktator eigentlich anders geplant: Sein ersehnter Krieg ist vereitelt worden – vor allem durch Chamberlains Bemühungen. „Dieser Kerl hat mir meinen Einzug in Prag verdorben!", hört ein Regierungsmitglied Hitler später ausrufen.

HITLER IST UNZUFRIEDEN: DER ERSEHNTE KRIEG BLEIBT IHM VORERST VERWEHRT

30. September, etwa 2.00 Uhr morgens. Chamberlain wirkt auf den amerikanischen Journalisten William Shirer „ausgesprochen zufrieden", als er mitten in der Nacht aus dem „Führerbau" tritt. Der britische Premier hat an diesem Tag noch eine weitere Verabredung mit Hitler. Er will ihm eine Erklärung über die Zukunft der britisch-deutschen Beziehungen vorlegen, nach der Großbritannien und Deutschland nie wieder Krieg gegeneinander führen werden.

Eigentümlich geistesabwesend gibt ihm Hitler Stunden später in seiner Wohnung am Prinzregentenplatz schriftlich sein Wort darauf (siehe Seite 105).

Zurück in London, will Chamberlain diese Vereinbarung als Ergebnis der Reise in den Vordergrund stellen, verrät er einem Delegationsmitglied. Sie solle ein „Maximum an öffentlicher Wirkung" entfalten.

Einige Stunden später wird der britische Premier das von ihm und Hitler unterzeichnete Papier auf dem Flughafen für alle sichtbar so hoch halten, dass es im Wind flattert. Er wird es strahlend als das hauptsächliche Verdienst seiner Münchner Reise präsentieren – und zugleich das auf der Konferenz getroffene Abkommen über die Zukunft der Tschechoslowakei als bloßes Vorspiel zu dieser viel weiter reichenden Einigung mit Hitler darstellen.

In den Tagen darauf lässt sich Chamberlain von der Welt als Bewahrer des Friedens feiern: Er erhält 20 000 Briefe und Telegramme sowie unzählige Geschenke, darunter Angeln, Socken und Regenschirme, Blumen aus Ungarn und 6000 Tulpenzwiebeln aus den Niederlanden. Der US-Präsident Franklin D. Roosevelt nennt ihn einen „good man", und der Papst schickt ihm ein Kreuz aus dem Vatikan.

Kurz vor Chamberlains Landung auf dem Flughafen hat der tschechoslowakische Premier Jan Syrovy die Kapitulation seines Landes über Radio bekannt gegeben: „Wir mussten wählen zwischen einer aussichtslosen Gegenwehr, die den Verlust einer ganzen Generation unserer erwachsenen Männer, unserer Frauen und Kinder bedeutet hätte, und dem kampflosen, erzwungenen Akzeptieren von Bedingungen, die in ihrer Skrupellosigkeit einmalig in ihrer Geschichte sind. Wir wurden im Stich gelassen. Wir standen allein."

AM 1. OKTOBER 1938 überschreiten deutsche Soldaten wie verabredet die Grenze zur Tschechoslowakei. In Großbritannien mischt sich in die Freude über den Frieden bald Scham, als Hitlers Schergen in den Sudetengebieten vor den Augen der Welt brutal gegen die dort lebenden Tschechen und Juden vorgehen.

Eine Mehrheit im Kabinett zwingt Chamberlain, der noch immer an dauerhaften Frieden in Europa glaubt, kurz darauf, die britischen Rüstungsausgaben

zu erhöhen. Bis zum Kriegsausbruch im September 1939 werden sie sich fast verdreifachen: auf 21,4 Prozent des Bruttosozialprodukts.

In den folgenden Monaten erreicht Hitler durch Drohungen, dass Prag auch dem slowakischen Teil der Tschechoslowakei Autonomierechte gewährt.

Das übrig gebliebene Land, von Hitler verächtlich „Rest-Tschechei" genannt, ergibt sich schließlich kampflos. Am 15. März rollen die Deutschen mit Wehrmachtspanzern in Prag ein. Der tschechische Teil der ehemaligen Tschechoslowakei wird zum „Protektorat Böhmen und Mähren" erklärt, die Slowakei wird zu einem deutschen Satellitenstaat.

Das „Münchner Abkommen" ist damit zunichte. Vor der Welt hat Hitler sein Versprechen gebrochen, nach dem Sudetenland keine weiteren Gebiete in sein Reich eingliedern zu wollen.

Zwei Tage später, am 17. März 1939, rückt Chamberlain in einer Rede von seiner Appeasement-Politik ab. Als Hitler kurz darauf deutsche Soldaten in das an Litauen angeschlossene Memelland einmarschieren lässt und die Rückkehr des unter Völkerbundmandat stehenden Danzig ins Deutsche Reich fordert, verkündet der Premier am 31. März gemeinsam mit Frankreich eine Beistandsgarantie für Polen.

Hitler aber lässt dieses britisch-französische Versprechen – nach seinen Erfahrungen in München – kalt. Auf seinen Befehl hin beginnen führende Generäle, den Angriff auf Polen für den 1. September vorzubereiten.

*

Krieg um jeden Preis? Neville Chamberlain hatte sich mit Hitlers wüsten Expansionsträumen, seinen Volkstums- und Rassenideologien nie wirklich befasst. Er hatte geglaubt, es mit einem rationalen Verhandlungspartner zu tun zu haben. Hatte eigene moralische Maßstäbe angelegt, persönlich abgegebenen Versprechen Glauben geschenkt. Seiner Menschenkenntnis mehr vertraut als den warnenden Stimmen, die immer lauter geworden waren.

Er musste sich schon bald nach der Münchner Konferenz für Naivität und Selbstüberschätzung verhöhnen lassen. Wie aber hätte er das rechtfertigen können: Hunderttausende, womöglich Millionen schlecht ausgestattete Soldaten in den Tod zu schicken, nur um zu ver-

hindern, dass das „Sudetenland" nicht zum Deutschen Reich gehört? Ob Chamberlains Kritiker an seiner Stelle wirklich dazu bereit gewesen wären?

Dennoch muss sein Zögern erstaunen, seine Hoffnung auf Frieden mit Hitler, die er sogar noch ein Jahr später hegt, im September 1939. Er steht nun vor seinem Kabinett und seinem Volk weitgehend isoliert da.

Zu sehr hat er sich wohl in die Idee verrannt, als größter Bewahrer des Friedens in die Geschichte einzugehen. Zu fest hat er sich an die vermeintliche Erfüllung seines Lebenswerks geklammert.

Die Folgen des „Münchner Abkommens" sind verheerend. Ein europäischer Krieg bereits im September 1938 hätte Hitler vor die fast unüberwindbare Schwierigkeit gestellt, gleichzeitig gegen Großbritannien, Frankreich und die Tschechoslowakei kämpfen zu müssen – und an einer weiteren Front gegen die Sowjetunion, die ebenfalls kein Interesse an einer von Deutschland besetzten Tschechoslowakei haben konnte.

Stattdessen wendete sich Josef Stalin, von den Westmächten in München ausgeschlossen, von Großbritannien und Frankreich ab. Und ließ sich im August 1939 auf einen Pakt mit Hitler ein.

Der deutsche Diktator nutzte das durch München gewonnene Jahr zur Aufrüstung, auch mithilfe bedeutender Maschinenbau- und Rüstungsindustrien in den Sudetengebieten und der zerschlagenen Tschechoslowakei.

„Appeasement" aber wurde in Großbritannien für immer zum Synonym für Feigheit und Kapitulation. Und Chamberlain vom gefeierten Friedensboten zur wohl tragischsten Figur in der britischen Politik des 20. Jahrhunderts.

Im Mai 1940, acht Monate nach Beginn des Zweiten Weltkriegs, folgte ihm Winston Churchill ins Amt, Europas berühmtester Appeasement-Gegner.

In einer seiner ersten Reden vor dem Parlament verkündete er: „We shall never surrender." □

Christina Schneider, 37, ist Journalistin in Hamburg. Sie fragt sich noch immer, ob Chamberlain anders hätte handeln können, hat sich aber damit abgefunden, dass man auf diese Frage wohl niemals eine eindeutige Antwort finden wird.

Schon bald nach dem
Machtantritt der NSDAP kommt
es zu ersten antisemitischen
Ausschreitungen. Später unterbindet
Hitler vorübergehend weitere
gewaltsame Aktionen, um Deutschlands Ansehen im Ausland nicht
zu schaden. Doch am 9. November
1938 ordnet er die Zerstörung
deutscher Synagogen an. Auch das
jüdische Gotteshaus in Hannover geht in Flammen auf

aller

Am 9. November 1938 eskaliert die seit Jahren andauernde antisemitische Diskriminierung zu blanker Gewalt. In einem sorgfältig inszenierten Pogrom lässt das NS-Regime jüdische Gotteshäuser und Geschäfte verwüsten. Und Menschen misshandeln. Hunderte Juden sterben. In Bremen leiden der 15-jährige Martin Bialystock, seine Mutter und seine Schwester Todesangst

VON CONSTANZE KINDEL

FRANJA BIALYSTOCK
fürchtet nach dem Pogrom
um das Leben ihrer Familie

HEINRICH BIALYSTOCK
wird bereits im Juni 1938 zur
Ausreise gezwungen

MARTIN BIALYSTOCK und seine
sechs Jahre jüngere Schwester Miriam
um 1937. Gemeinsam mit den Eltern
wollen sie in die USA auswandern

Seine Erinnerungen hütet er mit so präzise kontrollierter Sorgfalt, als gelte es, ihrer Herr zu werden. Er verwaltet sie in seinem kammerkleinen Arbeitszimmer, Papier um Papier in penibler Ordnung, in Regale gereiht, in Aktenordner geheftet.

Hod Hascharon, eine Kleinstadt nördlich von Tel Aviv. Die Wohnanlage „AD 120", mit Spa und Bridgezimmer und Bibliothek und einem japanischen Innengärtchen in der Lobby, ist eines der luxuriösesten Altenheime Israels, benannt nach dem Ausspruch „Ad Meah V'esrim", mit dem man auf Hebräisch ein langes Leben wünscht, lang wie das von Moses, 120 Jahre.

Martin Bialystock, 89 Jahre alt, wohnt mit seiner Frau in einem Apartment im fünften Stock mit weitem Blick und einem Alarmknopf für Notfälle. Eine Welt wie in Luftpolsterfolie gepackt, mit Teppichen auf langen Fluren, die jedes Geräusch verschlucken, und Wänden, die, in einem speziellen gebrochenen Weiß getönt, das blendend helle Licht des israelischen Sommers bannen.

Die Erinnerungen überfallen ihn trotzdem, jeden Tag, mitten in der Stille.

Martin Bialystock, kräftig und weißhaarig, ist ein Mann knapper Sätze und klarer Urteile, Veteran der britischen und der israelischen Armee, an dem die Krücken, auf die er sich stützt, beinahe fremd erscheinen.

Als Hauptmann hat er eine Kompanie geführt, Brust und Schultern voller Sterne und Orden, fünf Kriege in 30 Jahren, und er resümiert fast belustigt, wie oft er sich in Lebensgefahr befunden habe, das wisse er nicht mehr genau.

Kein Schrecken aber hat solche Spuren hinterlassen wie jene Nacht, in der die Erde anfing zu brennen für die jüdische Kaufmannsfamilie Bialystock, der ein Herrenkonfektionsgeschäft im Stadtzentrum Bremens gehörte.

Es ist eine milde Spätherbstnacht im Jahr 1938, als um zwei Uhr nachts die Mutter, aufgeschreckt vom Bersten der Schaufensterscheiben, in der Wohnung über dem Ladengeschäft den 15-jährigen Martin und seine neunjährige Schwester Miriam aus den Betten holt, steht auf, zieht euch an. Als die drei schweigend im Salon sitzen, in stummer Todesangst, während unten Schläge auf das Eingangsgitter des Hauses niedergehen. Als sie Stunde um Stunde auf Schritte auf der Treppe warten, das Befehlsbrüllen an der Wohnungstür, während überall gebrandschatzt wird, geplündert und gemordet, in der ganzen Stadt, im ganzen Land.

Am Ende dieser Nacht werden sie sich im Morgengrauen hinunter auf die Straße wagen, Stufe um Stufe, bis sich die Mutter am Fuß der Treppe zu ihrem Sohn umdreht und sagt: „Jetzt wirst du sehen, die bringen uns um."

IN DIESER NACHT, vom 9. auf den 10. November 1938, geht das Deutsche Reich von der Verfolgung der Juden

DIE FAMILIE betreibt im Zentrum von Bremen das Bekleidungsgeschäft »Adler«. Links daneben liegt eine Filiale ihrer Konkurrenten C&A Brenninkmeyer

UM IHRE AUSREISE zu finanzieren, startet Franja Bialystock im Sommer 1938 einen Totalausverkauf. Polizei und SA beobachten, wer es wagt, den Laden zu betreten

über zu ihrer existenziellen Vernichtung. Zum ersten Mal betätigt sich das NS-Regime als Drahtzieher eines landesweiten Pogroms. Und der Terror dieser Nacht ist nur der Anfang.

Schon ein Jahr zuvor hat der NSDAP-Sicherheitsdienst SD vom „Volkszorn" geschürte Ausschreitungen als effektivstes Mittel empfohlen, um der jüdischen Bevölkerung ihre Existenzgrundlage zu nehmen und die „Entjudung" Deutschlands weiter voranzutreiben.

Der Kampf gegen die „Judenrasse" ist längst nationalsozialistische Staatsdoktrin, hat dem in der Bevölkerung schon vorher verbreiteten Antisemitismus eine zerstörerische Wucht verliehen.

Mit immer neuen, immer schärferen Maßnahmen versucht das Regime, die jüdische Bevölkerung aus dem Land zu drängen. Es isoliert sie sozial, schließt sie vom öffentlichen Leben aus, drangsaliert sie. Es bringt sie um ihren Besitz, verdrängt sie aus dem Wirtschaftsleben, um sie zur Emigration aus schierer existenzieller Not zu zwingen. Das Eigentum der Verfolgten soll dabei zu einem möglichst niedrigen Preis an nichtjüdische Deutsche – nach der NS-Rassenideologie „Arier" genannt – übergehen.

Diese „Arisierung" ist von Beginn an zentraler Teil der antisemitischen Politik. Die Juden sollen aus dem Wirtschaftsleben gedrängt werden: mit Be-rufsverboten und der Schließung oder Übernahme jüdischer Betriebe.

Schon bevor die Regierung den Raub jüdischen Besitzes per Gesetz umfassend regelt, werden jüdische Unternehmer unter Druck gesetzt.

Um sie zur Aufgabe zu bewegen, bedrohen in vielen Städten bereits im März 1933 SA-Trupps Kunden vor Geschäften, nimmt das Wirtschaftsministerium Einfluss auf die Vergabe von Bankkrediten, untersagt der Kriegsminister den Soldaten, in jüdischen Geschäften einzukaufen, werden jüdische Händler willkürlich vom Verkauf bestimmter Waren ausgeschlossen.

Nur wenige Wochen nach dem Machtantritt lässt Adolf Hitler am 1. April 1933 den ersten landesweiten Boykott gegen jüdische Geschäfte organisieren. Tage später ergeht das „Gesetz zur Wiederherstellung des Berufsbeamtentums", das Juden von der Tätigkeit im öffentlichen Dienst ausschließt – das erste einer Reihe von Gesetzen mit „Arierparagraf". In den nächsten Jahren werden immer neue Berufsverbote folgen, für Journalisten, Steuerberater, Zahntechniker oder Tierärzte.

Und von Beginn an leiden jüdische Einzelhändler, in deren Branche hoher Konkurrenzdruck herrscht, unter der Arisierungspolitik. Um Konkurrenz auszuschalten, drängen Wirtschaftsverbän-de auf die rasche Liquidierung jüdischer Geschäfte. Vor allem auf dem Land verlieren die auf Druck örtlicher Parteifunktionäre vielfach ihre Kunden.

Zwar bleiben jüdische Industrielle, Außenhandelskaufleute und Besitzer hochspezialisierter Unternehmen anfangs zumeist noch von Übergriffen der NS-Organisationen verschont.

Doch mittelständische Unternehmer führen schon 1933 und 1934 monatelange Hetzkampagnen gegen die Hamburger Firma Beiersdorf – der jüdische Apotheker Oscar Troplowitz hat das Unternehmen vor dem Ersten Weltkrieg zu einem bedeutenden Hersteller von Pflegeartikeln wie Nivea und Labello ausgebaut. Nun warnen Konkurrenten auf gelben Klebezetteln „Wer Nivea-Artikel kauft, unterstützt damit eine Judenfirma!"; per Rundschreiben fordern sie Drogerien zum Boykott von Beiersdorf-Waren auf und werben in Zeitungsinseraten für die eigenen, „rein deutschen" Produkte.

In Bremen gibt die örtliche NSDAP 1935 die Schrift „Auch Dich geht es an!" heraus. Die Broschüre, Auflage 80 000 Exemplare, nennt alle jüdischen Geschäftsleute der Stadt mit Namen und Adresse: Julius Horwitz, Skala-Lichtspiele; Flora Katzenstein, Modesalon; Abraham Podolsky, Auswandererbedarf. Und so weiter.

Jüdisches Geschäft! Wer hier kauft wird photographiert

Deutsche! Wehrt Euch! Kauft nicht bei Juden!

AUSGRENZUNG: Bereits kurz nach seinem Machtantritt lässt Hitler einen reichsweiten Boykott gegen jüdische Geschäfte organisieren; hier ein Aufkleber für Schaufenster

DIE EXISTENZ-GRUNDLAGE soll den deutschen Juden entzogen werden: SA-Mann und Boykottposten vor einem Berliner Laden, 1933

Doch das Reichswirtschaftsministerium protestiert gegen die Verteilung der Broschüre; eine zweite Auflage darf die Bremer NSDAP nicht drucken.

Die Beamten des Ministeriums sehen in antijüdischen Aktionen eine Gefahr für den Wirtschaftsaufschwung und den Abbau der Massenarbeitslosigkeit. Auch für den Außenhandel könnten gewalttätige Übergriffe fatale Folgen haben – etwa den Boykott deutscher Waren im Ausland.

Zudem hat Adolf Hitler eigenmächtige Aktionen lokaler Parteiaktivisten verboten. Schon Jahre vor seinem Machtantritt hat er in einem Brief einen „Antisemitismus der Vernunft" angekündigt, der eine scheinbar legale „gesetzliche Bekämpfung" der Juden vorsieht – ein Vorgehen, das möglicherweise zunächst etwas weniger militant erscheint, aber dennoch das gleiche Ziel verfolgt: Die Juden für immer, so Hitler, aus Deutschland zu „entfernen".

Trotzdem greifen Parteiaktivisten, denen die „Entjudung" nicht schnell genug vorangeht, vor allem ab 1935 immer

wieder zu Gewalt. Als im Sommer des Jahres der Reichswirtschaftsminister „infolge der Übertreibungen und Ausschreitungen der antisemitischen Propaganda" erneut Nachteile für die Wirtschaft befürchtet, verbietet das Regime ausdrücklich jegliche „wilde Aktionen" gegen Juden. Allerdings behält sich Hitler das Recht vor, derartige Übergriffe beizeiten selbst zu veranlassen.

Der Bremer Kaufmann Heinrich Bialystock und seine Ehefrau Franja gehören zu denen, die glauben, dass Hitler sich nicht lange halten wird: zwei, drei Jahre, dann ist es mit dem Nationalsozialismus wieder vorbei.

Beide sind vor dem Ersten Weltkrieg mit Eltern und Geschwistern aus dem Gebiet des heutigen Polen nach Deutschland gekommen. In Bremen eröffnet Bialystock 1920 ein Herrenkonfektionsgeschäft, das er später an die Adresse Am Brill 14 verlegt, wo er ein Wohn- und Geschäftshaus gekauft hat: beste Lage in Bremen-Mitte, gleich nebenan eröffnet

wenige Jahre später eine Filiale der Warenhauskette C&A Brenninkmeyer.

Die Familie wohnt mit den Kindern Martin, Jahrgang 1923, und Miriam, geboren 1929, über dem Laden in einer Vierzimmerwohnung.

Ein „gut gehendes Geschäft" sei die Firma „Adler", bescheinigt 1930 ein Polizeibericht: Wert etwa 95 000 Reichsmark, drei Angestellte, die Kunden Arbeiter und Mittelstand. Dem Besitzer attestiert man „einwandfreie Geschäftsführung" und einen ordentlichen Lebenswandel, „fleißig, strebsam, solide".

Am 29. Januar 1932 wird dem Kaufmann Heinrich Bialystock deshalb die deutsche Staatsangehörigkeit gewährt.

Im Februar 1934 nimmt man sie ihm wieder weg. Wie ihm erkennt der NS-Staat um diese Zeit vielen während der Weimarer Republik eingebürgerten Juden per Gesetz den Bürgerstatus wieder ab. Heinrich und Franja und ihre Kinder sind nun „staatenlose Ausländer".

Das Geschäft immerhin läuft gut in der Großstadt Bremen, sehr gut sogar. Wäre der Geschäftsmann Heinrich Bia-

SCHMIERE- REIEN an einem Geschäft, April 1938. Zeitweilig verbietet die Regierung »wilde Aktionen« gegen Juden – sie fürchtet um den Außenhandel

WILLKÜRLICHE Anschuldigungen wie etwa angeblichen Preiswucher schiebt das Regime vor, um jüdische Kaufleute in »Schutzhaft« zu nehmen

lystock weniger erfolgreich, hätte er vielleicht längst die Koffer gepackt – so wie seine Eltern und Geschwister, die in Deutschland keine Zukunft mehr gesehen haben und in die Niederlande emigriert sind.

„Es ging ihm so gut, dass er nicht sehen konnte, wie die Zeit sich entwickelt", sagt sein Sohn Martin heute.

Viel schwerer als die wirtschaftliche Diskriminierung wiegt für die Familie in diesen Jahren die soziale Ausgrenzung. Als die Nationalsozialisten 1933 die Macht übernehmen, leben in Bremen nur 1314 Bürger jüdischen Glaubens. Die Gemeinde hat anders als die in Städten wie Köln oder Mainz keine lange Tradition, erst 1896 hat der erste Rabbiner in Bremen sein Amt angetreten.

Martin ist der einzige jüdische Schüler in seiner Realschulklasse. Er muss in der letzten Reihe sitzen, manche Mitschüler kommen in der Uniform der Hitler-Jugend zum Unterricht. Viele Freunde brechen den Kontakt ab.

Vor der Klasse lässt ihn der Lehrer aufstehen, „Bialystock, schau mal rechts runter: Wie kommt es, dass du gar kein jüdisches Profil hast?"

Ein anderer teilt ihm eines Tages mit, dass er nicht mehr in der Schulmannschaft Fußball spielen dürfe. „Ich wusste, dass er das gegen seinen Willen sagt, aber er hat es gesagt", sagt Bialystock.

Weit zurückgelehnt sitzt er an seinem Schreibtisch in Hod Hascharon, die Krücken immer griffbereit. An der Arbeitszimmerwand hinter seinem Rücken hängen Tuschezeichnungen aus Tokyo und eine Kuhglocke aus der Schweiz: Souvenirs aus der Zeit, als er als Reiseverkehrskaufmann Karriere machte.

Ein zweites, ein drittes Leben – Jahrzehnte nachdem sich seine Kindheit wandelte in das, wofür Martin Bialystock nur ein einziges Wort hat: Hölle.

DAMALS, IN BREMEN, erzählt er daheim nichts von den Schikanen und den Prügeln, die er fast täglich bezieht. Als

MARTIN WIRD IN DER SCHULE fast täglich VERPRÜGELT

ratlos erlebt der Sohn die Eltern in dieser Zeit, vollkommen ratlos.

Kurz nach seiner Bar-Mizwa – mit der jeder jüdische Junge im Alter von 13 Jahren die religiöse Mündigkeit erlangt – schicken ihn die Eltern auf eine jüdische Realschule in Frankfurt am Main. Für den Sohn ändert das nur wenig.

Hier wie dort hängt an den Kiosken der „Stürmer" aus, das nationalsozialistische Hetzblatt, hier wie dort will er im Boden verschwinden, wenn die SA in Kolonnen durchs Stadtzentrum marschiert und singt: „Wenn das Judenblut vom Messer spritzt".

Die Zeugnisse, die er von der Samson-Raphael-Hirsch-Schule nach Hause bringt, sind schlecht, längst kann er sich nicht mehr aufs Lernen konzentrieren, so sehr sich die Eltern auch bemühen, die größten Sorgen von den Kindern fernzuhalten.

Kein Wort erfährt der Sohn in Frankfurt davon, dass Heinrich Bialystock 1936 vom Hanseatischen Sondergericht zu drei Monaten Gefängnis verurteilt wird wegen „unerlaubten Verkaufs von parteiamtlichen Uniformen": zwei kurzen schwarzen Hosen im Sortiment der Firma Adler, die dem Gericht als Teil der Uniform der Hitler-Jugend gelten.

Über Sorgen und Politik wird nicht gesprochen im Hause Bialystock, aus Prinzip. Die Eltern wollen die Kinder

RAZZIA: Unter dem Vorwand, Waffen zu suchen, kontrolliert die Polizei Bewohner eines überwiegend von Juden bewohnten Berliner Viertels

TAG FÜR TAG zerren NS-Aktivisten im Frühjahr 1938 Wiener Juden aus ihren Häusern und zwingen sie, Parolen für die Unabhängigkeit Österreichs von der Straße zu waschen

mit Schweigen schonen – und die Kinder ihre Eltern.

Noch heute enden die Erzählungen des Sohnes oft in Kopfschütteln und Achselzucken und Verstummen vor dem Unbeschreiblichen.

Mitte Juni 1938, kurz nachdem Martin Bialystock die Schule endgültig aufgegeben hat und nach Bremen zurückgekehrt ist, nimmt die Polizei in einer landesweiten Aktion 10 000 Menschen fest, die das Regime als angeblich „arbeitsscheu und asozial" einstuft, und verschleppt sie in Konzentrationslager. Unter ihnen sind 1500 Juden.

Auch Heinrich Bialystock kommt ins Konzentrationslager Sachsenhausen bei Oranienburg – in „Schutzhaft".

Darunter verstehen die nationalsozialistischen Behörden eine Einkerkerung von unbegrenzter Dauer, die von der Polizei ohne Überprüfung durch ein Gericht angeordnet werden kann: angeblich zum Schutz der Gesellschaft vor den Festgenommenen oder zum Schutz der Festgenommenen selbst.

Mit Hilfe eines Rechtsanwalts gelingt es Franja, die Freilassung ihres Mannes zu erkämpfen – unter der Bedingung, dass er Deutschland binnen 48 Stunden verlässt.

Am 24. Juni reist Heinrich mit einem Besuchervisum in die Niederlande, wo seine Eltern und einige seiner Geschwister leben, und schließlich weiter ins belgische Antwerpen.

Auch Franja und die Kinder wollen Deutschland nun so bald wie möglich verlassen. Die Familie plant die Emigration in die USA, wo in Ohio ein Onkel wohnt, von dem sie auch das begehrte Affidavit bekommen, die zur Einreise erforderliche Bürgschaftserklärung.

Aber das Regime zwingt alle jüdischen Emigranten, ihre Flucht mit großen Teilen ihres Vermögens zu bezahlen. Einen Pass erhält nur, wer sämtliche „Steuerschulden" an das Reich beglichen hat.

Schon 1934 hat das Finanzministerium die „Reichsfluchtsteuer" – ursprünglich 1931 von der Regierung Brüning eingeführt, um die Kapitalflucht zu bekämpfen – durch drastische Senkung der Freibeträge zu einer antijüdischen Sondersteuer umfunktioniert.

Auswanderer müssen 25 Prozent ihres steuerpflichtigen Vermögens an den Staat abgeben, der so allein in den ersten beiden Jahren 153 Millionen Reichsmark einnimmt.

Beim Devisentransfer ins Ausland ist zudem eine Abschlagszahlung an die staatliche Deutsche Golddiskontbank fällig, die im August 1934 bei 65 Prozent der Überweisungssumme liegt.

Bis September 1939 steigt sie auf 96 Prozent der Summe.

Viele Verfolgte zögern deshalb mit ihren Auswanderungsplänen. Von den gut 500 000 Juden deutscher Staatsangehörigkeit, die Anfang 1933 im Reich lebten, verlassen bis zum Herbst 1938 knapp 160 000 das Land.

Auch die Familie Bialystock kann ihre Auswanderung nur mit dem Verkauf ihres Hauses finanzieren. Franja beginnt mit der Auflösung des Ladens.

Unter dem Ausverkaufsplakat hängen die gelben Schilder mit der Aufschrift „Jüdisches Geschäft", die seit Kurzem jedes jüdische Unternehmen zu kennzeichnen haben. Martin, der seit seiner Rückkehr aus Frankfurt im Laden hilft, hat sie auf dem Fahrrad beim Polizeipräsidium abgeholt.

Kunden trauen sich nicht mehr in das gebrandmarkte Geschäft. Trotz Ausverkaufs bleibt das Lager voll – mit Waren im Wert von 57 000 Reichsmark. Franja Bialystock macht sich auf die Suche nach einem Käufer für ihr Haus.

Auf angemessene Preise können jüdische Verkäufer nicht mehr hoffen. Seit 1936 kontrollieren „NS-Gauwirtschaftsberater" den Zwangsverkauf von jüdischem Eigentum und drücken systematisch die Preise: etwa dadurch, dass sie keine Zahlungen mehr für den „Goodwill" genehmigen, den immate-

ENTEHRUNG: Ein Linzer schneidet drei Jüdinnen öffentlich die Haare ab – eine verbreitete Form der Demütigung von Frauen

ERNIEDRIGUNG: »Arier«, die jüdische Kaufleute, Ärzte oder Anwälte besuchen, werden von SA-Männern schikaniert – hier eine Frau, die bei einem Juden eingekauft hat

riellen Firmenwert, der unter anderem Marktposition und Kundenstamm einschließt.

Seit April 1938 muss der Verkauf zudem von kommunalen Behörden genehmigt werden, bei denen Juden jedes Vermögen von mehr als 5000 Reichsmark anzumelden haben.

Der Würzburger Kohlenhändlersohn Josef Neckermann, der später zum stellvertretenden „Reichsbeauftragten für Kleidung und verwandte Gebiete" aufsteigen wird, begründet in dieser Zeit mit Arisierungskäufen sein späteres Versandhausimperium.

Schon 1935 hat ihm ein jüdischer Unternehmer ein Textilkaufhaus und einen Billigmarkt auf Druck der Dresdner Bank wohl weit unter dem Marktwert verkauft. (Zumindest wird Neckermann später behaupten, das Geldinstitut habe dem Vorbesitzer den Kreditrahmen gekündigt.)

Längst hat sich ein Markt für jüdisches Eigentum entwickelt. Und nicht nur die Käufer profitieren: Rechtsanwälte und Makler wickeln die Geschäfte

ab, Notare beurkunden den Vertragsabschluss, Banken vergeben Kredite und treten selbst als Vermittler auf.

Allein die Deutsche Bank ist bis November 1938 an der Enteignung von 330 Unternehmen direkt beteiligt. Hunderte weitere jüdische Betriebe sind bereits überall in Deutschland in den Niederlassungen der Bank registriert: zur Vorbereitung einer Übernahme.

In München schickt im April 1938 ein empörter Kaufmann einen anonymen Brief an die dortige Industrie- und Handelskammer: „Ich bin Nationalsozialist, SA-Mann und ein Bewunderer Adolf Hitlers", schreibt der Mann, er sei aber auch ein „rechtschaffener, ehrlicher Kaufmann".

Und als solcher könne er nicht mehr mitansehen, „in welch schamloser Weise von vielen ‚arischen Geschäftsleuten‘, Unternehmen etc. versucht wird, unter der Flagge der ‚Arisierung‘ die jüdischen Geschäfte, Fabriken möglichst wohlfeil und um einen Schundpreis zu erraffen. Die Leute kommen mir vor wie die Aasgeier, die sich mit triefenden Augen

und heraushängender Zunge auf jüdische Kadaver stürzen, um ein möglichst großes Stück Fleisch herauszureißen."

AUCH FÜR DAS EIGENTUM der Familie Bialystock findet sich schnell ein Kaufinteressent: Die Firma C&A Brenninkmeyer will das Nachbarhaus ihrer Bremer Filiale erwerben.

Seit die Warenhauskette im März 1911 nach einigen Zweigstellen in den Niederlanden ihr erstes deutsches Kaufhaus in Berlin eröffnet hat, wächst das Unternehmen rasant. 1933 hat C&A bereits 17 Niederlassungen in 14 deutschen Städten und macht einen Umsatz von fast 64 Millionen Reichsmark.

Bei den lokalen Parteifunktionären ist das Unternehmen unbeliebt. Wiederholt gehen Beschwerden bei Behörden ein, die katholische Inhaberfamilie Brenninkmeyer gewähre Glaubensgenossen gegen eine Bescheinigung ihres Pfarrers Sonderrabatte und finanziere ihr Unternehmen mit Kirchengeldern.

In einem Brief an Hermann Göring, den Kopf hinter den ökonomischen Plä-

EIN ATTENTAT dient dem Regime als Vorwand, um am 9. November 1938 jüdische Geschäfte und Gotteshäuser zerstören zu lassen, auch in Brandenburg

nen des Regimes, wehrt sich die Familie im Februar 1938 mit dem Hinweis, die Vorwürfe stammten sämtlich „aus jüdischen Quellen".

Die Brenninkmeyers wenden sich mit vielen ihrer Anliegen direkt an den mächtigsten Mann der deutschen Wirtschaft. So auch, als C&A im Jahr 1937 trotz eines Expansionsverbots für Großunternehmen im Einzelhandel eine neue Filiale in Leipzig eröffnen will.

Die Kreisleitung der NSDAP lehnt das Vorhaben brüsk ab: C&A sei „ein Schulbeispiel des Kampfes des Großkapitals gegen den Mittelstand", ja „schlimmer als ein Jude".

Die C&A-Hauptzentrale hält dagegen: Man habe sich schon zu Vorkriegszeiten „gegen die Vormachtstellung der gesamten jüdischen Konkurrenz durchsetzen müssen und durchgesetzt".

Im Übrigen sei die Familie Brenninkmeyer „rein arisch", mit Wurzeln im westfälischen Mettingen.

Allerdings lebt die Familie bereits seit dem 19. Jahrhundert in den Niederlanden und will nun um jeden Preis vermeiden, als ausländisches Unternehmen unter die Aufsicht eines Treuhänders gestellt zu werden.

Die Firmenleitung sucht darum die Nähe zu den Machthabern, spendet großzügig an parteinahe Organisationen und bezahlt in späteren Jahren mindes-

tens drei Kunstwerke, die Göring anschließend als Geschenk erhält, darunter das „Abendmahl Christi" von Lucas Cranach dem Älteren.

Die Eröffnung der neuen Filiale in Leipzig wird mit Görings Hilfe durchgesetzt. C&A expandiert weiter – und profitiert von der Verdrängung jüdischer Kaufleute: Das Unternehmen erwirbt unter anderem ein Geschäftshaus in der Hamburger Mönckebergstraße, gleich mehrere Grundstücke in Berlin, ein Kaufhaus in Wuppertal-Elberfeld.

Auch am Nachbarhaus in Bremen ist C&A interessiert. Ein firmeninternes Gutachten beschreibt die Lage als sehr

DIE FEUERWEHR IN BAD CANNSTATT ZÜNDET SELBER EIN Gotteshaus AN

günstig. Die Zusammenarbeit mit dem von Franja Bialystock als Zwischenhändler beauftragten Makler Adolf Herz lehnt das Unternehmen allerdings wegen dessen „nichtarischer Abstammung" entschieden ab.

Im August 1938 akzeptiert Franja Bialystock ein Angebot von C&A, das gut 25 Prozent unter ihrer Preisforderung liegt. Anfang September unterzeichnet sie den Kaufvertrag – und anschließend einen Mietvertrag für ihre eigene Wohnung in dem Haus Am Brill 14. Ihre Bitte, die Familie bis zu ihrer Ausreise mietfrei wohnen zu lassen, wird abgelehnt.

ENDE OKTOBER 1938 lässt das Regime in Deutschland mehr als 12 000 Juden polnischer Staatsangehörigkeit verhaften und ins deutsch-polnische Grenzgebiet deportieren – nur wenige Tage bevor ihre Pässe die Gültigkeit verlieren, weil Polens Regierung allen seit mehr als fünf Jahren im Ausland Ansässigen die Staatsbürgerschaft entziehen will.

Als die Führung in Warschau den Menschen dennoch die Einreise verweigert, bleiben sie obdachlos im Niemandsland zurück, bis man sie schließlich auf polnischem Gebiet in ehemaligen Militärbaracken und Pferdeställen interniert.

Unter ihnen sind auch das Ehepaar Sendel und Rifka Grynszpan sowie deren zwei erwachsene Kinder. Die Ehe-

leute sind 1911 nach Hannover gekommen, um antijüdischen Pogromen in ihrer Heimat zu entgehen. Ihr jüngster Sohn Herschel lebt illegal bei einem Onkel in Paris.

Am Morgen des 7. November 1938 betritt der 17-jährige Herschel die deutsche Botschaft in der Rue de Lille 78. Im Innenhof begegnet er der Frau des Pförtners: Er habe ein wichtiges Dokument abzugeben und wünsche einen Sekretär der Botschaft zu sprechen.

Wenige Minuten später liegt der 29-jährige Legationssekretär Ernst vom Rath schwer verwundet vor seinem Büro. Herschel Grynszpan wirft den am Morgen gekauften Revolver weg und lässt sich festnehmen. Als Motiv gibt er an: „Ich handelte aus Liebe zu meinen Eltern und zu meinem Volk, die ungerechterweise einer unerhörten Behandlung ausgesetzt wurden. Es ist schließlich kein Verbrechen, Jude zu sein."

Jahre später, kurz bevor der geplante Schauprozess gegen ihn beginnen soll, wird er bei einer Vernehmung behaupten, er habe ein homosexuelles Verhält-nis mit Ernst vom Rath gehabt – eine Aussage, die wohl nicht nur seiner Verteidigung dienen soll, sondern auch verhindert, dass das Regime die Verhandlung gegen ihn für Propagandazwecke ausschlachten kann. (Zu dem Prozess kommt es nie. Grynszpans Schicksal ist bis heute ungeklärt, vermutlich stirbt er 1942 im KZ Sachsenhausen.)

Am Mittag des 7. November 1938 gibt das Deutsche Nachrichtenbüro eine Eilmeldung heraus: „Frecher jüdischer Überfall in der deutschen Botschaft in Paris". Das Reichspropagandaministerium weist die Zeitungen an, die Geschichte solle am nächsten Tag „die erste Seite voll beherrschen".

Hitler schickt seinen Begleitarzt Karl Brandt nach Paris, um die Behandlung des Schwerverletzten zu überwachen. Und in der jüdischen Bevölkerung in Deutschland geht nun die Angst um.

Fast drei Jahre zuvor hat es schon einmal ein Attentat aus Protest gegen die deutsche Judenpolitik gegeben. Am 4. Februar 1936 erschoss der Medizinstudent David Frankfurter den Schwei-zer NSDAP-Landesgruppenleiter Wilhelm Gustloff in dessen Wohnung in Davos. Schon damals wünschte sich Propagandaminister Joseph Goebbels „größere Aktionen" gegen die Juden, aber zwei Tage vor Beginn der Olympischen Winterspiele in Garmisch-Partenkirchen waren öffentlichkeitswirksame Racheakte ausgeschlossen.

Die ersten antisemitischen Gewaltaktionen organisieren am Abend des 7. November örtliche Parteifunktionäre in den Regionen Magdeburg und Kassel: Bis zum nächsten Tag zündet ein aufgehetzter Mob Gotteshäuser an, überfällt Juden in ihren Wohnungen und Geschäften.

Am Morgen des 9. November notiert Goebbels in seinem Tagebuch: „Die Synagogen werden niedergebrannt. Wenn man jetzt den Volkszorn einmal loslassen könnte!"

In Paris ringt an diesem Vormittag der schwer verletzte Ernst vom Rath mit dem Tod. Gegen Mittag befördert Hitler

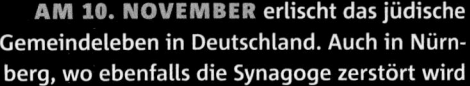

»REICHSKRISTALLNACHT« nennt die Bevölkerung das Pogrom verharmlosend: wegen all des zerstörten Glases

AM 10. NOVEMBER erlischt das jüdische Gemeindeleben in Deutschland. Auch in Nürnberg, wo ebenfalls die Synagoge zerstört wird

den Legationssekretär zum Gesandtschaftsrat erster Klasse.

Einige Stunden später erhält Goebbels, der mit fast der gesamten NS-Führung zur alljährlichen Gedenkfeier an den Hitler-Putsch von 1923 in München weilt, einen Anruf aus Paris: Parteigenosse vom Rath sei um 16.30 Uhr seiner Schussverletzung erlegen.

Sofort informiert der Propaganda-Chef Hitler über den Tod des Diplomaten sowie über neue Ausschreitungen in den Gauen Kurhessen und Magdeburg-Anhalt am Nachmittag.

Hitler, notiert Goebbels später, „bestimmt: Demonstrationen weiterlaufen lassen. Polizei zurückziehen. Die Juden sollen einmal den Volkszorn zu verspüren bekommen."

Schon ab 19 Uhr misshandeln Schlägertrupps auch in weiteren Städten des Reiches ihre jüdischen Nachbarn.

Am späten Abend hält Goebbels eine kurze Rede vor Parteifunktionären und Putschveteranen im Alten Rathaus.

Das Oberste NSDAP-Parteigericht, das später die Ereignisse dieser Nacht untersucht, um von Parteimitgliedern begangene Morde und andere Straftaten der öffentlichen Justiz zu entziehen, wird feststellen, die versammelten Parteigenossen hätten Goebbels Worte so aufgefasst, „dass nun für das Blut des Pg. vom Rath Judenblut fließen müsse".

Weiterhin erkennt das Gericht, „dass die Partei nach außen nicht als Urheber der Demonstrationen in Erscheinung treten, sie in Wirklichkeit aber organisieren und durchführen sollte: Wenn in einer Nacht sämtliche Synagogen abbrennen, so muss das irgendwie organisiert sein und kann nur organisiert sein von der Partei."

Im Festsaal bricht nach der Rede von Goebbels Hektik aus. „Alles saust gleich an die Telefone", vermerkt der Minister zufrieden in seinem Tagebuch. „Nun wird das Volk handeln."

Die ganze Nacht über wird von München aus in alle Ecken des Reichs telefoniert. Viele der versammelten Funktionäre eilen zurück in ihre Hotels, um von dort aus die Schlägertrupps in ihren Heimatorten in Bewegung zu setzen.

UNTER DEN GÄSTEN im Alten Rathaus ist auch der Bürgermeister von Bremen, Johann Heinrich Böhmcker, der Führer der SA-Gruppe Nordsee und ein „alter Kämpfer" der Partei. Er ruft seinen Stabsführer in Bremen an.

Werner Römpagel notiert die Anweisungen seines Vorgesetzten: „Sämtliche jüdischen Geschäfte sind sofort von SA-Männern zu zerstören. Jüdische Synagogen sind sofort in Brand zu stecken. Der Führer wünscht, dass die Polizei nicht eingreift."

In München nimmt Goebbels die ersten Vollzugsmeldungen dieser Nacht in Hochstimmung entgegen: „Bravo! Bravo! In allen großen deutschen Städten brennen Synagogen."

Und nicht nur dort. In dieser Nacht bricht die Gewalt in Hunderten von Gemeinden los, nicht nur in Großstädten mit verhältnismäßig hohem jüdischen Bevölkerungsanteil wie Berlin oder Frankfurt am Main, sondern auch in der Provinz, in kleinen Orten, in denen häufig nicht mehr als eine Handvoll Juden leben.

In Bad Cannstatt legt der Leiter der örtlichen Feuerwehr persönlich den Brand in der Synagoge.

In Dinslaken wird das jüdische Waisenhaus verwüstet, die Kinder werden in einer „Judenparade" von der SA durch die Stadt getrieben.

In Baden-Baden muss der Gemeindevorsteher in der Synagoge aus „Mein Kampf" vorlesen, die dort versammelten Juden müssen anschließend das „Horst-Wessel-Lied" auswendig lernen, die Hymne der NSDAP, und deren Text aufsagen.

In Neustadt an der Weinstraße schlagen SA-Männer mit Äxten die Tür des jüdischen Altenheims ein, verprügeln die Heiminsassen, zünden das Gebäude und die Synagoge an. Zwei 83-jährige Frauen sterben in den Flammen.

In München versuchen Leiter der örtlichen Hitler-Jugend, vermögende Juden zur Ausstellung von Schecks über jeweils mehrere Tausend Reichsmark zu zwingen.

In Erfurt verschleppt die SA 180 jüdische Männer zwischen 18 und 80 Jahren in eine Turnhalle, wo einige der Eingesperrten die Leiterwände hochklettern müssen, während man von unten mit Reitpeitschen auf sie einschlägt.

In Berlin fährt der Schriftsteller Erich Kästner gegen 3.00 Uhr nachts in einem Taxi über den Kurfürstendamm und sieht Männer mit Eisenstangen Schaufenster einschlagen. „Es klang, als bestünde die ganze Stadt aus nichts wie krachendem Glas", notiert er später. „Es war eine Fahrt wie quer durch den Traum eines Wahnsinnigen."

In Bremen beginnt die Zerstörung kurz nach Mitternacht. SA-Männer schlagen Schaufensterscheiben und Türen jüdischer Geschäfte ein, verwüsten die Einrichtung, bringen handgemalte Plakate an: „Vernichtet das Judentum". Die Synagoge in der Gartenstraße geht in Flammen auf.

Gegen 2.00 Uhr klirren im Haus Am Brill 14 die Schaufensterscheiben, Franja Bialystock hastet voller Panik in die Zimmer ihrer Kinder.

Zur gleichen Zeit meldet sich Bürgermeister Böhmcker erneut aus München und befiehlt: Die Bremer Juden sind zu verhaften und in Konzentrationslager zu bringen.

Per Fernschreiben hat Reinhard Heydrich, Chef der deutschen „Sicherheitspolizei", bereits kurz zuvor angeordnet, so viele männliche Juden festzunehmen, wie in den Lagern unterzubringen sind – vor allem vermögende.

Die SA stellt Listen mit den Adressen der rund 900 jüdischen Einwohner zusammen, die im November 1938 noch in der Hansestadt leben. Bewaffnete SA-Trupps dringen in Häuser und Wohnungen ein und zerren die Bewohner, darunter auch Frauen, auf die Straße, zerstören Mobiliar, rauben Kunstgegenstände und Schmuck. Das Altenheim an der Gröpelinger Heerstraße wird demoliert.

Straßensperren werden errichtet mit Fahrzeugkontrollen, um Juden an der Flucht zu hindern. Festgenommene fährt man auf Lastwagen zu Sammelstellen. Frauen, Kranke und Alte, darunter auch die Bewohner des Altenheims, lässt man nach Stunden gehen. 162 Männer bleiben in Haft.

In der Thedinghauser Straße in der Neustadt klopfen die Brüder Wilhelm und Ernst Behring, beide bei der SA, an das Schlafzimmerfenster des Metallgroßhändlers Heinrich Rosenblum, eines Vaters von vier Kindern. Als Rosenblum die verlangten Ausweispapiere in die Jacke zurücksteckt, schießen die SA-Männer ihm in den Hinterkopf.

In der Hohentorstraße kann der Fahrradhändler Joseph Zwienicki durch einen Hinterausgang fliehen, als die SA vor der Tür steht; weil seine Frau Selma auf die Frage nach seinem Verbleib nicht antworten will, erschießen die SA-Männer sie noch im Schlafzimmer. Im Bremer Umland ermordet die SA in dieser Nacht drei weitere Menschen.

Am Morgen lässt sich SA-Standartenführer Günther Hoffmann durch die

IN DEN TAGEN nach den Ausschreitungen verschleppen die Nationalsozialisten fast 31 000 jüdische Männer in Konzentrationslager, diese Kolonne wird durch Baden-Baden geführt

Stadt fahren, um sich einen Eindruck vom „Erfolg" der Aktion zu verschaffen.

Gegen 7.00 Uhr wagt sich Franja Bialystock mit ihren Kindern hinunter auf die Straße und steht vor den Trümmern ihres geplünderten Geschäfts.

Der Verhaftung ist die Familie in dieser Nacht entgangen. Doch ist das Warenlager beschlagnahmt, dazu die Registrierkasse geleert, eine Schreibmaschine, ein Fahrrad und Kontoauszüge sind gestohlen. Von der anderen Straßenseite schauen Bremer Bürger auf dem Weg zur Arbeit zu. Niemand spricht mit der Familie ein Wort.

Für Scherben und Plünderungen sind die Mutter und die beiden Kinder beinahe blind in diesen Minuten. „Man hat ums Leben gebangt, da ist einem schon alles wurscht", sagt Martin Bialystock. „Die Erde hat langsam angefangen zu brennen für uns."

Zufällig kommt in diesem Moment jener Rechtsanwalt vorbei, mit dessen Hilfe Franja Bialystock im Sommer ihren Mann aus der Haft geholt hat. Doch auch er kann nicht helfen.

Franja nimmt ihre Kinder und flieht zu Bekannten. Dort versteckt sie den Sohn auf dem Dachboden, vorsichtshalber, falls die Schergen der SA kommen – während draußen die in der Nacht Verhafteten durch die Stadt zum Zuchthaus Oslebshausen marschieren müssen, jeder mit einem kleinen Bündel oder einer Aktentasche in der Hand.

Später werden sie von der Gestapo als „Schutzhäftlinge" ins KZ Sachsenhausen gebracht.

Am Mittag des 10. November erstattet Goebbels Hitler beim Mittagessen in dessen Münchner Lieblingsrestaurant „Osteria Bavaria" Bericht.

Gegen 16.00 Uhr lässt er eine mit Hitler abgesprochene Erklärung im Radio verlesen: „Es ergeht nunmehr an die gesamte Bevölkerung die strenge Aufforderung, von allen weiteren Demonstrationen und Aktionen gegen das Judentum, gleichgültig welcher Art, sofort abzusehen."

Es ist ein Versuch der wirtschaftlichen und außenpolitischen Schadensbegrenzung – denn die Ausschreitungen dauern an. Im Laufe des Tages haben sich in vielen Orten Scharen von Jugendlichen an Angriffen auf Juden und deren Eigentum beteiligt. Manche ließ die örtliche Hitler-Jugend aufmarschieren, andere wurden von Lehrern und Direktoren begleitet, sie hatten für ihre Beteiligung am Pogrom schulfrei bekommen.

In Wyk auf Föhr lassen Lehrer ihre Klassen am Hafen Spalier stehen, als die letzten Kinder aus dem zerstörten jüdischen Erholungsheim „Haus Weinberg" in einem Motorboot von der Insel gebracht werden.

In Mannheim dürfen Schulkinder in den Trümmern der gesprengten Hauptsynagoge noch Tage später gegen Eintrittsgeld die unversehrt gebliebenen Ritualgegenstände besichtigen.

In Aumund bei Bremen wird am Nachmittag des 10. November die Synagoge niedergebrannt – und in der Hansestadt die Kapelle des jüdischen Friedhofs in Hastedt zerstört.

JÜDISCHE MÄNNER werden in Baden-Baden von SS-Leuten abgeholt, die sie in ihrer Synagoge öffentlich demütigen wollen. Einer muss ein Schild tragen: »Gott verlässt uns nicht«

IN BAYERN werden diese Juden zwei Wochen lang zur Feldarbeit gezwungen und dann ins KZ Dachau verschleppt

Am Abend steht die Polizei vor der Tür jener Bekannten, zu denen sich die Familie Bialystock geflüchtet hat – ob zufällig oder auf Hinweis aus der Bevölkerung, weiß niemand mehr –, und eskortiert die Mutter zurück zum Geschäft: Die zertrümmerten Schaufenster müssten mit Holz verschlagen werden, der Ordnung im Straßenbild zuliebe, auf Rechnung der Eigentümerin, zu begleichen an Ort und Stelle.

Zwei Tage später steht die Polizei erneut vor der Tür. Diesmal muss auch der Sohn mitkommen zum jüdischen Friedhof in Hastedt, wo die jüdischen Frauen der Stadt versammelt sind. Man weist sie an, einen Kreis zu bilden. In dessen Mitte muss Martin Bialystock mit einem anderen Jungen zwei Gräber ausheben. Als sie nach Stunden fertig sind, bringt ein Lastwagen die Leichen.

Dann begraben die zwei Jungen Selma Zwienicki und Heinrich Rosenblum.

Ganz oben im Regal in Martin Bialystocks Arbeitszimmer in Hod Hascharon steht eine Pessach-Haggada: ein schmales Buch mit bunten Zeichnungen, das die Geschichte vom Auszug aus Ägypten erzählt und aus dem am Vorabend des Pessach-Fests vorgelesen wird, mit dem das Volk Israel seine Befreiung feiert aus der ägyptischen Sklaverei. Martin bekam seine Haggada mit 13 Jahren zur Feier seiner Bar-Mizwa.

Sie war ein Geschenk von Heinrich Rosenblum.

Als ich ihn da auf dem Friedhof begraben musste, sagt Martin Bialystock, da bin ich erwachsen geworden.

DAS PROPAGANDAMINISTERIUM setzt nach dem 9. November alles daran, das Ausmaß der Übergriffe und die Drahtzieherrolle der Partei zu vertuschen – und täuscht doch niemanden.

Derart gelegen scheint dem Regime der Anlass zum Losschlagen gekommen zu sein, dass Gerüchte umgehen, die Regierung habe nicht nur das Pogrom, sondern auch die Schüsse von Paris selbst

DER RAUB AN DEN Juden WIRD NACH DEN POGROMEN NOCH VERSCHÄRFT

inszeniert. Es hieße, so notiert etwa die Berliner Jüdin Hertha Nathorff, bis September 1938 Leitende Ärztin am Charlottenburger Krankenhaus, der Anschlag sei „ein zweiter Reichstagsbrand, der Mann war von den Nazis selbst gedungen".

Das Schweizer Blatt „Der Bund" schreibt in seiner Ausgabe vom 11. November von „systematischen Überfällen" organisierter Gruppen.

Die Zeitung druckt auch die Bekanntmachung von Propagandaminister Goebbels zum Ende des Pogroms: „Die endgültige Antwort auf das jüdische Attentat in Paris wird auf dem Wege der Gesetzgebung bzw. der Verordnung dem Judentum erteilt werden."

Zahllose Menschen sind in der Nacht auf den 10. November misshandelt worden, wahrscheinlich wurden mehrere Hundert ermordet oder in den Tod getrieben. Etwa 8000 jüdische Geschäfte wurden zerstört, rund 1400 Synagogen und Betstuben in Brand gesteckt oder verwüstet.

In den Tagen danach bringen NS-Schergen 30 756 jüdische Männer in die Konzentrationslager Dachau, Buchenwald und Sachsenhausen. Mehr als 1000 von ihnen werden in den Wochen und Monaten der Haft sterben.

Die NS-Führung aber beschließt, die Verfolgung der Juden in Zukunft wieder bürokratisch zu betreiben, scheinbar nach Recht und Gesetz. Weniger öffentlich will sie Raub und Entrechtung fortan organisieren, dafür geregelter – und noch radikaler.

Die Enteignungen werden nun beschleunigt, der Druck auf die jüdische Bevölkerung wird erhöht, um die Emigration voranzutreiben. Dies ist der nächste Schritt in einer antijüdischen Politik, die das Regime nie systematisch und langfristig geplant, aber über die Jahre stetig verschärft hat.

Am 12. November ruft Hermann Göring – der Beauftragte für jenen „Vierjahresplan", der die Wirtschaft des Reiches kriegsfähig machen soll – in Berlin mehr als 100 Regierungs- und Parteifunktionäre zu einer Besprechung zusammen. Auf Anordnung Hitlers sei die Judenfrage „zur Erledigung zu bringen".

Als Goebbels und Hitler am Abend des 9. November das Pogrom in Gang setzten, saß Göring gerade im Zug nach Berlin. Nun tobt er: „Ich habe diese Demonstrationen satt, sie schädigen nicht die Juden, sondern schließlich mich, der ich die Wirtschaft als letzte Instanz zusammenzufassen habe."

Und er fährt fort: „Mir wäre lieber gewesen, ihr hättet 200 Juden erschlagen und nicht solche Werte vernichtet."

Allein die Glasschäden schätzt der zu diesem Treffen eigens eingeladene Repräsentant der Versicherungswirtschaft Eduard Hilgard, Vorstandsmitglied der Allianz, auf sechs Millionen Reichsmark.

Hilgard will für die Schäden der jüdischen Kunden aufkommen, um die internationalen Geschäfte nicht zu gefährden: Unbezahlte Forderungen wären ein „schwarzer Fleck auf dem Ehrenschild der deutschen Versicherung".

Göring sieht stattdessen einen Weg, ohne Ansehensverlust für die Versicherungswirtschaft gleichzeitig die jüdischen Unternehmer zu schädigen und die Staatskasse zu füllen: Die Versicherungen zahlen – und der Staat beschlagnahmt sofort die Auszahlungssumme.

An diesem 12. November erlässt er drei Verordnungen. Wegen ihrer „feindlichen Haltung" gegenüber Deutschland, „die auch vor feigen Mordtaten nicht zurückschreckt", wird den Juden eine Kollektivstrafe von einer Milliarde Reichsmark auferlegt. Jedes jüdische Ehepaar, jeder alleinstehende Jude muss zu diesem Zweck bis August 1939 in vier Raten 20 Prozent seines Vermögens an den Staat abführen.

Die „Verordnung zur Wiederherstellung des Straßenbildes bei jüdischen Gewerbebetrieben" vom selben Tag verfügt darüber hinaus, dass die Beseitigung aller durch die Pogrome an Gebäuden entstandenen Schäden sofort und auf Kosten der Besitzer zu erfolgen habe. Alle Versicherungsansprüche werden vom Reich eingezogen.

Das allein würde ausreichen, um viele jüdische Geschäfte in den Ruin zu treiben. Die Existenz zahlloser anderer vernichtet schließlich die „Verordnung zur Ausschaltung der Juden aus dem deutschen Wirtschaftsleben", die Juden den Besitz von Einzelhandelsgeschäften und Handwerksbetrieben vom 1. Januar 1939 an untersagt.

Ungezählte Juden begehen in den Tagen nach dem Pogrom Selbstmord. Sie drehen in ihren Wohnungen den Gashahn auf, sie springen aus dem Fenster, sie nehmen Überdosen eines Schlafmittels. In München trägt die Polizei im „Selbstmörderverzeichnis" als Motive ein: „Angeblich die Maßnahmen gegen die Juden"; „Vermutlich wirtschaftliche Not"; „Vermutlich wegen Aufgabe des Geschäfts".

Wochen später zwingt eine neue Verordnung auch jüdische Unternehmer aller anderen Branchen zur Aufgabe. Den Inhabern von Gewerbebetrieben etwa kann „aufgegeben werden, den Betrieb binnen einer bestimmten Frist zu veräußern oder abzuwickeln", wenn es sein muss durch einen behördlich eingesetzten Treuhänder.

Auch zum Verkauf von Grundeigentum können Juden nun gezwungen werden. Über Aktien und Wertpapiere dürfen sie nur noch mit staatlicher Genehmigung verfügen. Juwelen, Schmuck und Kunstgegenstände nur noch an reichseigene Ankaufsstellen verkaufen – meist für einen Bruchteil des tatsächlichen Werts.

Von ehemals rund 100 000 jüdischen Betrieben im Land bestehen zu diesem Zeitpunkt vermutlich weniger als 40 000.

Es beginnt ein Wettlauf um das jüdische Vermögen. Das Propagandaministerium stimmt die Bevölkerung in den Wochen nach dem Pogrom mit einer groß angelegten Kampagne auf die hemmungslose Bereicherung ein.

Zeitungen erörtern auf Anweisung des Ministeriums das angeblich kriminelle Wesen der Juden und ihren vermeintlich großen Reichtum. Im Radio widmen sich zwei neue tägliche Sendungen Themen wie „Jüdische Volksverbrecher", „Die Juden als Kriegshetzer" und „Weltverbrecher Juda".

Zahlreiche Unternehmen und Grundstücke wechseln in den folgenden Monaten den Besitzer. In Bremen, das 1933 eine einzige Arisierung von Grundbesitz verzeichnet hat und 1934 zwei, werden von 86 Enteignungen im Jahr 1938 allein 56 nach dem 9. November abgewickelt, von insgesamt 247 Arisierungen von Grundstücken mehr als 100 in den knapp zehn Monaten zwischen Pogromnacht und Kriegsbeginn.

Der Anteil der Parteimitglieder unter den Käufern von jüdischem Besitz liegt in der Hansestadt bei zehn Prozent – der Rest entfällt auf ganz normale Bürger, die ihr Kaufinteresse anmelden, als die Not der Eigentümer am größten ist.

Viele jüdische Unternehmer befinden sich nach ihrer Festnahme in der Pogromnacht noch immer in Haft.

Manche von ihnen werden nun im Konzentrationslager in Gefängniskleidung vorgeführt, um ihre Unterschrift unter einen vorbereiteten Kaufvertrag zu setzen.

Im Februar 1939 greift das Regime erneut in den Bereicherungswettlauf ein. Bei Verkäufen, bei denen der Kaufpreis weit unter dem Verkehrswert liegt, zieht das Reich den Differenzbetrag ein – bei Betrieben zu 70, bei Grundstücken zu

100 Prozent. Im Übrigen sei darauf zu achten, schreibt der Bremer Senator für die Innere Verwaltung an die NSDAP-Kreisleitung, dass „dem Juden zur Finanzierung seiner Auswanderung gewisse Barmittel verbleiben".

Die Auswanderung ist längst zur Massenflucht geworden. Zwischen November 1938 und September 1939 verlassen fast ebenso viele Juden Deutschland wie in den ersten fünfeinhalb Jahren des NS-Regimes.

Auch in Bremen denken NSDAP-Mitglieder über eine Zukunft ohne Juden nach. Auf dem Gelände des jüdischen Friedhofs in Hastedt könne man einen Sportplatz für die SA einrichten, regen sie an, vielleicht auch einen Kinderspielplatz.

AN EINEM JANUARTAG im Jahr 1939 steht Franja Bialystock mit ihren Kindern am Rande eines winterkahlen Feldes irgendwo im rheinischen Grenzgebiet.

Ohne Gepäck und ohne Papiere verlassen Martin und Miriam Deutschland. Und ohne ihre Mutter. Um nicht aufzufallen, verabschieden sie sich kaum.

Franja Bialystock fährt zurück nach Bremen, um den Verkauf von Haus und Geschäft abzuwickeln und zu retten, was zu retten ist von ihrem Lebenswerk.

In schweren Wintermänteln, nicht einen Pfennig in den Taschen, machen sich ihre Kinder auf den illegalen Weg über die grüne Grenze.

Nach einer halben Stunde Fußmarsch erreichen sie ein Haus auf der niederländischen Seite der Grenze, in dem sie wie vereinbart auf ihre Tante warten, die sie mitnimmt nach Den Haag.

Die Tante nimmt die Schwester bei sich auf, Martin wohnt allein in einem gemieteten Zimmer. Für eine warme Mahlzeit radelt er jeden Abend kilometerweit zum Haus einer anderen Tante im Vorort Scheveningen.

Wenn er Den Haag verlassen will, braucht er eine Erlaubnis, zweimal täglich muss er sich bei der Fremdenpolizei melden, die ihn nach seiner Ankunft

eigentlich sofort zurückschicken wollte nach Deutschland.

„Wenn sich die jüdische Gemeinde nicht für mich eingesetzt hätte", sagt Martin Bialystock, „wäre ich heute wohl nicht mehr am Leben." Der Großvater schickt ihn auf eine Handwerksschule, wo der Junge Schlosser lernen soll, auf Wunsch des Vaters in Antwerpen.

Keinen Menschen kennt Martin in Den Haag außer den Verwandten und der Polizei. Das ändert sich erst, als er sich der Jugend-Alijah anschließt, einer jüdischen Organisation, die versucht, möglichst viele Kinder und Jugendliche aus Europa nach Palästina zu bringen.

MARTIN BIALYSTOCK im Sommer 2012. Seine Frau Rachel ist eine Überlebende des Vernichtungslagers, in dem seine Familie ermordet wurde

In Bremen hat die Firma C&A endlich den Rest der Kaufpreissumme gezahlt, den die Brenninkmeyers nach der Pogromnacht einbehalten haben, bis die Schäden an Haus und Geschäft beseitigt waren – auf Kosten der Bialystocks.

Die Verlängerung von Franjas Mietvertrag, um die sie wegen Verzögerungen bei ihrer Ausreise bittet, lehnt das Unternehmen ab.

„Was sie wollten, das haben sie mit ihr gemacht", sagt Martin Bialystock.

Seine Mutter kauft vier Schiffstickets nach New York und verschickt den Hausrat der Familie zum Onkel nach Amerika.

Von den 40 000 Reichsmark, die sie am 9. Februar schließlich nach Antwerpen überweist, kassiert die Deutsche Golddiskontbank 94 Prozent. Zwei Tage später erlischt die Firma Adler.

Von ihrer Bremer Existenz bleiben den Bialystocks 2400 Mark und eine Holzkiste in Ohio. Am 28. Februar verlässt Franja als Letzte der Familie Deutschland über die grüne Grenze nach Belgien.

An einem Sonntag im März sind anlässlich eines Fußball-Freundschaftsspiels zwischen Belgien und den Niederlanden die Grenzen offen, und so lässt Martin seine Schwester Miriam von einem Freund zu den Eltern nach Belgien schleusen.

Drei von vier Mitgliedern der Familie Bialystock warten nun gemeinsam in Antwerpen darauf, dass die USA sie einreisen lassen. Jeden Tag, heißt es, soll es endlich so weit sein.

Martin bleibt allein in Den Haag zurück.

Ein halbes Jahr später beginnt der Krieg; da leben im Deutschen Reich weniger als 200 000 Juden. Im Oktober 1941 wird ihnen die Auswanderung verboten, im selben Monat beginnen die Deportationen in Ghettos, die in etlichen eroberten osteuropäischen Städten eingerichtet wurden, etwa in Minsk, und von dort in Vernichtungslager.

Wenig später leitet die Regierung den letzten Akt der Enteignung ein. Im November verfügt das Innenministerium: Juden, die ihren „gewöhnlichen Aufenthalt" im Ausland haben, verlieren ihre deutsche Staatsangehörigkeit, das Vermögen der Deportierten und Emigrierten fällt an den Staat.

Im Juli 1943 ergeht schließlich die letzte „Arisierungs-Verordnung": „Nach dem Tode eines Juden verfällt sein Vermögen dem Reich." Rund 60 Prozent des Gesamtvermögens der deutschen Juden, das 1933 mindestens zehn Milliarden Reichsmark betragen hatte, werden auf diese Weise konfisziert.

Auch in allen Ländern, die die Wehrmacht überfällt, berauben die deutschen Besatzer die jüdische Bevölkerung. Die Besitztümer der verschleppten Juden werden nach Deutschland geschafft und

dort von Wohlfahrtsverbänden an die Bevölkerung verteilt oder als „jüdisches Umzugsgut" öffentlich versteigert.

Tausende Deutsche gehen bei den Auktionen auf Schnäppchenjagd.

AUS BREMEN WERDEN am 18. November 1941 etwa 440 jüdische Einwohner ins Ghetto Minsk deportiert. Noch am Hauptbahnhof müssen sie unterschreiben: „Ich, der unterzeichnete Jude, bestätige hiermit, ein Feind der Deutschen Regierung zu sein und als solcher kein Anrecht auf das von mir zurückgelassene Eigentum, auf Möbel, Wertgegenstände, Konten oder Bargeld zu haben."

Martin Bialystock steht in jenen Tagen in der Wüste von Ägypten, verflucht den Sand und kämpft mit den britischen Truppen gegen den Wehrmachtsgeneral Erwin Rommel, der die Stadt Tobruk im benachbarten Libyen belagert.

Wenige Wochen bevor die deutsche Armee im Mai 1941 in den Niederlanden einmarschierte, hat er mit einem der letzten Transporte, den die Jugend-Alijah nach Palästina schickte, das Land verlassen – gegen den Willen der Eltern, die noch immer in Antwerpen auf die Passage nach Amerika warteten.

Auf der Durchreise von Den Haag zur Einschiffung in Marseille begleiteten sie ihn im Zug bis Brüssel. Kaum ein Wort sprachen sie auf dieser Fahrt. Je einen Brief gaben ihm die Eltern mit.

„Wichtiges für den Lebensweg nach Palästina", schrieb der Vater, „die Gesundheit muss man erhalten durch gute Pflege, pünktliche Mahlzeiten."

Und Franja, die Mutter: „Halte dich von schlechten Menschen fern."

In Palästina bekommt der Sohn einen neuen Namen und vom britischen Militär eine Hoffnung: Wer sich freiwillig meldet, kann vielleicht seinen Angehörigen in Europa helfen. Moshe Martin Bialystock, 17 Jahre alt, fälscht seine Ausweispapiere und zieht in den Krieg.

Literaturempfehlungen: Hans-Jürgen Döscher, „‚Reichskristallnacht'. Die Novemberpogrome 1938": bietet einen guten Überblick über die Ereignisse der Pogromnacht. Frank Bajohr, „‚Arisierung' in Hamburg", Christians: bahnbrechende Studie über die Verdrängung jüdischer Unternehmer in der NS-Zeit.

Im September 1943 landet er mit der alliierten Armee im italienischen Salerno. In Italien wird er später aus der Zeitung zum ersten Mal von den deutschen Vernichtungslagern erfahren.

Ende April 1945 steht er in Mailand und sieht, wie man die Leiche des Diktators Mussolini kopfüber an einem Tankstellendach aufhängt. Eine Woche später ist der Krieg in Europa vorüber.

Die Alliierten versorgen die aus den Konzentrations- und Vernichtungslagern befreiten Juden nun meist in speziellen Auffanglagern. Aus solchen Camps in Italien bringt Martin Bialystock so viele Überlebende wie möglich auf Schiffe der zionistischen Untergrundorganisation Hagana, die sie illegal nach Palästina transportieren.

Als er unter Flüchtlingsfrauen Näherinnen sucht, die Uniformen ausbessern können für seine Kompanie, lernt er Rachel kennen, 22 Jahre alt, die am linken Unterarm eine dunkelblau tätowierte Nummer trägt.

Am 24. Oktober 1945, einem Mittwoch, heiratet er mittags Rachel David, die Schneiderin, da kennen sie sich 14 Tage.

Drei Jahre später nennen sie ihre erstgeborene Tochter Miriam. Sie wird halb erwachsen sein, als Martin Bialystock endlich um das Schicksal seiner Familie weiß, statt es nur zu erahnen.

Am Ende besteht die Gewissheit aus ein paar Zahlen: Am 1. September 1942 zwingt man Eltern und Schwester in Belgien in Waggon 7 eines Zugs. Heinrich Bialystock, Franja Bialystock, Miriam Bialystock, Nummer 91 bis 93 auf der Liste der Deportierten. Noch am Tag ihrer Ankunft werden sie in Auschwitz ermordet.

Die Behörden der USA haben sie nicht einreisen lassen.

Irgendwo in Ohio lagert, solange der Krieg noch andauert, die hölzerne Kiste mit den Resten ihres Bremer Lebens: den Arbeitszeugnissen der Mutter, der Geburtsurkunde des Vaters, der Hochzeitseinladung der Eltern, die heute geordnet im Arbeitszimmerregal in Hod

Hascharon stehen. Neben den Akten hängen Porträtfotos in Schwarz und Weiß. Die Mutter mit ernstem, geradem Gesicht, der Vater im Halbprofil mit halbem Lächeln und fernem Blick, Miriam mit pausbäckigem Lachen, gerahmt von dunklen Schleifenzöpfen.

Sie fehlen mir, sagt der Sohn und Bruder, mitunter bis auf die Knochen.

Martin Bialystock, der sich in den ersten Jahren im neuen Staat Israel mühsam durchs Leben kämpfen musste als Lastenträger und Tellerwäscher, mit dem Nähen von Morgenröcken und dem Sammeln von Spenden für die Hilfsorganisation Roter Davidstern an fremden Haustüren, und sich von keiner Arbeit in seinem Leben je hat beugen lassen – dieser Mann trägt bis heute bleiern schwer an einer Frage.

Sein Leben lang wird sie ihn quälen in schlaflosen Nächten: Was er anders und besser hätte machen können, um Eltern und Schwester zu retten.

Anfangs sperrt er sich, wenn ihn die Erinnerungen überfallen, allein mit seinem Akkordeon in einem Zimmer ein, spielt und weint.

Irgendwann beschließt er zu reden.

Bis heute hat das Ehepaar Bialystock das Erinnern zweigeteilt. Martin spricht und Rachel schweigt.

Nicht ein Wort hat sie mit ihrem Mann gesprochen über die Zeit in Auschwitz, wo man ihr die Häftlingsnummer in den linken Unterarm tätowierte, nicht ein einziges Wort in 67 Jahren Ehe.

Kinder und Enkel wissen nichts von ihrer Geschichte und alles von seiner. „Ich wollte reden", sagt Martin Bialystock: weil schlimmer als das Erinnern nur das Vergessen sei.

Als Martin Bialystock 40 Jahre nach dem Ende des Krieges Rachel zum ersten Mal die Stadt seiner Kindheit zeigen wollte, da hielten sie es nicht aus und reisten wieder ab nach wenigen Stunden.

Weil es zu traurig war, nach Bremen zu kommen, zu niemandem. ☐

„Fragen Sie mich, was Sie wollen, ich beantworte alles", versprach Martin Bialystock, als Constanze Kindel, 33, ihn in Israel besuchte. Nur die letzten Briefe seiner Eltern müsse sie selbst lesen: „Sonst muss ich heulen."

Abschied vom FRIEDEN

Von Überlegenheitswahn getrieben – hier das Propaganda-Ideal einer »arischen« Familie –, will Hitler endlich Krieg im Osten führen

Ein eigenartiger Sommer: Während noch viele Menschen an den Stränden sonnenbaden, erhalten Tausende bereits ihren Einberufungsbefehl. Das NS-Regime bereitet den Angriff auf Polen vor. Und allmählich schieben sich die Vorboten des Krieges in den Alltag hinein – bis der Weltenbrand beginnt

VON ULRIKE MOSER

Selbst vermeintlich harmlose Freizeitveranstaltungen wie diese Flugschau am 30. Juli 1939 offenbaren militärische Aggressivität: Auf dem Programm steht unter anderem die Vorführung eines »Sturzbombers«

Friede-Brot

Eine Hochzeit wie im Märchen soll es werden, von der noch spätere Generationen reden. Das haben die Brauteltern ihrer ältesten Tochter versprochen. Seit Wochen laufen die Vorbereitungen in der Familie des Gutsherren Hans von Wedemeyer. Ein Hamburger Kirchenarchitekt ist eigens damit beauftragt worden, das kleine Gotteshaus des Dorfes in der Nähe von Königsberg, eine Feldsteinkirche aus dem Mittelalter, zu erweitern, damit sie alle Gäste aufnehmen kann.

Es ist der 15. Juli 1939. Drei Tage lang soll gefeiert werden. Mehr als 150 Verwandte und Freunde des Hochzeitspaares sind gekommen. Unter ihnen Alexander Stahlberg, 26 Jahre alt, Leutnant der Reserve und Cousin der Braut.

Bei der Zeremonie trägt der Bräutigam nach preußischer Tradition Uniform. Mit Stahlhelm, Säbel, Paraderock und in Reitstiefeln führt er die Braut auf den Weg zur Kirche. Und es wird eine unvergessliche Feier. Im Park bildet eine breite Kastanienallee eine natürlich gewachsene Festhalle. In ihre Mitte haben Zimmerleute eine Tanzfläche gesetzt, daneben eine Bühne für die Musiker. Rundherum Tische und Bänke. Es wird gefeiert, getanzt. Alle haben sich vorgenommen, an diesem Tag fröhlich zu sein.

„Diese Hochzeit – alle wussten es, aber niemand sprach es aus – war ein Abschiedsfest", wird Alexander Stahlberg später schreiben. „Denn viele von uns hatten ihren Einberufungsbefehl zum 1. August bereits erhalten. Wie anders sollte man denn Hochzeit feiern, wenn man wusste, dass der Krieg bevor-

stand. Wenn man wissen musste, dass der Tod hineinfahren würde in unsere fröhliche Schar. Ja, ganz bewusst feierten wir Abschied vom Frieden."

16. Juli

Kein Wort vom Krieg. Heiter und entspannt wirkt Adolf Hitler, als er mit seiner Entourage morgens im sonnigen München erscheint. Die „Hauptstadt der Bewegung" hat sich herausgeputzt zum „Tag der Deutschen Kunst". Der Reichskanzler eröffnet hier eine Ausstellung. Kein Wort zur internationalen Politik. In seiner Rede beklagt Hitler vielmehr, dass es bisher keinem zeitgenössischen Künstler gelungen sei, die geschichtsträchtigen Ereignisse der nationalsozialistischen Epoche mit einer Fertigkeit auf Leinwand festzuhalten, die den Werken der großen Meister früherer Epochen vergleichbar sei.

Die Ausstellung, die überwiegend ländliche Szenen sowie das Thema „Mutter und Kind" und zahlreiche Akte zeigt, wird umrahmt von aufwendigen Festlichkeiten. Ein 16-Millimeter-Farbfilm von Amateuren hält die Stimmung der in Sonnenschein getauchten Stadt fest. Bilder voller Sorglosigkeit und Freude. Viele Gebäude sind mit bunten Bannern und Fahnen geschmückt. Gruppen in historischen und folkloristischen Kostümen tanzen auf den Plätzen und in den Gärten der Stadt.

Entspannte Münchner trinken auf der Terrasse hinter dem „Haus der Deutschen Kunst" Tee. Auch Hitlers Entourage flaniert ungezwungen durch die Straßen oder beobachtet gemeinsam mit dem „Führer" von ihren Ehrenplätzen den anschließenden Festumzug.

Am Nachmittag stört heftiger Regen den acht Kilometer langen Korso mit den Schmuckwagen und Kostümen aus vergangenen Zeiten. Der Umzug soll 2000 Jahre deutscher Kulturleistungen veranschaulichen. Von Ochsen gezogene Wagen versinnbildlichen die Einheit von „Blut und Boden". Ein vergoldetes Bild von „Vater Rhein" erinnert an den Einmarsch deutscher Truppen in das entmilitarisierte Rheinland 1936.

Auch einen Blick in die Zukunft beschwört ein Wagen: Er zeigt zwei böhmische Löwen, die gemeinsam das „Tor zum Osten" aufhalten, hinter dem slawisch anmutende Häuser zu erkennen sind – Hitlers Traum vom zu erobernden „Lebensraum" im Osten. Auch For-

mationen von SA und SS sowie Soldaten in Wehrmachtsuniform gehören zu dem Umzug. Sie folgen den kostümierten Germanen und Kreuzfahrern als Nachhut.

20. Juli

Robert Ley, Leiter der „Deutschen Arbeitsfront", des Einheitsverbandes von Arbeitgebern und Arbeitnehmern, empfängt in Hamburg 150 deutsche und ausländische Journalisten. Am nächsten Tag wird Ley die 5. Reichstagung der NS-Freizeitorganisation „Kraft durch Freude" eröffnen, die – neben zahlreichen anderen Aktivitäten – vor allem subventionierte und konkurrenzlos günstige Reisen ins Ausland anbietet.

Hunderte Tourismusunternehmer aus 21 Ländern nehmen an der Tagung teil, um Kontingente zu buchen und Kampagnen vorzustellen. Der Presseempfang findet an Bord des KdF-Schiffs „Robert Ley" statt, das an der Überseebrücke liegt. Die „Robert Ley" ist neben der „Wilhelm Gustloff" das Flaggschiff der KdF; die staatlich geförderten Seereisen mit einem der leuchtend weißen Dampfer der Flotte sind ein Prestigeprojekt der Nationalsozialisten.

In seiner Ansprache vor den Journalisten tritt Ley „der herrschenden Kriegspsychose im Ausland" entgegen. Der „Führer" denke nicht an einen Krieg, er wolle Ruhe und Frieden. Er habe sich der Kunst verschrieben – und der Förderung der Künste.

Tatsächlich aber hat das Oberkommando der Wehrmacht auf Anweisung Adolf Hitlers bereits am 3. April 1939 damit begonnen, den „Fall Weiß" zu planen, den Überfall auf Polen. Die Vorbereitungen sollen bis zum 1. September beendet sein.

Schon am 31. März hat der britische Premierminister, Neville Chamberlain, den Polen Beistand zugesichert für den Fall, dass die Deutschen sie angreifen sollten. Damit ist auch London für Hitler zum Feind geworden.

21. Juli

Jochen Klepper ist in Sorge. In seinem Tagebuch hält der 36 Jahre alte Berliner

Auch im Sommer 1939 sind Studenten im Ernteeinsatz, um die Nahrungsversorgung zu gewährleisten. Das Versprechen auf Frieden wird Hitler aber nicht halten

Romanautor fest: „Autos und Motorräder werden bereits wieder requiriert, Urlaube für August gesperrt."

All das, was ihm das Leben seit Kurzem einfacher macht, wird auf einmal fast wertlos: dass er seine Finanzprobleme endlich los ist, weil zu seinen Verlagstantiemen für den Roman „Der Vater" nun noch die ungeheure Summe von 13 500 Mark gekommen ist, mit der die Produktionsgesellschaft Tobis die Filmrechte gekauft hat; dass das neue Haus im vornehmen Berlin-Nikolassee fertiggestellt und seine Familie dort eingezogen ist.

Kleppers Frau und die beiden Stieftöchter sind Jüdinnen. Der älteren Tochter ist Anfang Mai die Ausreise nach England gelungen. Doch was wird aus seiner Frau? Und ihrer jüngeren Tochter Renate? Was soll er dem Mädchen sagen, das sich wünscht, „wenigstens im Krieg richtig dazuzugehören"?

23. Juli

Der Medizinstudent Hans Scholl schreibt einen Brief an die Eltern. Sein erstes Semester an der Universität München ist vorüber, nun sind Ferien. Hans ist zum „freiwilligen Ernteeinsatz" nach Masuren abkommandiert worden. Sammeltransporte haben die Studenten nach Ostpreußen gebracht.

Auf einem Waggon des Zuges hatten sie ein Pappschild angebracht mit der Aufschrift „weder frei noch willig". In der Universitätsstadt hat es zuvor einen erstaunlich offenen Widerstand gegen den Erntehilfsdienst gegeben. In Studentenversammlungen wurden Parteiredner ausgepfiffen und sogar mit Eiern beworfen. In den Gängen der Universität hatten Unbekannte „Nieder mit Hitler" an die Wände geschrieben.

Jeden Tag ist Hans nun auf dem Feld, vom späten Vormittag bis 21 Uhr. Er hofft, die Zeit möge schnell vorbeigehen, „denn es drängt mich nach Freiheit, nach dem ungebundenen Fahrtenleben". Und er berichtet in seinem Brief an die Eltern: „Hier in Ostpreußen ist eine merkwürdige Kriegsstimmung."

24. Juli

Sophie Scholl, die Schwester von Hans, sitzt in einem Zug von ihrer Heimatstadt Ulm Richtung Norden. Mit der 18-jährigen Schülerin reist ihr Freund Fritz Hartnagel, mit dem sie die Sommerferien verbringen will. Sophie und Fritz sind erst seit ein paar Monaten ein Paar, nach langem Zweifeln. Fritz ist Berufsoffizier in einer Ausbildungskompanie. Sophie wird in einem Jahr Abitur machen.

Es ist außergewöhnlich, dass die Eltern ihr erlauben, allein mit ihrem 22 Jahre alten Freund zu verreisen. Sogar den ursprünglichen Reiseplänen der Tochter hatten sie zugestimmt: nach Jugoslawien, in ein fernes, wildes Land. Geplant war eine Schifffahrt entlang der dalmatinischen Küste. Doch diese Reise findet nicht statt. Seit dem 5. Juli ist die Devisenausgabe für Jugoslawien gesperrt. Kriegsvorbereitungen und Rüstungsboom haben die Valutaknappheit des Deutschen Reichs verschärft.

Nun geht es stattdessen erst an Nord- und Ostsee und später weiter nach Worpswede bei Bremen.

25. Juli

Zur Eröffnung der Bayreuther Festspiele erscheint der begeisterte Wagnerianer Adolf Hitler nicht wie üblich in Smoking oder Frack, sondern in Parteiuniform,

Die meisten wollen keinen Krieg. Aber sie erwarten ihn

was für Verwunderung sorgt. Zum ersten Mal spielen auch nicht gewöhnliche Musiker die Fanfaren, die vom Balkon des Festspielhauses aus die Gäste in die Vorstellungen von Opern Richard Wagners rufen, sondern 15 Mann vom Musikkorps der „Leibstandarte Adolf Hitler".

In diesem Jahr eröffnet eine Aufführung des „Fliegenden Holländers" die Bayreuther Festspiele. Zuletzt hat das Werk am 2. August 1914 auf dem Programm gestanden, konnte aber wegen Ausbruchs des Ersten Weltkrieges nicht aufgeführt werden. Nun raunen manche Besucher einander zu, es könnte wohl bald wieder ein neuer Weltkrieg entbrennen.

Dass die politische Atmosphäre angespannt ist, bemerkt Winifred Wagner, die die Festspiele leitet, an der ungewöhnlichen Betriebsamkeit rund um das abgeschirmte „Siegfriedhaus". Militärs und Minister gehen bis tief in die Nacht in dem Gästegebäude ein und aus, das die Wagners für ihren „Onkel Wolf" bereithalten, wie sie Hitler nennen.

26. Juli

Die Straßen Berlins sind belebt, die Hausfrauen machen kurz vor Geschäftsschluss ihre letzten Einkäufe, als um 18.50 Uhr plötzlich Sirenen einsetzen und zwei Minuten lang heulen. Schon bei den ersten Tönen begeben sich die Menschen in öffentliche Schutzräume oder Hauseingänge.

Seit ein paar Tagen wissen die Einwohner Berlins, dass in der Hauptstadt eine große Luftschutzübung stattfinden

Deutschlands massive Rüstung belastet das Staatsbudget. Zur Entlastung hält das Regime daher 1939, wie in den Jahren zuvor, die Bürger an, mit Spenden bedürftigen »Volksgenossen« zu helfen

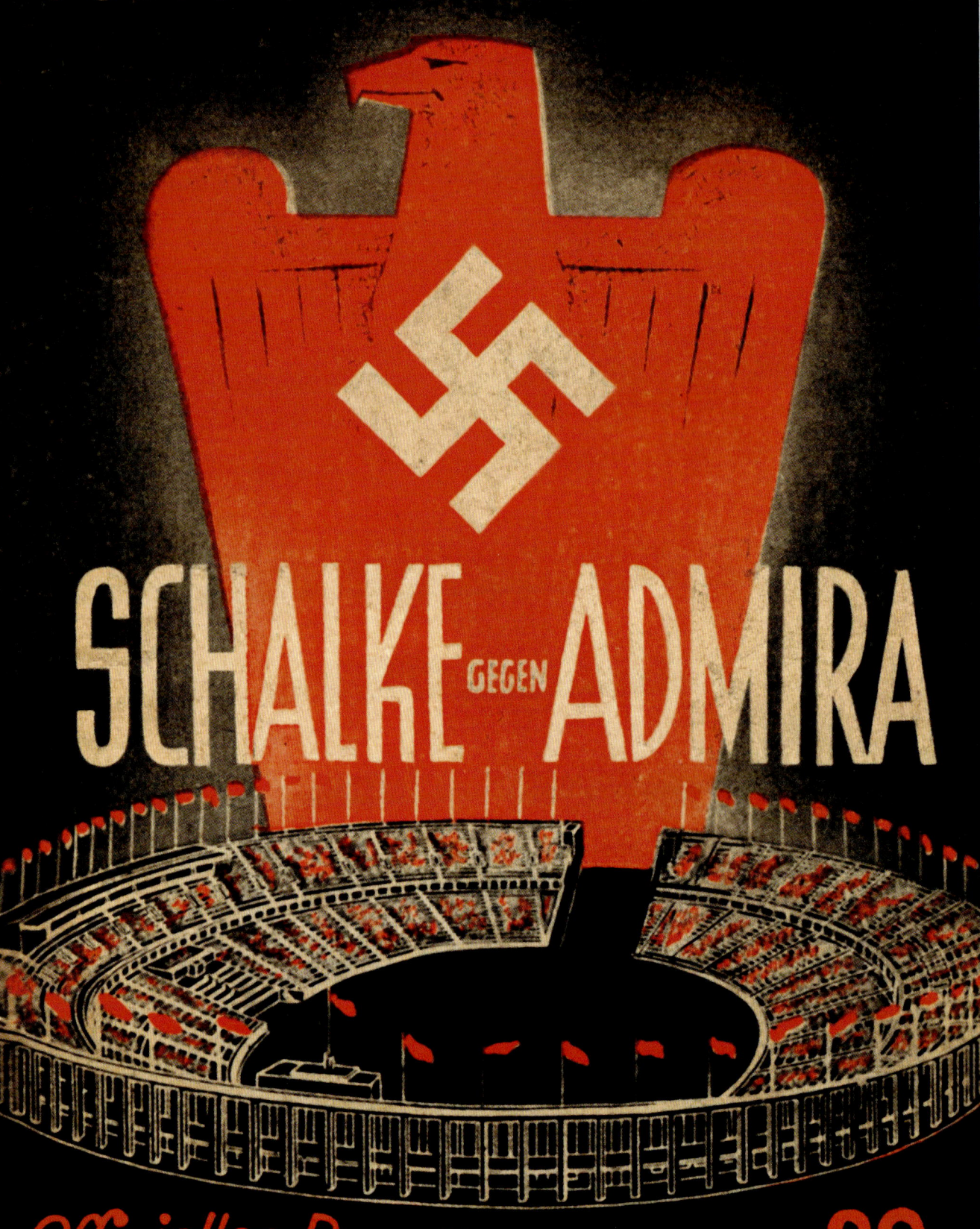

ENDSPIEL UM DIE DEUTSCHE FUSSBALL-MEISTERSCHAFT

SCHALKE GEGEN ADMIRA

Offizielles Programm
DES NS.-REICHSBUNDES FÜR LEIBESÜBUNGEN • PREIS 20 Pf.

wird, aber nicht, wann genau. Seither haben Männer der Berliner Straßenreinigung Bordsteine, Häuserecken und Hauseingänge mit weißer Farbe markiert, um den Menschen bei Verdunkelung die Orientierung zu erleichtern.

Nun sind Berlins Straßen und Plätze verwaist. An den Bordsteinen stehen Autos und Busse, auf den Gleisen Straßenbahnen, deren Fahrer und Fahrgäste in die Schutzräume geeilt sind. Kutscher haben ihre Pferde abgeschirrt und an den Gefährten angebunden. Auf der Hochbahn parkt ein verlassener Zug. An der Frankfurter Allee, einer der belebtesten Straßen, bewegt sich nichts. Die Eingänge zum Kaufhaus Hertie sind verschlossen, ebenso die Treppen zur U-Bahn, die Läden und Gaststätten.

Deutsche Kampfflugzeuge unternehmen mehrere Scheinangriffe auf die Stadt, bis die Sirenen nach einer guten Stunde das Ende der Übung verkünden und die Menschen zurück auf die Straßen strömen. Die „Berliner Morgenpost" wird den Hauptstadtbewohnern am Tag darauf eine „mustergültige Luftschutzdisziplin" bescheinigen.

30. Juli
Auf dem Frankfurter Flugplatz am Rebstock, einige Kilometer nördlich des Mains, können Sonntagsausflügler den „Deutschen Meisterschaften im Geschicklichkeitsflug" zuschauen.

Im Begleitheft erklärt der amtierende Champion, es sei ihm vor allem wichtig, „der Welt einen Beweis von den großartigen deutschen Flugzeugkonstruktionen und dem hohen Ausbildungsgrad unserer Flugzeugführer" zu geben.

Zum bunten Programm der Veranstaltung gehört auch die „Vorführung eines Sturzbombers".

2. August
Der Chef der Kompanie von Hans Perels hält eine Gedenkrede zur Erinnerung an den Ausbruch des Ersten Weltkrieges vor 25 Jahren. Am Schluss seiner Worte kündigt er eine Divisionsübung an. Mit der außenpolitischen Lage habe sie nichts zu tun, versichert er.

Die Soldaten glauben ihm nicht. Seit Wochen kursieren unter ihnen Gerüchte: Es gehe nach Oberschlesien, sagen die einen; nein, von der Riviera aus werde die Kompanie nach Frankreich einmarschieren. „Nur mit einer Möglichkeit rechnete niemand", schreibt der Soldat Perels in sein Tagebuch, „nämlich mit der eines friedlichen Manövers."

Perels ist 21 Jahre alt, Professorensohn und ehemaliger Theologiestudent. Im Herbst 1938 hat er sich freiwillig zum Wehrdienst gemeldet.

In Berlin beschwert sich ein empörter Badegast an diesem Tag schriftlich über die Leitung des Freibads Wannsee: An zwei Strandkörben wehe nicht die Hakenkreuzfahne, sondern die Flagge des britischen Königreiches. Er hoffe, schreibt der Mann, „dass die Fahne der Niederträchtigkeit von den Strandkörben ein für alle Mal verschwindet".

Seit 1907 dient das Strandbad Wannsee als Sommerfrische der Hauptstädter. Für Juden ist seit 1938 der Zutritt verboten. Dafür spielen sonntags Wehrmachtskapellen auf, und SA-Trupps marschieren an den Sonnenbadenden entlang. Die KdF-Organisation veranstaltet manchmal gemeinsames „Volksliedsingen", und Gymnastikgruppen führen Tänze auf.

Die Verwaltung des Strandbads Wannsee wird acht Tage nach der Beschwerde des Badegastes an den Bezirksbürgermeister melden: Die britischen Fahnen seien aus dem Fundus der Strandkorbvermietung entfernt.

5. August
Georg Elser ist sich sicher, dass der Krieg kommen wird. Und er will Hitler töten, um das zu verhindern. An diesem Tag bezieht der eher kleine, unauffällige Mann ein möbliertes Zimmer in der Münchner Blumenstraße 19. Er ist 36 Jahre alt, stammt aus Ostwürttemberg und spricht ein starkes Schwäbisch. Der gelernte Möbeltischler, derzeit arbeitslos, ist ein Einzelgänger, verschlossen. Zuletzt hat er in einem Steinbruch gearbeitet und dabei über Monate hinweg kleine Men-

gen Sprengstoff gestohlen und heimlich mit nach Hause genommen.

Elser hat einen Plan. Bald wird er jeden Abend im Bürgerbräukeller sitzen und sich kurz vor Geschäftsschluss in einem Abstellraum verbergen, bis das Personal das Gebäude verlassen hat. Dann wird er im Saal an einer Stützsäule eine Höhlung graben, in mühevoller Kleinarbeit, mehr als 30 Nächte lang. Und dort eine Zeitbombe einbauen.

Sie soll am Abend des 8. November um 21.20 Uhr hochgehen, wenn Hitler wenige Meter von der Säule entfernt bei der Traditionsfeier zum Hitler-Putsch von 1923 vor Parteiprominenz und Hunderten Anhängern sprechen wird.

7. August
Der Soldat Hans Perels hebt Feldbefestigungen aus – nur wenige Meter von der polnischen Grenze entfernt. Seine Kompanie ist für Schanzarbeiten nach Küddowtal gebracht worden, mit Stahlhelm und allen Waffen. Die Soldaten arbeiten mit nacktem Oberkörper, Gewehre und Helme haben sie auf den Fahrzeugen gelassen. Obwohl es verboten ist, baden die jungen Männer im Grenzfluss.

Als Beobachtungsposten muss Perels für eine Zeit mit dem Fernglas nach Polen hinüberspähen. „Sah es dort nicht noch friedlicher aus als bei uns?", schreibt er später in sein Tagebuch. „Gingen nicht die Bauern ihrer Landarbeit nach, als hätten sie von der politischen Hochspannung keine Ahnung? Und sah das Land nicht genauso aus wie bei uns?"

Schon den ganzen Sommer über werden überall im Deutschen Reich Reservisten zum Militärdienst eingezogen. Im Sommer 1939 hat das reguläre Heer eine Stärke von etwa 730 000 Mann. Zudem stehen gut eine Million Soldaten als Reserve zur Verfügung: Männer, die früher im Dienst der Reichswehr standen, seit 1935 ihren Wehrdienst absolviert oder eine Kurzausbildung durchlaufen haben.

Neben der Reserve kann die Wehrmacht im Mobilisierungsfall noch auf die Weltkriegsteilnehmer der Jahrgänge vor 1900 zurückgreifen sowie auf neue Rekruten – jene Männer, die bislang noch gar nicht zum Wehrdienst herangezogen worden sind.

Seit Ende Juni lässt die Heeresleitung immer mehr Einheiten zu Manövern und Übungen an die polnische Grenze und nach Ostpreußen verlegen.

9. August

Das britische Generalkonsulat in Hamburg berichtet nach London, dass es mehr anonyme Briefe als üblich erhält. Während bislang die Verfasser der meisten Zuschriften Großbritannien vor den Machenschaften der Nationalsozialisten hatten warnen wollen, fänden sich nun erstmals etliche Briefe mit der Parole „Gott strafe England!".

10. August

„Polen? Achtung!", warnt die Berliner Zeitung „B.Z.". Und die Karlsruher Tageszeitung „Der Führer" verkündet: „Warschau droht mit Bombardierung von Danzig – Unglaubliches Schüren des polnischen Größenwahns!"

Überall im Reich sind die Zeitungen und Illustrierten jetzt voller Fotos von Panzern und Berichten über Manöver. Vor allem aber füllen Geschichten über vermeintliche polnische Grausamkeiten gegen die deutsche Minderheit in Polen die Seiten. Zwar kommt es tatsächlich immer wieder zu gewalttätigen Auseinandersetzungen zwischen Polen und den „Volksdeutschen", doch in den Zeitungen werden die Vorfälle aufgebauscht und prominent platziert. Sie dienen als Stoff für eine abgestimmte NS-Propagandakampagne, die die Feindschaft gegen Polen anheizen soll.

Unter der Überschrift „In 5 Wochen 204 Überfälle auf Volksdeutsche" druckt die „Berliner Morgenpost" zwei Tage später „erschütternde Beispiele polnischer Brutalität und Raubgier" sowie angebliche Belege für einen „zielbewussten Feldzug zur Ausrottung des Deutsch-

Auch auf Tennis-plätzen stehen jetzt Geschütze

tums in Polen": Sechs „Volksdeutsche" seien ermordet, 21 schwer verletzt worden; einen Mann habe man kastriert.

15. August

Am Morgen findet Dr. Horst Schumann aus Halle in der Post seinen Einberufungsbefehl als Stabsarzt der Reserve zur Luftwaffe. Auch wenn dies bedeutet, dass er seine Frau und die beiden kleinen Söhne verlassen muss, hadert er nicht mit der Order. Schumann ist überzeugter NSDAP-Anhänger, noch vor 1933 ist er in die Partei und die SA eingetreten.

Als Gutachter am „Erbgesundheitsgericht" Halle hat er über Zwangssterilisationen von Menschen mit angeblich erblichen Geisteskrankheiten entschieden. Nun soll er als Musterungsarzt Wehrpflichtige und Freiwillige auf ihre Tauglichkeit untersuchen.

Vom 18. August an wird die Mobilmachung vorbereitet: Die Militärführung beruft Spezialpersonal ein, bestellt Treibstoff und fehlende Impfstoffe, organisiert die Ausgabe von Waffen und Gerät, lässt Heu für Pferde pressen. Die Bewachung von Kasernen und Stützpunkten wird verstärkt, die Heeresbäckereien intensivieren ihre Arbeit.

Bereits einen Tag später beginnt – ganz gemäß den Planungen – der getarnte Transport großer Truppen ostwärts: in ihre Bereitstellungsräume für den Angriff auf Polen.

19. August

Am Bodensee endet langsam die Hochsaison. Ein paar Tage zuvor gab es das Abschlussrennen der „Großen Internationalen Bodenseewoche", die von deutschen wie schweizerischen Segelvereinen unterstützt wurde. An den Regatten haben viele ausländische Segler teilgenommen. Die „Deutsche Bodensee-Zeitung" träumt von einer „Kieler Woche des Südens" mit noch mehr auswärtigen Seglern.

An diesem Samstagabend klingt die Saison in Konstanz mit dem traditionellen Seenachtfest und einem großen Feuerwerk aus, zu denen wieder Tausende gekommen sind, die sich dicht an dicht am Adolf-Hitler-Ufer, im Stadtgarten und am Hafen drängen. In der Dunkelheit fahren in der Bucht beleuchtete Dampfer sowie mit Lampions geschmückte Ruder- und Motorboote und von bengalischen Feuern erhellte Segelboote. Um 22.00 Uhr verlöschen alle Lichter: Das Feuerwerk beginnt. Zischend steigen die Raketen in den Himmel, wo sie zu bunten Sternen und glitzernden Schlangen explodieren.

Die „Deutsche Bodensee-Zeitung" gibt dem Spektakel eine ganz eigene Deutung: „Wenn Bomben und Granaten platzen", titelt sie zwei Tage später.

22. August

Der Ettersberg ist ein beliebtes Freizeitziel der Weimarer Bevölkerung, auch wenn sich hier seit 1937 das Konzentrationslager Buchenwald befindet. Im Winter kommen die Kinder noch immer

Mit Plakaten werden die Deutschen ermuntert, für den staatlichen KdF-»Volkswagen« anzuzahlen. Doch kein Auto wird je ausgeliefert. Das Regime nutzt das Geld für die Rüstung

JUDA
DAS AUSERWÄHLTE VOLK?

Die Antwort in Kundgebungen der NSDAP.

Donnerstag, 16. März
spricht Pg. Witte, Borgstede.
in Loquard, Pg. Flessner.

zum Rodeln. Jetzt im Sommer gehen hier die Weimarer Bürger wandern, soweit das wegen der Absperrungen zum Lager hin möglich ist. Gern besteigen die Ausflügler auch weiterhin den 43 Meter hohen Bismarckturm und genießen den Blick über den Ettersberg. Neben dem Ausguck nehmen sie einen Imbiss.

An diesem Dienstag berichtet die „Thüringer Gauzeitung" von einem Sommerfest, das die Buchenwalder SS für die Weimarer Bevölkerung gegeben hat. Rund um den Bismarckturm hatten die SS-Leute Glücksbuden, Schieß- und Würstchenstände sowie drei große Tanzpodeste aufgebaut.

Das Musikkorps der SS spielte zum Tanz. Zwei riesige Ochsen wurden am Spieß gebraten. Höhepunkt der Feier war ein römisches Wagenrennen auf umgebauten Maschinengewehrwagen, vorgeführt von der 6. Kompanie der 3. SS-Totenkopfstandarte. Nur wenig entfernt vom Häftlingslager.

„Über allem standen schlanke Tannen mit Festkränzen", schreibt die Zeitung, „und ergaben zusammen mit den bunten Kinderballons und den farbenfrohen Sommerkleidern der Frauen und Mädchen ein strahlendes Bild der Lebensbejahung." Am späten Abend erstrahlte der Bismarckturm im Licht zahlreicher Scheinwerfer.

23. August

Was für eine Infamie! Für die Berlinerin Inge Deutschkron ist der angekündigte Pakt zwischen Hitler und Josef Stalin, über den an diesem Tag die Presse berichtet, „ein unglaublicher Verrat der Sowjetunion an der freien Welt, den natürlichen Verbündeten im Kampf gegen die Nationalsozialisten". Die jüdische Kindergärtnerin, die einige Monate zu-

Die antisemitische Hetze hält 1939 an. Juden sind inzwischen zur völlig entrechteten, verarmten Randexistenz gezwungen. Vielen immerhin gelingt im Sommer noch die Emigration

vor ihre Ausbildung begonnen hat, ist 17 Jahre alt. Ihre Familie hat ihre Hoffnung darin gesetzt, dass der Sozialismus irgendwann nicht nur die Klassenunterschiede beseitigen werde, sondern auch den Antisemitismus. Es galt nur, die Nazi-Zeit zu überstehen. Diese Hoffnung ist nun dahin.

Im April ist es Inges Vater gelungen, Berlin zu verlassen und in Großbritannien Zuflucht zu finden. Er hofft, Frau und Tochter bald nachholen zu können. Ihre Wohnung haben die zwei bereits aufgegeben und ein möbliertes Zimmer in Schöneberg gemietet. Es ist sehr klein, aber es soll ja auch nur eine Bleibe auf Zeit sein. Bis zur Auswanderung.

In der Nacht auf den 24. August 1939 unterzeichnen die Außenminister der vormaligen Todfeinde Deutschland und Sowjetunion in Moskau einen Nichtangriffspakt. Darüber hinaus einigen sich die zwei Staaten auf ein geheimes Zusatzprotokoll, in dem sie ihre Interessensphären festlegen: Die UdSSR erhält freie Hand für Eroberungen im Baltikum, in Finnland und Teilen Rumäniens. Polen soll zwischen beiden Mächten aufgeteilt werden.

Nach dem erfolgreichen Abschluss ordnet Hitler den Angriff der Wehrmacht auf Polen für den Morgen des 26. August an.

24. August

Die Cafés Unter den Linden und auf dem Kurfürstendamm sind überfüllt mit Berlinern, die die vermeintliche Rettung des Friedens feiern. Mit Moskau an Deutschlands Seite wird Großbritannien wohl nicht kämpfen. Es wird keinen großen Krieg geben!

Die Menschen scherzen, grüßen Bekannte mit „Heil Stalin". Junge Männer klingeln an der sowjetischen Botschaft Unter den Linden, rufen „Heil Moskau" und laufen wie die Schuljungen davon.

Der US-Journalist William L. Shirer blickt aus dem Fenster seines Zimmers im Berliner Hotel „Adlon" und sieht, wie Soldaten gegenüber auf dem Dach des IG-Farben-Gebäudes ein Luftabwehrgeschütz installieren.

Der 35-Jährige ist seit 1925 Europakorrespondent, seit fünf Jahren berichtet er aus Deutschland. Zunächst hat er für eine Nachrichtenagentur geschrieben, jetzt arbeitet er für den Rundfunksender CBS New York. Und was zu jener

Zeit noch sensationell neu ist: Er sendet live aus Berlin.

In vielen Parks und auf öffentlichen Plätzen werden in diesen Tagen weiterhin Geschütze aufgestellt – auch auf der roten Hartplatz-Tennisanlage des vornehmen Klubs Rot-Weiß am Grunewald, der Hermann Göring und Außenminister Joachim von Ribbentrop zu seinen Mitgliedern zählt. Der Boden des Ballsaals im Klubhaus ist nun mit Heu bedeckt: als Schlafplatz für Rekruten. Und hinter dem Gebäude verbreiten Feldküchen den Duft von Kartoffelsuppe. Dennoch treten auf den Plätzen noch immer einige Tennisspieler zu ihren Matches an.

Am Nachmittag des Tages hat die Kompanie von Hans Perels den Abmarschbefehl erhalten. Bereits einige Tage zuvor sind Soldbücher verteilt worden sowie „Hundemarken", jene kleinen Plaketten, mit denen verwundete oder tote Soldaten im Gefecht identifizierbar bleiben sollen; die Übungsmunition wurde gegen scharfe ausgetauscht.

Jetzt ist es 23.00 Uhr, und die Kompanie fährt mit abgeblendetem Licht los. Ihr Ziel: ein kleines Gehöft bei Krojanke in Pommern.

Am 25. August bezieht das Oberkommando des Heeres sein Kriegshauptquartier bei Zossen, etwa 35 Kilometer südlich von Berlin. Mittags ergeht der Befehl zur Mobilmachung – ohne öffentliche Bekanntmachung, denn das Ziel der Militärs ist es weiterhin, Polen unvorbereitet zu überraschen.

Der Plan sieht vor, dass das reguläre Heer binnen weniger Tage um drei Millionen Mann, 400 000 Pferde und 200 000 Fahrzeuge verstärkt wird: Mehr als 2,75 Millionen Soldaten wird das „Feldheer" nach der Mobilisierung zählen, hinzu kommen noch einmal fast eine Million Mann im sogenannten „Ersatzheer".

Ein Teil der Truppen soll während des Überfalls auf Polen die Westgrenze nach Frankreich sichern. Um das Überraschungsmoment zu wahren, soll der Angriff beginnen, noch während die Mobilmachung am nächsten Tag in ganz Deutschland anläuft.

25. August

Seit dem Nachmittag sind sämtliche Telefon- und Telegraphenverbindungen mit dem Ausland unterbrochen.

Adolf Hitler hat verfügt, dass der Angriff auf Polen am nächsten Tag, dem 26. August, um 4.30 Uhr beginnen soll. Doch als er erfährt, dass Großbritannien seine Beistandsgarantie für Polen in einen formellen Beistandspakt mit Warschau umgewandelt hat, als Benito Mussolini mitteilt, das verbündete Italien sei noch nicht kriegsbereit, und als zudem der Oberbefehlshaber des Heeres signalisiert, die deutsche Armee benötige etwas mehr Zeit zur Vorbereitung, hebt er am Abend den Angriffsbefehl wieder auf.

Als Hans Oster, der Leiter der Zentralabteilung im „Amt Abwehr" (des militärischen Geheimdienstes), von Hitlers Entscheidung erfährt, den Angriff zurückzuziehen, ist das für ihn ein großer Sieg für den Frieden.

Oster verabscheut das NS-Regime und gehört zu den führenden Persönlichkeiten des geheimen konservativen Widerstands gegen Hitler – zu einem Kreis von Verschwörern um den Chef der militärischen Abwehr, Admiral Wilhelm Canaris, die den Krieg noch vermeiden wollen.

Ein oberster Kriegsherr, der einen so einschneidenden Befehl wie den über Angriff oder Frieden binnen Stunden widerruft, sei ein erledigter Mann, sagt Oster zu einem anderen Hitler-Gegner: „Dieser Führer hat ausgeführt!"

Auch Canaris glaubt, der Frieden sei „für 20 Jahre gerettet". Damit scheint die unter den Widerständlern kursierende Frage, ob man Hitler durch einen Putsch beseitigen solle, um den Krieg zu verhindern, hinfällig geworden.

26. August

In der Nacht klingelt es an der Tür des Hauses in Bad Pyrmont, in dem die 14-jährige Ursula Sonnemann mit ihren

Militärs kontrollieren nun Bahnhöfe und Flughäfen

Eltern und einem Bruder wohnt. Der Vater erhält den Einberufungsbefehl. Die Kinder schlafen, sie hören nichts. Gegen 4.00 Uhr wird Ursula wach. Der Vater steht in Uniform am Bett, nimmt sie in den Arm und küsst sie.

Vor der Haustür wartet ein Taxi, in das der Offizier einsteigt. Ursula kennt ihren Vater bisher nur Fahrrad fahrend. Die Mutter erklärt, dass es für einen Offizier in Uniform nicht standesgemäß sei, mit dem Rad zum Bahnhof zu fahren. Die Wagentür schlägt zu, der Vater winkt. Dann ist er weg.

Später am gleichen Tag fordert der US-Botschafter alle Amerikaner in Berlin, die nicht unbedingt in der Stadt bleiben müssen, zur Heimreise auf. Die meisten Korrespondenten und Geschäftsleute haben ihre Kinder und Frauen ohnehin bereits heimgeschickt.

Von jetzt an wird es schwieriger, das Land zu verlassen: Alle deutschen Flughäfen sind gesperrt, die Bahn steht unter militärischer Kontrolle. Diplomaten müssen um Erlaubnis bitten, wenn sie aus Berlin wegfahren wollen.

Überall im Reich füllen sich Straßen und Bahnhöfe mit Reservisten, die bepackt mit Rucksäcken und Pappkartons auf dem Weg zu ihren Einheiten sind. Private Kraftfahrzeuge und Pferde, die zur „Marschreserve" gehören, werden vielerorts vom Militär herangezogen, um Einheiten eilig in Marsch zu setzen.

Sophie Scholl ist sich inzwischen sicher, dass der Krieg kommen wird, mögen andere noch auf den Frieden hoffen. An ihren Freund, den Offizier Fritz Hartnagel, schreibt sie: „Für dich geht jetzt so recht das Geschäft los. Aber ich habe euer Geschäft nicht gern. Und ich hoffe, dass ihr recht bald damit fertig seid."

Um 23.00 Uhr heulen die Sirenen in der westfälischen Kaserne, in der Bernt Engelmann im Bett liegt. Gleich nach dem Abitur hat sich der junge Mann freiwillig zum Militär gemeldet. Gegen Mitternacht rückt seine Abteilung aus.

„Jetzt kriegen die Polacken ihr Fett", freut sich einer seiner Kameraden. „Nächste Woche sind wir in Warschau, und dann geht's weiter nach Osten! Das deutsche Volk braucht Lebensraum."

27. August

Die Portiersfrau steht vor der Tür. Sie bringt Inge Deutschkron und ihrer Mutter in Berlin-Schöneberg Lebensmittelkarten. In anderen Berliner Häusern klopfen Polizisten an die Türen, um die Karten auszuteilen. Die Täfelchen haben kleine Abschnitte, die je nach Aufdruck zum Bezug von „Fett", „Fleisch", „Teigwaren" und anderen Nahrungsgütern berechtigen und vom Kaufmann durchgestrichen werden. Vom 28. August an werden die Menschen sie brauchen, wenn sie Lebensmittel kaufen wollen.

Brot, Kartoffeln, Gemüse und Obst sind noch in ausreichenden Mengen vorhanden. Fleisch und Wurstwaren hingegen gibt es nun nur noch eingeschränkt: pro Kopf und Woche 700

Luftschutzübungen sollen die Bevölkerung auf den Krieg vorbereiten. Erwachsene und Kinder trainieren das Anlegen von Gasmasken und die schnelle Flucht in einen Bunker

Jugend im Luftschutz!

Gramm. Auch Zucker (280 Gramm), Marmelade (110 Gramm), Fette und Öle (420 Gramm), Kaffee und Kaffee-Ersatz (62,5 Gramm) sowie Milch (1,4 Liter) sind rationiert.

Inges Karte und die ihrer Mutter werden ab Januar 1940 mit einem „J" für Jude gekennzeichnet werden und dann nur zu kleineren Mengen (zum Teil minderwertiger Lebensmittel) berechtigen. Später werden sie auch von allen Sonderzuteilungen und dem Kauf vieler nichtrationierter Nahrungsgüter ausgeschlossen.

28. August

Die Saison auf Usedom endet. Und was war das für eine Saison! Was für ein Sommer! Teure Hotels waren ebenso ausgebucht wie billige Privatquartiere, das Geschäft lief so gut wie schon lange nicht. Auch wenn mancher Urlauber abreisen musste, weil ihn von daheim der Einberufungsbescheid erreichte – für jeden, der sich melden musste, waren neue Besucher gekommen.

Doch nun wird am Bahnhof eine amtliche Bekanntmachung aufgehängt, dass von diesem Tag an kaum noch Züge fahren werden und die Reichsbahn keine Garantie mehr für Privatreisen übernimmt. Die Badegäste packen ihre Koffer, hasten zum Bahnhof und drängen sich in die überfüllten Züge.

Am nächsten Tag werden die Eisbudenbesitzer ihre Eismaschinen abstellen, die Droschkenkutscher ihre Pferde in den Stall bringen.

Die Zimmermädchen und Kellner, die bis gestern kaum ihre Arbeit bewältigen konnten, sind über Nacht arbeitslos geworden. Leere Motorboote werden noch ein paar Tage zwischen Bansin und Swinemünde hin- und hertuckern.

Mit Beginn des Krieges erwartet das Regime noch mehr »Opferbereitschaft« von der Bevölkerung, so in diesem Spendenaufruf. Doch die erste Reaktion vieler Menschen ist Niedergeschlagenheit

Adolf Hitler entscheidet sich an diesem Tag für den 1. September 1939 als neuen Angriffstermin gegen Polen.

29. August

Schon wieder Koffer packen, die doch gerade erst ausgeräumt worden sind. Alle vier Wochen wechseln im Kinderkurheim in Kölpinsee auf Usedom die Gruppen. Erst an diesem 29. August sind neue Kinder eingetroffen, die sich am abgegrenzten Strand des Heimes erholen sollen. Viele haben einen langen Weg hinter sich, einige sind sogar aus Wien angereist. Doch für die Neuankömmlinge heißt es schon am selben Tag, sich wieder zur Abreise fertigzumachen. Das Kinderheim müsse geräumt werden, das Haus werde zum Reservelazarett.

Die 18-jährige Elinor Lange hilft den Kleinen beim Packen. Elinor leistet im Kinderkurheim ihr Pflichtjahr, das alle Mädchen und ledige Frauen unter 25 seit 1938 meist in Haushalten mit kinderreichen Familien oder in der Landwirtschaft absolvieren müssen (sofern sie nicht zuvor schon als Arbeiterinnen oder Angestellte beschäftigt waren).

Gemeinsam mit einem anderen Mädchen soll Elinor nun eine Gruppe Kinder aus Herne und Gelsenkirchen wieder zurück nach Hause begleiten.

In Berlin verfügt die Direktion der Filmfirma Ufa auf „ministerielle Anordnung", die gerade fertiggestellte Kinoproduktion „Hallo Janine" sowie eine Reihe weiterer neuer Filme mit polnischen Untertiteln zu versehen.

31. August

William Shirer schreibt am Morgen in Berlin in sein Tagebuch: „Alle gegen den Krieg. Die Leute sprechen offen darüber. Wie kann ein Land einen entscheidenden Krieg beginnen mit einer so kriegsmüden Bevölkerung?"

Am Mittag des 31. August unterzeichnet Adolf Hitler die „Weisung Nr. 1 für die Kriegsführung", die den Angriff auf Polen endgültig auf den nächsten Morgen festlegt. Er geht fest davon aus, dass England seinen Bündnisverpflichtungen gegenüber Warschau nicht nachkommen wird.

1. September

Die Fahrzeuge der Kompanie von Alexander Stahlberg rollen mit ausgeschalteten Lichtern in tiefer Dunkelheit der

polnischen Grenze entgegen. Seit einem Monat ist Stahlberg wieder Soldat. Sein Regiment hat Quartier in der Gegend von Schlochau in Pommern unweit der polnischen Grenze bezogen.

Am Abend zuvor, Stahlberg und seine Kameraden spielten gerade Poker, kam der Angriffsbefehl. Nun sind sie auf dem Weg zur Grenze. Im Osten beginnt es langsam zu dämmern. Die polnischen Grenzpfähle sind jetzt zu erkennen; dahinter eine große Wiese, wohl einen Kilometer entfernt die ersten Bäume, zwischen denen die Dächer eines Dorfes zu sehen sind.

Die Soldaten haben ihre Uhren noch mal gestellt. Um 4.45 Uhr soll der Krieg gegen Polen beginnen.

Kurz darauf rücken zwei Heeresgruppen mit fünf Armeen in Polen ein, unterstützt von zwei Luftflotten und Einheiten der Marine – insgesamt 1,5 Millionen Soldaten mit 3600 gepanzerten Fahrzeugen sowie fast 2000 Flugzeugen. Schon bald bombardieren Geschwader der Luftwaffe in ganz Westpolen polnische Stellungen und greifen hinter der Front Fabriken und Lager, aber auch Städte und Ortschaften an.

In den frühen Morgenstunden hört Jochen Klepper, der Berliner Romanautor, vom Ausbruch der Kämpfe. Er erfährt es von einem mit ihm befreundeten Arztehepaar, das gerade zu seinen jeweiligen Kriegsdienststellen berufen worden ist.

Dank des Telefons ist die Mund-zu-Mund-Propaganda in der Hauptstadt, in der es 570 000 Anschlüsse gibt, schneller als die offizielle Verlautbarung. Als es um 5.00 Uhr dämmert, telefonieren deutlich mehr Menschen als sonst zu dieser frühen Stunde. Viele Berliner mit „kriegswichtigen" Berufen sind kurz nach den ersten Schüssen per Boten oder Telefon aufgefordert worden, so schnell wie möglich ihren Dienst anzutreten; einige benachrichtigten Freunde und Verwandte, die nun die Neuigkeit weitertragen. Als um 5.30 Uhr der Berufsverkehr beginnt, hat sie fast jeder Berliner gehört, der schon auf den Beinen ist.

Am Abend zuvor ist Elinor Lange mit den Kindern aus dem Kurheim auf Usedom nach einer ihr schier endlos erscheinenden Fahrt im Ruhrgebiet angekommen, wo sie die Kinder ihren Eltern übergeben hat. Die Nacht konnte sie bei einer Freundin in Herne verbringen. Nun, am Morgen, öffnet die Mutter der Freundin die Zimmertür und verkündet: „Fräulein Lange, jetzt haben wir den Krieg!"

Dichte, tief hängende Wolken und eine drückende Schwüle liegen am Vormittag über Berlin. Die Gesichter vieler Passanten künden von dumpfer Gleichgültigkeit und Sorge. Sie bemühen sich um Normalität, gehen wie üblich ihren Geschäften nach.

„Beinahe verödet" erscheint dem Korrespondenten der „Neuen Zürcher Zeitung" der Boulevard Unter den Linden. Nur wenige Fußgänger, noch weniger Autos. Dafür Kolonnen von SA- und SS-Männern, die seit 8.00 Uhr im Regierungsviertel aufmarschiert sind. Und Soldaten, die entlang der Ost-West-Achse einige große Flugabwehrgeschütze in Stellung bringen.

Um 10.00 Uhr wird eine Rede Adolf Hitlers im Rundfunk übertragen. Überall in Deutschland versammeln sich die Menschen an den Lautsprechern. Vor Radiogeschäften stehen große Gruppen, um durch die offenen Türen der Sendung zu lauschen.

Die Menschen können nicht sehen, dass Hitler – der in der Berliner Krolloper spricht, dem Sitz des Reichstags seit dem Brand 1933 – erstmals eine feldgraue Soldatenuniform trägt, geschmückt mit dem Eisernen Kreuz, dem Verwundeten- und dem Parteiabzeichen sowie dem Parteiadler auf dem Jackenärmel. Aber sie hören seine Sätze: Hitler beschuldigt die Polen, seine angeblichen Bemühungen um eine friedliche Lösung zunichte gemacht zu haben.

Seine Friedensliebe, seine „endlose Langmut" habe die polnische Seite mit „Gräueltaten" beantwortet. Hitler bezieht sich dabei auf angebliche „Grenz-

Luftalarm *in Berlin: Polnische* Militärflugzeuge *sind im Anflug*

zwischenfälle", die die Deutschen in Wirklichkeit zum Teil selbst heimlich inszeniert haben, um einen Anlass für ihren Angriffskrieg zu schaffen.

Dann sagt er die ebenfalls unwahren Worte: „Polen hat heute Nacht zum ersten Mal auf unserem eigenen Territorium auch mit bereits regulären Soldaten geschossen."

Und fügt hinzu: „Seit 5.45 Uhr (*in Wahrheit 4.45 Uhr, die Red.*) wird jetzt zurückgeschossen."

Inge Deutschkron und ihre Mutter versuchen, mit dem Vater in England zu telefonieren. „Fräulein, so versuchen Sie es doch noch einmal", sagt die Mutter beschwörend. „England antwortet nicht", sagt das Fräulein vom Amt kurz.

Um 18.55 Uhr ertönt in Berlin plötzlich das lang gezogene Auf und Ab des Luftalarms. Diesmal ist es keine Übung – zwei polnische Flugzeuge nähern sich. Die Menschen gehen diszipliniert in die Luftschutzkeller, mit ihren Gasmasken und den gepackten Luftschutztaschen mit Wasser, einer Notration Lebensmittel und den wichtigsten Papieren.

Draußen ist es fast unheimlich still, kein Verkehr, kein lautes Rufen. Wenige Minuten später ertönt ein lang anhaltendes Summen: Entwarnung. Noch fallen keine Bomben. Die beiden Piloten haben abgedreht.

Es ist der erste Abend mit Verdunkelung. Da alle Straßenlaternen, Schaufensterlampen und blinkenden Neonreklamen abgeschaltet worden sind, kann

man nun in der Berliner Innenstadt die Sterne am Himmel funkeln sehen.

Hunderte Menschen machen sich auf, um ihre verwandelte Metropole anzuschauen. An der Kreuzung Kurfürstendamm und Joachimsthaler Straße sind zum ersten Mal nachts die Eckhäuser ohne den grellen Schein des blinkenden „Sarotti-Mohrs" und die glitzernde Reklame für „Deinhard-Sekt" zu sehen.

Selbst die wuchtige, nicht gerade elegante Kaiser-Wilhelm-Gedächtniskirche, das neoromanische Wahrzeichen Charlottenburgs, wirkt auf einmal irgendwie schön, mit ganz eigenem Zauber: „Das Mondlicht stilisierte es zur zarten Silhouette", schreibt Inge Deutschkron später.

2. September

Ausländer strömen zum Stettiner Bahnhof, denn nur von hier aus kann man Berlin noch verlassen. Außer zu den skandinavischen Ländern sind alle internationalen Bahn-Verbindungen unterbrochen. Die US-Botschaft hat in einem Zug nach Kopenhagen zwei Waggons für ihre Staatsbürger reservieren lassen. Die Abteile sind überfüllt, Reisende sitzen auf ihren Koffern oder teilen sich zu mehreren die Sitzplätze.

Nachzügler lassen sich von Freunden und Zuschauern durch die offenen Fenster in die Wagen schieben.

3. September

Kurz nach Mittag unterbricht der Berliner Rundfunk ein Orchesterkonzert aus Hamburg und blendet Liszts „Ungarische Rhapsodie" aus. Jochen Klepper schreibt in sein Tagebuch: „Da brachte Fräulein L. die eben am Rundfunk gehörte Sondermeldung: England greift in den Krieg ein. An diesem fast verklärt zu nennenden ersten Septembersonntag nun diese furchtbare Entscheidung, um die alles noch in Hangen und Bangen war – und in letztem Hoffen." Am spä-

ten Nachmittag schließt sich Frankreich England an und erklärt Deutschland den Krieg.

William Shirer läuft durch die von der Sonne beschienenen Straßen Berlins. In den Gesichtern der Menschen sieht er nur Erstaunen und Niedergeschlagenheit. „Keine Begeisterung, keine Hochrufe, kein Blumenstreuen, kein Kriegsfieber, keine Kriegshysterie. Nicht einmal Hass auf Franzosen und Briten."

Niemand nimmt Notiz von dem Konvoi schwarzer Limousinen, der am Abend von der Reichskanzlei durch die verdunkelten Straßen der Hauptstadt zum Bahnhof fährt. Um 21.00 Uhr besteigt Adolf Hitler einen gepanzerten Sonderzug. Dann fährt der „Führer", der jetzt Feldherr ist, durch die Dunkelheit in seinen Krieg.

*

Hans Perels nimmt an den Feldzügen in Polen und Frankreich und schließlich in Afrika teil. Im Dezember 1941 erhalten seine Eltern die Nachricht, dass ihr Sohn am 26. November verwundet wurde und seither vermisst ist.

Hans und Sophie Scholl gründen mit anderen Münchner Studenten eine Widerstandsgruppe, die unter dem Namen „Die Weiße Rose" im Sommer 1942 beginnt, Flugblätter gegen Hitler zu verbreiten. Am 18. Februar 1943 werden beide verhaftet. Vier Tage später verurteilt sie der „Volksgerichtshof" zum Tode. Sie werden am selben Tag hingerichtet.

Georg Elser versucht am 8. November 1939, noch bevor seine Bombe explodiert, bei Konstanz heimlich über die grüne Grenze in die Schweiz zu gelangen, wird aber von Zollbeamten gestellt

Literaturempfehlungen: Werner Biermann, „Sommer 39", Rowohlt: *erzählt die Monate vor Kriegsbeginn aus vielen Perspektiven.* Richard Overy, „Die letzten zehn Tage. Europa am Vorabend des Zweiten Weltkriegs", Pantheon: *Schilderung des politisch-diplomatischen Countdowns.*

Ende August werden die Kriegsvorzeichen überdeutlich. Das Regime lässt Lebensmittelkarten ausgeben, mit denen etwa Fett, Fleisch, Zucker nur noch rationiert zu kaufen sind

und verhaftet. Der Anschlag auf Hitler misslingt, da der Diktator den Saal im Münchner „Bürgerbräukeller" vorzeitig verlässt. Die Polizei in München und die Gestapo in Berlin verhören Elser, ehe man ihn ins Konzentrationslager Sachsenhausen bringt. Am 9. April 1945 wird er im KZ Dachau ermordet.

Inge Deutschkron und ihre Mutter arbeiten von 1941 bis 1943 in der Blindenwerkstatt eines Berliners, der sie und andere Juden vor der Deportation bewahrt. Danach verstecken Freunde die beiden. Bis Kriegsende sind sie fast ständig auf der Flucht.

Jochen Klepper, der Romanautor, wird im Dezember 1940 Soldat, im Oktober des folgenden Jahres aber wegen „Wehrunwürdigkeit" entlassen, da er mit einer Jüdin verheiratet ist. Um seine Frau und die jüngere Tochter nicht allein in der Deportation sterben zu lassen, nimmt sich Klepper gemeinsam

mit ihnen in der Nacht auf den 11. Dezember 1942 das Leben.

Alexander Stahlberg, der im Krieg zum Umfeld des militärischen Widerstands gehört, arbeitet nach 1945 als Kaufmann. Er stirbt 1995.

Bernt Engelmann wird 1944 wegen „Judenbegünstigung" verhaftet, bis kurz vor Kriegsende ist er in mehreren Konzentrationslagern inhaftiert. Später arbeitet er als Journalist und Schriftsteller. Er stirbt 1994 in München.

Der Arzt Horst Schumann beteiligt sich ab 1939 an der „Aktion T4", der Tötung von Geisteskranken, chronisch Kranken, Missgebildeten, Alkoholkranken und sogenannten „Asozialen". Von 1942 an erprobt er in Auschwitz an Häftlingen Massensterilisierungen durch Röntgenbestrahlung; kaum ein Opfer überlebt die Prozedur. 1970 wird der Prozess gegen ihn eröffnet, aber wegen zu hohen Blutdrucks des Angeklagten abgebrochen. Am 5. Mai 1983 stirbt Schumann in Frankfurt.

William Shirer berichtet während der ersten 16 Monate des Krieges täglich über Kurzwelle aus Berlin, anderen Orten des Reichs und den von Deutschen besetzten Gebieten. Später informiert er seine Zuhörer von England und der Schweiz aus. Nach 1945 sammelt er Eindrücke aus dem zerstörten Berlin und Nachkriegsdeutschland. 1946 ist Shirer Berichterstatter des Senders CBS bei den Nürnberger Kriegsverbrecher-Prozessen. 1947 kehrt er endgültig in die USA zurück. Er stirbt 1993 in Boston.

Adolf Hitlers Krieg wird mehr als fünfeinhalb Jahre dauern, auf vier Erdteilen und auf allen Weltmeeren ausgefochten werden, riesige Gebiete verwüsten und mindestens 55 Millionen Menschen das Leben kosten. □

Ulrike Moser, 42, Autorin in Berlin, hat es gereizt, für diesen Text in Briefen, Tagebüchern und anderen Aufzeichnungen nach ganz persönlichen Kriegsängsten, nach Hoffnung und Resignation zu suchen.

EIN VOLK VOR DEM

Die Verbrechen des NS-Regimes sind erforscht und dokumentiert, doch die Schuldfrage bleibt bis
Hätten sie Adolf Hitler stoppen können? Der britische Historiker Sir Richard J. Evans über die

Richard J. Evans:
Der Experte für
deutsche Ge-
schichte lehrt an
der Universität
Cambridge

GEOEPOCHE: Herr Professor Evans, binnen weniger Monate zerschlugen die Nationalsozialisten 1933 die erste deutsche Demokratie. Warum haben die Deutschen sich nicht dagegen gewehrt?

RICHARD EVANS: Weil zum einen zunächst alles wie ein ganz legaler Prozess wirkte. Die „Machtergreifung" stützte sich auf Gesetze, denen die Bürger gehorchen mussten – zumindest im Prinzip. Darüber hinaus war die Unterwanderung der Demokratie im Grunde nichts Neues: Die Reichskanzler regierten ohnehin seit 1930 per Notverordnung, weil sie keine Gesetze mehr durchs Parlament bekamen. Wegen der Weltwirtschaftskrise standen sich ja große Gruppen der Gesellschaft unversöhnlich gegenüber: Unternehmer und Arbeiter, die Mittelschicht und die Arbeiterklasse, auch die Parteien waren in sich tief gespalten. Zum anderen wurden die ersten Gesetze des NS-Regimes natürlich von offener Gewalt auf den Straßen begleitet, willkürlichen Verhaftungen, der Errichtung erster Konzentrationslager und der Drohung mit einem Bürgerkrieg.

Kommunisten und Sozialdemokraten erzielten bei den letzten freien Reichstagswahlen zusammen weit mehr Stimmen als die Nationalsozialisten. Warum haben sie Hitler nicht gestoppt?

Der große Fehler von KPD und SPD war, dass sie einander mehr hassten als die Nationalsozialisten: der dritte Grund, weshalb die NSDAP Erfolg hatte. Die Kommunisten haben den Sozialdemokraten nie verziehen, dass die SPD-Regierung im Jahr 1919 einen kommunistischen Aufstand niedergeschlagen hat – in dessen Verlauf ihre Anführer Karl Liebknecht und Rosa Luxemburg ermordet wurden.

Und die Sozialdemokraten?

Sie hatten Angst, von der KPD manipuliert zu werden – und das zu Recht. Die kommunistischen Parteien in Europa wurden vom Sowjetdiktator Josef Stalin gesteuert, der die Sozialdemokraten als Konkurrenten um die Gunst der Arbeiter fürchtete und sie als „soziale Faschisten" beschimpfte. Deshalb befahl er, die SPD zu bekämpfen. Noch 1934, als bereits fast alle führenden kommunistischen Funktionäre

Deutschlands im Gefängnis, im Exil oder tot waren, erklärten KPD-Kader die Sozialdemokraten zu ihren schlimmsten Feinden.

Unterschätzten beide Parteien die Nationalsozialisten?

Hitlers Gegner glaubten anfangs, die NSDAP würde sich nicht sehr lange an der Macht halten, und nahmen sie sicherlich nicht ernst genug. In den 14 Jahren zuvor hatten die Regierungen ja im Schnitt alle acht Monate gewechselt.

Angenommen, die Parteien der Arbeiterbewegung wären sich einig gewesen, hätten sie dann eine Chance gehabt, die NS-Diktatur zu stürzen?

Nein, einen Sturz der Diktatur halte ich für utopisch. Das Szenario eines erfolgreichen Aufstandes von Sozialdemokraten und Kommunisten ist wenig mehr als eine Fantasie. Man muss sich nur anschauen, was 1934 in Österreich geschah, als die Sozialdemokraten tatsächlich versuchten, mit Gewalt die Diktatur des Bundeskanzlers Engelbert Dollfuß zu beenden: Sie wurden nach drei oder vier Tagen vernichtend geschlagen. Im Deutschen Reich wurden alle angedachten Umsturzversuche sehr rasch von der Gestapo unterdrückt – auch weil die Geheimpolizei Widerstandskämpfer folterte, um die Namen weiterer Verschwörer zu erpressen.

Diese brutale Effizienz ist der vierte Faktor, der den Erfolg der NS-Herrschaft erklärt.

Dennoch haben die meisten Deutschen sich dem Regime aus freien Stücken angepasst oder es sogar begrüßt. Manche Historiker haben dafür eine tiefe antiliberale und demokratiefeindliche Strömung in der deutschen Gesellschaft verantwortlich gemacht, die sie bis aufs Kaiserreich zurückführen. War die Errichtung einer Diktatur also eine konsequente Folge der deutschen Geschichte?

Genau das haben die Nationalsozialisten zu jener Zeit ja selber behauptet. Sie verkündeten, dass Deutschland seit dem Januar 1933 seine wahre Natur verwirkliche – die Demokratie verachteten sie als eine schädliche, ausländische Idee. Und sicherlich beruhte das „Dritte Reich" tatsächlich auf der Unterstützung durch große Teile der deutschen Bevölkerung.

Doch muss man dies im Verhältnis sehen: In einer freien Wahl hat die NSDAP nie mehr als 37,4 Prozent der Stimmen erhalten. Selbst im März 1933, als sie bereits den Staatsapparat für ihre Zwecke einsetzen konnte, errang sie nicht die absolute Mehrheit.

Es führt also keine direkte Linie von dem rigiden Regime des letzten Kaisers Wilhelm II. zur nationalsozialistischen Diktatur, wie manche Forscher postulieren?

Nein. Die Deutschen waren nicht von Natur aus Feinde der Demokratie, und auch das Kaiserreich hat sie nicht dazu gemacht. Im Gegenteil: Sie hatten jahrzehntelang demokratische Verhaltensweisen eingeübt und in gewissem Sinn war die demokratische Kultur in Deutschland recht gut verwurzelt – so paradox das vielleicht auch klingen mag, wenn man sich ansieht, wie kläglich die Weimarer Republik dann doch untergegangen ist. Seit den Zeiten Otto von Bismarcks durften alle deutschen Männer wählen, und bei den letzten zwei Reichstagswahlen im Kaiserreich lag die Wahlbeteiligung bei rund 85 Prozent, höher als in den meisten modernen Demokratien.

Aber das Kaiserreich war ein autoritäres System …

… gewiss – aber es beruhte dennoch auch auf Gesetzen, Parteien und dem Parlamentarismus. Vor allem gab es schon damals eine andere gewaltige Macht: die Presse. Jeder Deutsche las die Zeitung. Wir haben es also keineswegs mit einer undemokratischen Gesellschaft zu tun.

Widersprechen Sie damit nicht der vorherrschenden Meinung unter Historikern? Es gilt doch längst als erwiesen, dass ein Mangel an Demokraten zum Sturz Weimars beigetragen hat.

Das Problem in der Weimarer Republik war, dass sich das politische Klima überhitzte. Die Unzufriedenheit mit der Republik wurde so groß, dass viele Deutsche bereit waren, eine Partei zu wählen, die erklärtermaßen die Demokratie abschaffen wollte.

Warum war die erste deutsche Demokratie eine „Republik ohne Republikaner", um ein berühmtes Diktum zu zitieren?

Weil sie den Deutschen weder wirtschaftlichen noch internationalen Erfolg brachte. Das ist meiner Meinung nach der entscheidende Faktor für ihren Untergang: der fünfte Grund für den Triumph der Nationalsozialisten.

Viele Deutsche waren vom Ausgang des demokratischen Experiments, das 1918 begonnen hatte, zutiefst enttäuscht. Die meisten von ihnen fühlten, dass die Republik unfähig war, mit der Weltwirtschaftskrise fertigzuwerden – was in gewisser Hinsicht ja auch tatsächlich zutraf. Deshalb gab die Masse der Deutschen die Hoffnungen auf, die sie zuvor in den Parlamentarismus gesetzt hatte. Das machte es natürlich all jenen Kräften leicht, die das System ohnehin stürzen wollten, zum Beispiel vielen hohen Offizieren der Reichswehr oder auch den Nationalsozialisten.

Die Demokratie verlor in der Folge immer mehr an Rückhalt …

Richtig. 1932 hatten viele Leute die Republik einfach satt. Indem sie für die NSDAP stimmten, sagten sie, dass sie diesen Staat nicht mehr wollten. Protest – das ist der wichtigste Grund für den Wahlsieg der Nationalsozialisten.

Und die NS-Ideologie an sich spielte keine Rolle? Teilten die Deutschen überhaupt die Thesen, die Adolf Hitler schon 1925 in „Mein Kampf" formuliert hatte – etwa seine Ankündigung eines Eroberungskriegs im Osten, der Errichtung einer Diktatur und der Verfolgung der Juden?

Nun, die Verkaufszahlen für Hitlers Werk schnellten erst nach der „Machtergreifung" in die Höhe. Und nur eine Minderheit hat „Mein Kampf" tatsächlich gelesen. Die meisten Deutschen konnten 1933 wahrscheinlich gar nicht genau sagen, was die Nationalsozialisten vorhatten. Die NSDAP hatte ja kein exaktes Programm, das festlegte, was sie tun würde.

Ist das wirklich so? Wer wollte, konnte doch sehr wohl wissen, was die Nationalsozialisten planten.

Aus heutiger Sicht muss man den Deutschen von damals sicherlich vorwerfen, dass sie einige Aussagen Adolf Hitlers nicht ernst genug genommen haben. Doch auch wir lesen heutzutage ja nicht immer die Parteiprogramme aller politischen Gruppierungen. Anfang der 1930er Jahre hatten die Deutschen existenzielle Sorgen: einen Job zu bekommen, die Familie zu ernähren, den Bankrott zu vermeiden. Deshalb hörten sie nur das, was sie hören wollten. Viele radikale Ideen der Nationalsozialisten ignorierten sie.

Zudem verschärfte sich die NS-Ideologie im Laufe der Jahre noch. Meiner Ansicht nach waren die Nationalsozialisten auch deshalb so attraktiv und ihre Diktatur spätestens ab 1935 weitgehend akzeptiert, weil sich ihre Ideologie mit einer viel populäreren Idee überschnitt: dem Nationalismus.

Die Deutschen wählten die NSDAP Ihrer Einschätzung nach auch, weil sie süchtig nach nationaler Größe waren?

In gewissem Sinne schon. Das Gefühl, dass Adolf Hitler dem Reich zu alter Machtfülle verhelfen würde, war damals weit verbreitet. Deshalb unterstützten die meisten Deutschen die Revision des Versailler Vertrags, den Aufbau der Wehrmacht und den „Anschluss" Österreichs.

Allerdings: Diese Ziele sollten gewaltlos erreicht werden. In diesem Punkt unterschieden sich die gewöhnlichen Deutschen von den Nationalsozialisten – denen ging es im Kern nur um Krieg und Gewalt. Alles, was sie seit 1933 taten, diente der Vorbereitung eines Krieges und sollte die Menschen davon überzeugen, dass der Krieg eine gute Sache war.

Öffentlich aber leugnete Hitler stets, dass er einen Angriffskrieg plante. Stattdessen versprach er den Deutschen eine Ära des Wohlstands und das Ende der Massenarbeitslosigkeit.

Die Vision einer wohlhabenden „Volksgemeinschaft" – die ja ebenso zur NS-Ideologie gehörte wie der Traum von nationaler Größe – war äußerst populär. Die Nationalsozialisten weckten in vielen Bürgern des Landes die Hoffnung,

ten sie sofort Großdemonstrationen mit allen Symbolen, Bannern und Standarten, die sie haben. Und das entfaltet eine ganz andere Wirkung.

Hitler hatte keinen höheren Schulabschluss, keinen Beruf und auch keine großen Talente, wenn man von seiner rhetorischen Begabung einmal absieht. Wie konnte sich so ein vermeintlicher Versager zum Diktator über Millionen aufschwingen?

Er nutzte seine eigene Biografie, um sich auf äußerst geschickte Art als ein Politiker zu inszenieren, der jenseits aller Klassen stand. Er war anders als viele andere Politiker in den Augen vieler Deutscher keine spaltende Figur: Er war Frontsoldat, kam aus einfachen Verhältnissen, sprach ständig davon, wie arm er vor dem Ersten Weltkrieg gewesen war und dass er als Patriot sein Leben für Deutschland geopfert hatte. Dieses Image verbreitete er sehr erfolgreich, und viele gewöhnliche Deutsche konnten sich damit identifizieren.

Die Nationalsozialisten waren besessen vom Recht des Stärkeren. Waren sie im Kampf gegen ihre Konkurrenten besonders unerbittlich?

WARUM KAM ES AUSGERECHNET IN DEUTSCHLAND ZUM

dass sie Deutschland wieder aufbauen und das Problem der Massenarbeitslosigkeit lösen würden.

Was ihnen aber – anders als von der NS-Propaganda verkündet – nur zum Teil gelungen ist.

Richtig. Es waren nicht Großprojekte wie etwa der Autobahnbau, die die Vollbeschäftigung brachten, sondern die Einführung der Wehrpflicht 1935 sowie die Wiederbewaffnung – und auch das nur um den Preis gewaltiger Verschuldung und versteckter Inflation.

Adolf Hitler wird häufig als „Verführer der Deutschen" dargestellt. Ist das nichts weiter als ein Klischee, oder übte er tatsächlich eine besondere Anziehungskraft aus?

Hitler besaß sicher ein außerordentliches Charisma – das ist das einzige Wort, das mir dazu einfällt. Und dieses Charisma wurde durch geschickte Propaganda noch extrem verstärkt. Betrachtet man Filmaufnahmen, die Hitler in den frühen 1920er Jahren zeigen, dann wirkt er überhaupt nicht beeindruckend; da ist er nur ein Mann auf einer Seifenkiste, der in einem schmutzigen Regenmantel in der Mitte eines Platzes steht und für die NS-Ideologie wirbt. Aber als die Nationalsozialisten 1933 an die Macht kommen, veranstal-

Ja, absolut. Die NSDAP mit ihren SA-Männern war die mit Abstand brutalste politische Bewegung der Weimarer Republik. Sie war viel eher als andere bereit, extreme, ungehemmte Gewalt auszuüben. Alle anderen Parteien, sogar die KPD, haben selbst in der erbittertsten politischen Auseinandersetzung eine gewisse Grenze nie überschritten. Auch deshalb wurden sie von den Nationalsozialisten an den Rand gedrängt und ausmanövriert.

Deutschland verfügte 1933 über eine kleine, aber schlagkräftige Armee. Warum ließ die Reichswehr die Machtergreifung dieser unberechenbaren Extremistenpartei zu, die sich zudem bereits häufig gegen die Eliten Deutschlands gestellt hatte?

Weil sie einige wichtige Aspekte der NS-Politik guthieß, besonders in der Außenpolitik. Die Armeeführung signalisierte im Frühjahr 1933 allen Politikern sehr deutlich, dass sie keinen Bürgerkrieg wollte und dass sie die NSDAP unterstützte. Hitler musste ihr nur drei Dinge versprechen: die Aufrüstung, den Bruch des Versailler Vertrags sowie die Vorbereitung eines neuen Krieges, um die Schmach der Niederlage von 1918 vergessen zu machen.

War die Weimarer Republik damit bereits Anfang 1933 dem Untergang geweiht?

Ja, aber eigentlich war ihr Schicksal schon viel früher besiegelt. Seit dem Beginn der Weltwirtschaftskrise hatten sich die Optionen immer weiter verringert. 1930 gab es im

Grunde nur noch zwei Alternativen: eine Wiederherstellung des Kaiserreiches in einer radikalen Form – also eine autoritäre Regierung, die die Kommunisten entrechtet, die Sozialdemokraten unterdrückt und die Befugnisse des Reichstags eingeschränkt hätte; oder eben die nationalsozialistische Ein-Partei-Diktatur. An die Wiederbelebung der Republik war 1932 jedenfalls nicht mehr zu denken. Vor allem darf man eines nicht vergessen: In ganz Zentraleuropa brachen damals die Demokratien zusammen; es gab kaum einen Staat, in dem diese Regierungsform überlebte.

Die NS-Diktatur entsprach also dem Zeitgeist?

Durchaus. Deshalb akzeptierten die Menschen den NS-Staat ja auch so bereitwillig. Sie dachten, dies sei mehr oder weniger normal, eben ein Teil der modernen Zeiten. Ein extremes Beispiel dafür war die Massensterilisierung der sogenannten „Geisteskranken" und „Asozialen" in den 1930er Jahren: In dieser Frage unterschied sich die NS-Diktatur gar nicht so sehr von anderen Regierungen – Zwangssterilisierungen gab es auch in Skandinavien und den USA. Die Nationalsozialisten betrieben sie zwar in viel größerem Umfang,

Juden – wie übrigens auch in den meisten anderen Ländern jener Zeit. Diese Ablehnung verschärfte sich jedoch, als die NS-Propaganda ab 1933 ständig die immer gleichen Lügen wiederholte: etwa dass die Juden gefährliche Parasiten seien, dazu Betrüger, Kriegsgewinnler und die wahren Schuldigen an der deutschen Niederlage im Ersten Weltkrieg.

Das ging nicht spurlos an den Deutschen vorüber: Studiert man zeitgenössische Quellen, so findet man in späteren Jahren immer häufiger auch frühere Sozialdemokraten, die sagen, dass sie zwar keine Antisemiten seien, die Juden aber trotzdem ein Problem darstellten.

In den 1930er Jahren wurden den deutschen Juden Vermögenswerte in Höhe von mehr als zehn Milliarden Reichsmark geraubt. Inwieweit haben sich bei diesen vom NS-Regime initiierten „Arisierungen" auch gewöhnliche Bürger bereichert?

Anfangs zögerten viele deutsche Unternehmer, sich daran zu beteiligen, weil die Juden tief in der Geschäftswelt verwurzelt waren. In Hamburg zum Beispiel beteiligten sich deutsche Firmen recht spät an den „Arisierungen". Erst als sie sahen, dass die nun immer alltäglicher wurden und das

SCHLIMMSTEN VERBRECHEN DER MENSCHHEITSGESCHICHTE?

aber damals empfanden viele Menschen, dass solche Programme zu einer „modernen" Sozialpolitik gehören.

Keine Gruppe aber haben die Nationalsozialisten mit solcher Unversöhnlichkeit verfolgt wie die Juden.

Der Judenhass der Nationalsozialisten war in der Tat extremer und umfassender als in anderen Ländern – und doch muss man in dieser Frage bedenken, dass es zu jener Zeit auch im übrigen Europa antisemitische Regime gab, etwa in Ungarn, Polen und Rumänien. Vor allem in Osteuropa war der Antisemitismus sehr weit verbreitet und wurde zum Teil auch von den Regierungen unterstützt, nur wurde er nicht so radikal umgesetzt wie in Deutschland.

War die NSDAP wegen ihrer Radikalität so populär?

Nein, der Antisemitismus trug nichts zu ihrer Beliebtheit bei. Nach den Wahlen von 1928, als die NSDAP weniger als drei Prozent erzielte, untersuchten die Nationalsozialisten sehr genau, warum sie so schlecht abgeschnitten hatten. Sie erkannten, dass ihr militanter Judenhass die Bevölkerung verschreckte. Also spielten sie ihn herunter. Erst später, als die Nationalsozialisten in der Regierung waren, verstärkten sie ihn wieder.

Die Deutschen waren gar keine Antisemiten?

Da muss man differenzieren. Es gab in weiten Teilen der deutschen Bevölkerung durchaus eine latente Ablehnung der

Regime die Unternehmer drängte, dabei mitzumachen, begannen sie im Leid der Juden mehr und mehr ihren eigenen Vorteil zu suchen.

Doch eine beträchtliche Minderheit der deutschen Unternehmer, vermutlich jeder Fünfte, schloss irgendeine Form von „Anstands-Abkommen" mit den jüdischen Besitzern – entweder kaufte man die Firma zu einem vernünftigen Preis, oder man schickte ihnen Geld ins Exil oder erlaubte ihnen hinter den Kulissen, weiter eine Rolle in der Geschäftsführung zu spielen.

Der Antisemitismus mag ein europäisches Phänomen gewesen sein, der Holocaust war es sicher nicht. Weshalb radikalisierte sich gerade in Deutschland der Judenhass so sehr, dass hier das schlimmste Verbrechen der Menschheitsgeschichte begangen werden konnte?

Über diese Frage streiten Historiker schon sehr lange. Ich für meinen Teil glaube, dass Hitler persönlich die Radikalisierung unter seinen Gefolgsleuten – und damit irgendwann auch unter den Hunderttausenden Mittätern – vorangetrieben hat. Sein fanatischer und mörderischer Antisemitismus war ja schließlich der Kern seiner politischen Überzeugungen. Ohne den Judenhass des mächtigsten Mannes im

„Dritten Reich" hätte es zwar vermutlich auch antisemitische Gesetze und Pogrome in Deutschland gegeben, aber sie wären nicht annähernd so mörderisch gewesen.

Aber die meisten Offiziere etwa der Wehrmacht waren doch auch Antisemiten.

Dennoch glaube ich nicht, dass sie von sich aus den Holocaust erdacht hätten. Wahrscheinlich hätten sie die Bürgerrechte der Juden eingeschränkt, aber sie hätten sie nicht in die Gaskammern geschickt.

Demnach hat Ihrer Ansicht nach der amerikanische Historiker Daniel Goldhagen unrecht, wenn er behauptet, dass die allermeisten Deutschen die Sicht der Nationalsozialisten auf die Juden teilten – dass sie also „Hitlers willige Vollstrecker" waren?

An den Massenmorden waren schätzungsweise 300 000 Deutsche beteiligt. Das ist eine sehr große Zahl, aber man muss sich klarmachen, dass wir von einem Land sprechen, in dem knapp 70 Millionen Menschen lebten. Gemessen daran, war also nur eine Minderheit direkt in Verbrechen verstrickt.

Die im April 1933 einsetzende Judenverfolgung zeigte überdeutlich, wie aggressiv und gefährlich das NS-Regime wirk-

lich war. Weshalb haben die westeuropäischen Mächte die Nationalsozialisten nicht gestoppt, sondern Hitler stattdessen jeden Wunsch erfüllt?

Ein wichtiger Grund für die Politik des „Appeasement" – also der Beschwichtigung Hitlers – war die damals vor allem in Großbritannien weit verbreitete Ansicht, dass der Versailler Vertrag unfair zu Deutschland gewesen sei. In Versailles hatte man zwar das Prinzip der nationalen Selbstbestimmung festgeschrieben, es dann aber auf die Deutschen nicht angewendet. Der britische Premier Neville Chamberlain glaubte, dass Hitler aufhören würde, weitere Forderungen zu stellen, wenn man ihm endlich das gäbe, was er verlangte. Es war Chamberlains großer Fehler, nicht zu erkennen, dass Hitler sich niemals zufriedengeben würde.

Obwohl der Premier ein erfahrener Staatsmann war, der die Politik Großbritanniens jahrzehntelang mitgeprägt hatte?

Chamberlain war verwirrt. Wie die meisten britischen Politiker war er unfähig, mit jemandem fertigzuwerden, der sich wie Hitler nicht an die Spielregeln der Politik hielt …

HABEN DIE NATIONALSOZIALISTEN DIE DEUTSCHEN MIT TERRO

Daniel Goldhagen zufolge hat sich die deutsche Nationalidentität im 19. Jahrhundert vor allem in Abgrenzung von den Juden als den „Anderen" herausgebildet, die als das genaue Gegenteil der Deutschen galten. Für ihn war der Antisemitismus ein konstitutiver Bestandteil der Idee, deutsch zu sein. Können Sie ihm da folgen?

Nein, überhaupt nicht. Die Art und Weise, wie Goldhagen seine Theorie aus der historischen Entwicklung herleitet, ist meiner Ansicht nach höchst problematisch: Sie funktioniert nur, wenn man all jene liberalen Stimmen in Deutschland ignoriert, die im 19. Jahrhundert erfolgreich volle Bürgerrechte für die Juden forderten.

Vor allem aber vergisst Goldhagen, dass 1932 mehr als ein Drittel der Wähler – nämlich die allermeisten Anhänger von SPD und KPD – den Antisemitismus nachweislich ablehnten, für sie war er schlicht der „Sozialismus der dummen Kerls". Unglücklicherweise nahmen sie die Judenfeindlichkeit nicht so ernst, wie sie es hätten tun sollen. Sie dachten eben, sie sei nur ein törichter, ideologischer Auswuchs des untergehenden Kleinbürgertums.

… der unter anderem log, betrog und überhaupt nicht daran dachte, Verträge zu erfüllen.

Genau. Die internationale Diplomatie beruht ja normalerweise auf der Annahme, dass die Menschen die Regeln befolgen.

Und was war mit Chamberlains großem innenpolitischen Gegenspieler Winston Churchill?

Der hat anders als Chamberlain schon recht früh erkannt, dass Adolf Hitler entschlossen war, die Welt oder zumindest Europa zu erobern und nicht nur jene Gebiete an Deutschland anzuschließen, in denen Deutsche lebten. Doch er war eben nicht in der Regierung.

Als Neville Chamberlain im September 1938 mit Hitlers vermeintlichem Friedensversprechen aus München zurückkehrte, wurde er wie ein triumphierender Feldherr empfangen. Wieso diese Begeisterung?

Die Menschen hatten zuvor große Angst gehabt – und waren nun erleichtert, dass es nicht zum Krieg kommen würde. Überall in Europa herrschte große Furcht vor einem nächsten Waffengang, vor allem vor einem Luftkrieg. Ein Angriff wie auf das spanische Guernica – als gut zwei Dutzend deutsche Bomber im April 1937 innerhalb weniger Stunden eine ganze Stadt zerstörten – bewegte jeden, auch weil es dagegen keine Verteidigung zu geben schien. Sie müssen wissen, dass während der Sudetenkrise im September 1938 in Großbritannien Tausende Kinder aus London evakuiert wurden. Engländer und Deutsche glaubten gleichermaßen, dass ein Krieg aus der Luft alle großen Städte verheeren würde – was sich später ja auch als richtig herausstellte. Deshalb wollte Chamberlain einen Krieg um jeden Preis verhindern.

Die deutsche Bevölkerung wollte den Krieg aber auch nicht.

Stimmt. Deshalb war sie ja enorm erleichtert, als Hitler Österreich mit friedlichen Mitteln annektierte. Dieser „Anschluss" war ungeheuer populär, ebenso die Besetzung des „Sudetenlandes". Als dann die Feldzüge gegen Polen und Frankreich mit überraschend schnellen und scheinbar mühelosen Triumphen endeten, wurden auch diese gefeiert. Dagegen waren die Deutschen vor dem Überfall auf die Sowjetunion im Juni 1941 voller Angst. Sie ahnten wohl, dass dies eine ganz andere Art von Krieg werden würde.

Sie sagen, die Deutschen fürchteten den Weltenbrand. Warum haben sie den Krieg dennoch bis zum Ende ausgefochten?

Vermutlich aus Patriotismus und Nationalismus. Viele Deutsche glaubten, dass sie ihr Land verteidigen müssen,

verhungert, aber man kann nicht behaupten, dass sie ein angenehmes Leben führten. Im Laufe des Krieges verschlechterten sich die Lebensbedingungen auch in Deutschland zusehends: Die Rationen schrumpften, ein Schwarzmarkt entstand, und normale Läden blieben immer häufiger leer. Obwohl sie mit harten Strafen rechnen mussten, erzählten sich die Leute nun bitterböse Witze über den Mangel und ihre Enttäuschung über das Regime.

Nach Ende des Krieges beschuldigten die Siegermächte alle Deutschen der Komplizenschaft an den Verbrechen des NS-Regimes. Hatten sie recht, trugen die Deutschen eine Kollektivschuld?

Es ist sehr leicht, im Nachhinein moralische Urteile zu fällen – vor allem über Menschen, die sich in einer Situation befunden haben, von der man nicht weiß, wie man sich selbst in ihr benommen hätte.

Mein Kollege, der Hitler-Biograf Ian Kershaw, hat einmal geschrieben, dass er nur zu gern glauben möchte, dass er sich widersetzt hätte. Aber er befürchte doch, dass er wahrscheinlich genauso verblendet und hilflos gewesen wäre wie die

EINGESCHÜCHTERT – ODER MIT WOHLSTAND BESTOCHEN?

was immer auch geschieht. Sie kämpften nicht deshalb weiter, weil sie den Nationalsozialismus unterstützten, sondern weil sie glaubten, dass Deutschland sonst untergehen würde. Dazu kam die Angst vor der Sowjetunion, die von der NS-Propaganda noch verstärkt wurde.

Darüber hinaus wandelte sich das NS-Regime gegen Ende des Krieges vollends in einen Terrorstaat, dessen Brutalität nun im Prinzip alle Deutschen bedrohte. Etwa in der Armee: Während des Ersten Weltkriegs wurden 48 Soldaten von Kriegsgerichten wegen „Wehrkraftzersetzung" oder Desertion zum Tode verurteilt, im Zweiten Weltkrieg waren es mehr als 20 000. Am Ende wurden die Menschen öffentlich in den Straßen aufgeknüpft.

Der deutsche Historiker Götz Aly hat kürzlich argumentiert, das NS-Regime habe die Deutschen nicht mit Terror eingeschüchtert, sondern mit Wohlstand bestochen. Was sagen Sie dazu?

Die NS-Herrschaft war weder eine „Gefälligkeitsdiktatur", wie Aly behauptet, noch eine „Raubgemeinschaft", wie er schreibt, und die Belege für seine Thesen erscheinen mir wenig überzeugend.

Spätestens im Jahr 1937 war die deutsche Wirtschaft schon völlig auf den Krieg ausgerichtet: Ressourcen wurden auf die Rüstung konzentriert, und verglichen mit 1928 hatte sich der Lebensstandard kaum verbessert. Während des Zweiten Weltkriegs sind zwar keine deutschen Zivilisten

große Mehrheit der Deutschen damals. Meine Generation – ich bin Jahrgang 1947 – hat großes Glück gehabt: Wir mussten uns nicht jenen schrecklichen Dingen stellen, die unsere Eltern erlebt haben. Deshalb zögere ich, wohlfeile Richtersprüche abzugeben.

Wenn Sie die Deutschen schon nicht anklagen wollen, was ist dann Ihrer Meinung nach die Konsequenz aus der Erfahrung des „Dritten Reichs"?

Ich denke, es ist wichtig, dass Deutschland heute eine kollektive Verantwortung für seine Vergangenheit empfindet, so wie wir in Großbritannien eine kollektive Verantwortung für das Empire fühlen sollten.

Die Deutschen von heute sind nicht mehr die von 1939, ihre politische Kultur hat sich radikal gewandelt, das weiß jeder – aber dennoch gibt es eine fortdauernde Identität, die eine gewisse Verantwortung nach sich zieht. Ich meine die Verantwortung, die Opfer nicht zu vergessen. Und auch nicht die Ursprünge der Gewalt. □

Professor Sir Richard J. Evans, 65, hat Aufstieg, Herrschaft und Fall der Nationalsozialisten in einer monumentalen und hochgelobten Trilogie analysiert (DVA). Das Interview führten Cay Rademacher, Dr. Josef Schmid und Joachim Telgenbüscher.

GEO Shop-Angebot

Sparen Sie jetzt bis zu 20 % auf GEO Kalender 2013!

Sichern Sie sich noch schnell vor dem Jahreswechsel einmalige Bildwelten von GEO.

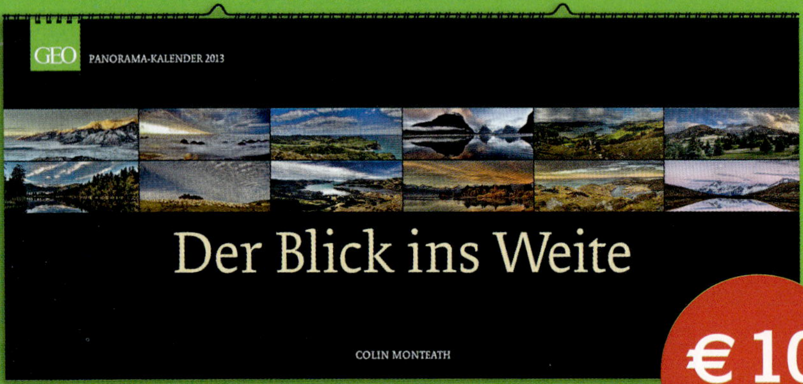

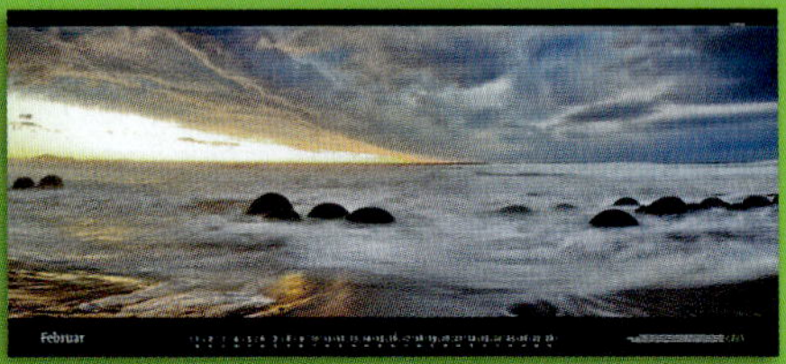

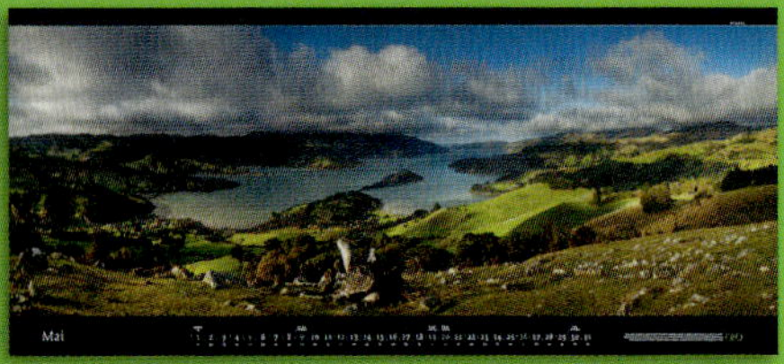

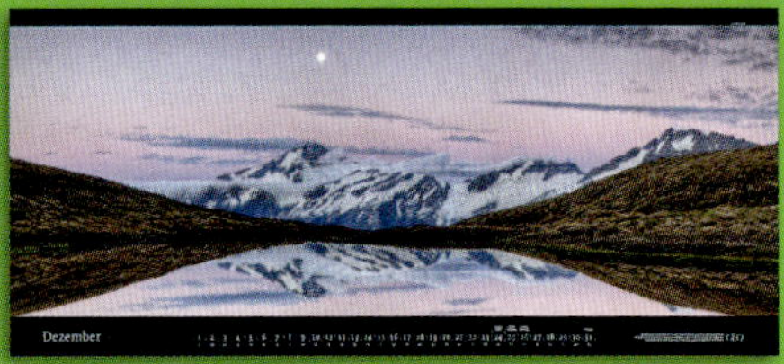

€ 10 sparen!**

GEO-Panorama-Kalender 2013 „Der Blick ins Weite“

Die Wahlheimat des Fotografen Colin Monteath ist wie geschaffen für seine Panorama-Aufnahmen: Der Himmel über Neuseeland scheint von einer anderen, unendlichen Dimension zu künden. An den sanften Hängen der Fjordufer sucht man unvermittelt nach Hobbits. Und wo die Meeresfinger ins Hügelland mäandern, überzogen von spektakulären Wolkenschleiern – da träumt sich der Betrachter hinein ins Unberührte.
Maße: 137 x 60 cm

Best.-Nr.: G728315
Preise: A: € 99,90/CH: Fr. 129.–

€ 99,00

statt UVP ~~€ 109,–~~

Abonnentenpreis € 89,–

€ 10 sparen!**

GEO SAISON-Panorama-Kalender 2013 „Die schönsten Gärten der Welt“

Natur in Reinkultur: Mit hinreißenden Panoramafotos entwirft der Kalender ein Portfolio blühender Fantasie. Eine Reise zu den prachtvollsten Gärten der Welt, in denen formale Strenge regiert oder kunstvoll arrangierter Wildwuchs.
Maße: 120 x 50 cm.

Best.-Nr.: G728324
Preise A: € 99,90/CH: Fr. 129.–

€ 99,00

statt UVP ~~€ 109,–~~

Abonnentenpreis € 89,–

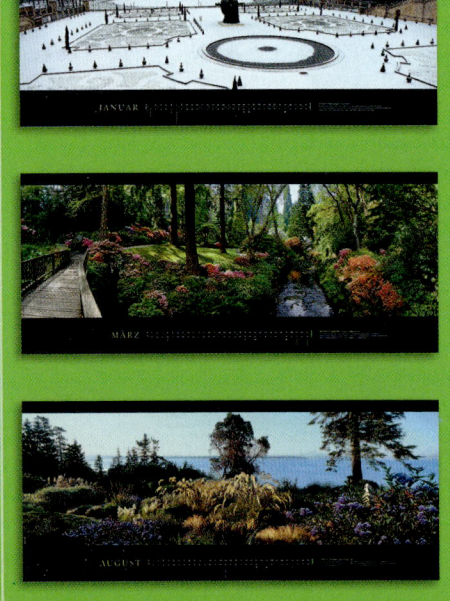

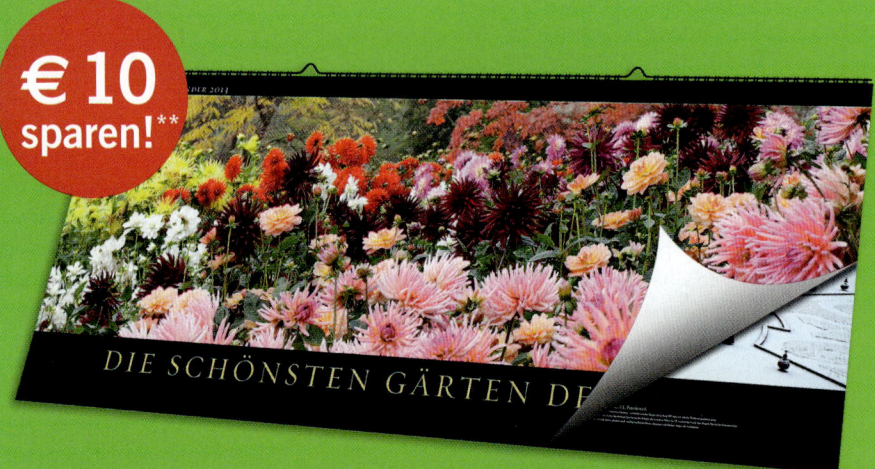

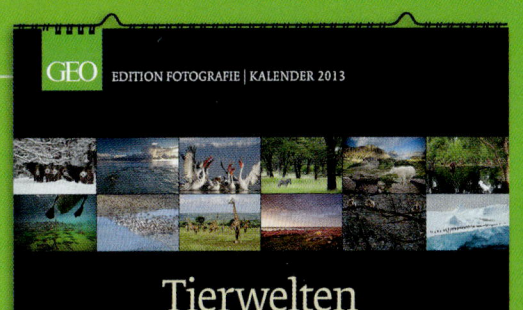

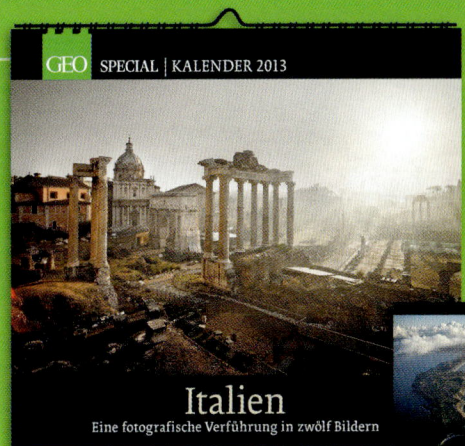

Der Weg in den KRIEG

Fest etabliert, agiert das NS-Regime ab 1937 immer radikaler: Es raubt Juden den Rest ihrer bürgerlichen Existenz, baut neue Konzentrationslager und betreibt eine Expansionspolitik, die Krieg anstrebt

VON ANDREAS SEDLMAIR, TILMAN BOTZENHARDT (PORTRÄTS) UND THOMAS WACHTER (KARTE)

1937

Im Januar 1937 steht Adolf Hitler im Zenit seiner Macht. Seit seiner Ernennung zum Reichskanzler am 30. Januar 1933 ist es seinem Regime gelungen, durch die Entmachtung des Parlaments, die systematische Gleichschaltung von Staat und Gesellschaft sowie die brutale Verfolgung politischer Gegner eine Diktatur zu errichten, der sich schon bald keine bedeutende Kraft mehr entgegenstellt. Neben den Vertretern der verbotenen Arbeiterparteien SPD und KPD haben vor allem die deutschen Juden unter der Herrschaft der antisemitischen NSDAP zu leiden: Sie werden diskriminiert, aus vielen Bereichen des öffentlichen Lebens ausgegrenzt und ihres Vermögens beraubt.

Ein Großteil der Deutschen jedoch sieht in Hitler einen Heilsbringer. Vielen von ihnen hat seine kreditfinanzierte Wirtschaftspolitik eine Verbesserung ihrer Lage gebracht. Auch die außenpolitischen Erfolge des „Führers", etwa die Remilitarisierung des Rheinlands im März 1936, begeistern die Massen. Entgegen den Bestimmungen des verhassten Versailler Vertrags rüstet Hitler seit 1933 auf und bereitet so sein wichtigstes Projekt vor: einen großen Krieg, in dem Deutschland sich „Lebensraum" im Osten Europas erkämpfen soll.

30. Januar. Der Reichstag, das fast ausschließlich mit Vertretern der NSDAP besetzte Scheinparlament, verlängert die Gültigkeit des „Ermächtigungsgesetzes" um vier Jahre. Mithilfe dieses Paragrafenwerks, in dem der Regierung Hitler das Recht zugestanden wird, Gesetze ohne die Zustimmung des Reichstags zu erlassen, konnte die NSDAP im März 1933 ihre Diktatur errichten.

Am selben Tag ernennt Adolf Hitler den Architekten Albert Speer zum „Generalbauinspektor der Reichshauptstadt". Der 31-Jährige soll Berlin mit gigantomanischen Projekten zur „Welthauptstadt Germania" umbauen. Doch wird keiner dieser Pläne umgesetzt.

20. April. Die Führung der NSDAP lockert die seit dem 1. Mai 1933 geltende Aufnahmesperre für neue Parteimitglieder – vor allem aus finanziellen Gründen. Bis 1945 wächst die Organisation, die Anfang 1933 rund 850 000 Mitglieder hatte, auf 8,5 Millionen „Parteigenossen" an.

26. April. Deutsche Bomber und Jagdflugzeuge der „Legion Condor" zerstören die nordspanische Kleinstadt Guernica fast vollständig. Bei den Angriffen sterben mehrere Hundert Menschen. Seit August 1936 kämpft die Legion Condor, ein militärischer Verband, der aus rund 5000 deutschen Soldaten und mehr als 100 Flugzeugen besteht, im Spanischen Bürgerkrieg auf Seiten des nationalistischen Generals Francisco Franco, der mit seinen Truppen die republikanische Regierung Spaniens stürzen will. Für das NS-Regime stellt der Einsatz der deutschen Flieger vor allem eine Möglichkeit dar, die Kampfbereitschaft der noch jungen Luftwaffe zu testen.

Juli. Gefangene der SS beginnen auf dem Ettersberg bei Weimar mit der Errichtung des Konzentrationslagers Buchenwald. Dieser Bau ist Teil einer zweiten

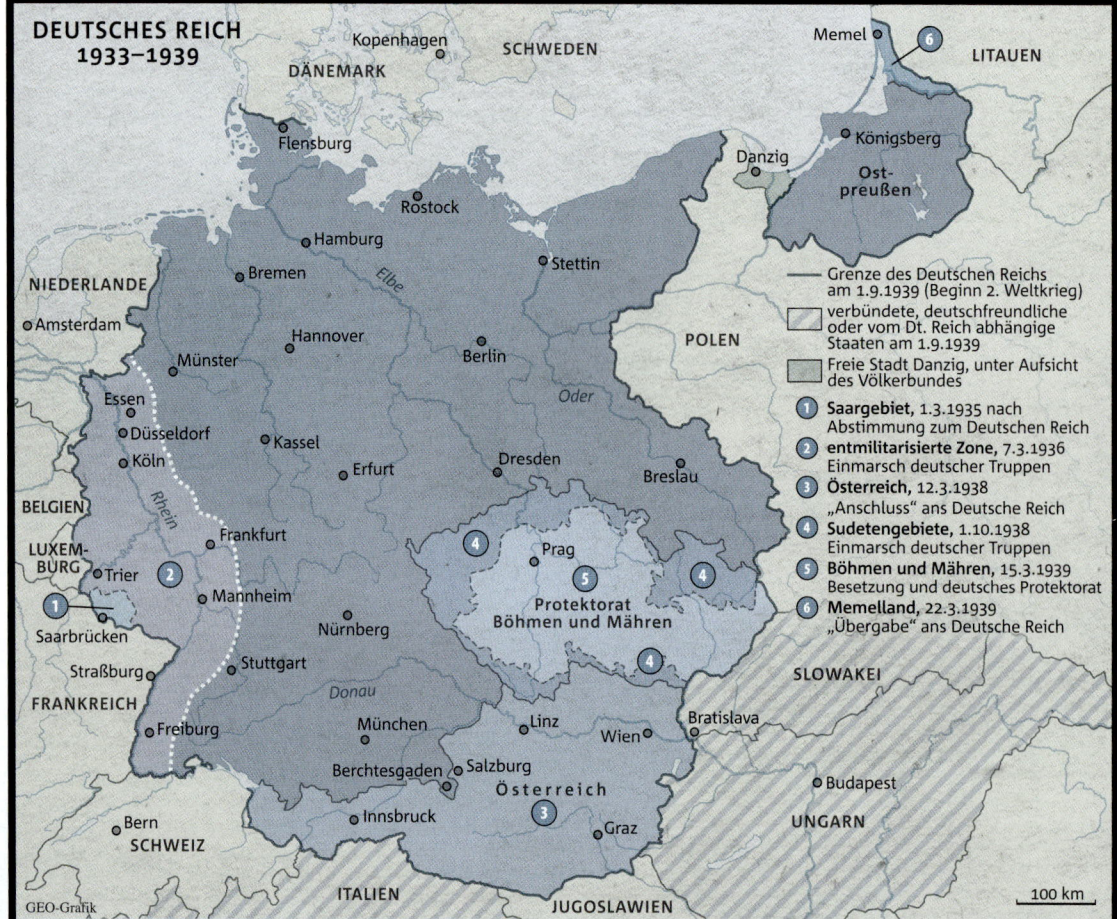

DEUTSCHES REICH 1933–1939

Kopenhagen · SCHWEDEN · DÄNEMARK · Memel · LITAUEN

Flensburg · Danzig · Königsberg · Ostpreußen

Rostock

Hamburg · Stettin

NIEDERLANDE · Bremen · Elbe

Amsterdam · Hannover · Berlin · POLEN

Münster · Oder

Essen · Dresden

Düsseldorf · Kassel · Breslau

Köln · Erfurt

Rhein

BELGIEN

Frankfurt

LUXEM-BURG · Trier · ② · Prag · ④

① · Mannheim · ⑤ · ④

Saarbrücken · Nürnberg · Protektorat Böhmen und Mähren

Straßburg · Stuttgart · Donau · ④ · SLOWAKEI

FRANKREICH · Freiburg · München · Linz · Wien · Bratislava

Berchtesgaden · Salzburg · Budapest

Österreich · UNGARN

Bern · Innsbruck · ③ · Graz

SCHWEIZ

GEO-Grafik · ITALIEN · JUGOSLAWIEN · 100 km

Grenze des Deutschen Reichs am 1.9.1939 (Beginn 2. Weltkrieg)

verbündete, deutschfreundliche oder vom Dt. Reich abhängige Staaten am 1.9.1939

Freie Stadt Danzig, unter Aufsicht des Völkerbundes

① **Saargebiet,** 1.3.1935 nach Abstimmung zum Deutschen Reich

② **entmilitarisierte Zone,** 7.3.1936 Einmarsch deutscher Truppen

③ **Österreich,** 12.3.1938 „Anschluss" ans Deutsche Reich

④ **Sudetengebiete,** 1.10.1938 Einmarsch deutscher Truppen

⑤ **Böhmen und Mähren,** 15.3.1939 Besetzung und deutsches Protektorat

⑥ **Memelland,** 22.3.1939 „Übergabe" ans Deutsche Reich

Nie geht es Hitler nur um Wiedergewinnung der im Versailler Vertrag verlorenen Gebiete, sondern von Beginn an um die Expansion zum Großreich. 1938 annektiert er – kampflos – Österreich und das »Sudetenland«, zwingt anschließend den Rest Tschechiens und das Memelland ins Reich. Und setzt dann zum Krieg gegen Polen an

Generation von Lagern in Deutschland und ein Zeichen für die nunmehr wieder verschärfte Verfolgung missliebiger Bevölkerungsgruppen: War die Gesamtzahl der KZ-Insassen in Deutschland nach dem Ende der Masseninternierungen im Jahr 1933 zunächst zurückgegangen, so werden nun wieder vermehrt Gefangene in „Schutzhaft" genommen. Zu den Insassen des Lagers Buchenwald gehören zunächst vor allem politische Gegner des Regimes, Homosexuelle, Zeugen Jehovas und Kriminelle, ab 1938 auch Zehntausende Juden.

1. Juli. Der protestantische Pastor Martin Niemöller wird aufgrund seiner Opposition gegen die staatliche Gleichschaltung der evangelischen Kirche verhaftet. Der Geistliche hat sich seit 1934 in der „Bekennenden Kirche" engagiert, einer kirchlichen Organisation, die sich als Alternative zu den von den Nationalsozialisten geförderten „Deutschen Christen" versteht. Niemöller wird als Staatsfeind zu sieben Monaten Haft verurteilt, doch da Hitler dieses Urteil als zu milde empfindet, verschleppen Männer der politischen Polizei den Pfarrer 1938 in das KZ Sachsenhausen. Niemöller verbleibt bis Kriegsende in KZ-Haft.

15. Juli. Mit Eröffnung der „Reichskanzlei Dienststelle Berchtesgaden" wird das Gebiet um den „Berghof", Hitlers Sommerresidenz am Obersalzberg, offi-

ziell zum zweiten Machtzentrum im Deutschen Reich. Schon zuvor hat Hitler einen Großteil seiner Zeit auf dem Obersalzberg verbracht, nun empfängt er hier auch Staatsgäste wie den italienischen Diktator Benito Mussolini oder den britischen Premier Neville Chamberlain.

19. Juli. In München eröffnet Adolf Ziegler, Präsident der „Reichskammer der bildenden Künste", die Ausstellung „Entartete Kunst", ein Tiefpunkt des „Säuberungskriegs" gegen die künstlerische Moderne. Zu den rund 600 Exponaten – die allesamt in deutschen Museen beschlagnahmt wurden – gehören zahlreiche Gemälde deutscher Vertreter des Expressionismus, des Dadaismus und der Neuen Sachlichkeit, aber auch Werke ausländischer Künstler der Moderne. In den folgenden Jahren wird die von Propagandaminister Joseph Goebbels initiierte Ausstellung in zwölf weiteren deutschen Städten gezeigt.

13. September. Eine Rede Hitlers auf dem Reichsparteitag der NSDAP in Nürnberg leitet eine neue Phase der antisemitischen Gewalt ein. Der Diktator beschimpft alle Juden als „durch und durch minderwertige Rasse", die sich durch „Skrupellosigkeit" und „Gewissenlosigkeit" auszeichne. In den folgenden Monaten kommt es zu zahlreichen Gewalttätigkeiten und Boykottaktionen gegen Juden; zudem erlassen die NS-Macht-

BENNO VON ARENT
(1898–1956)

1932 Eintritt in die NSDAP sowie SS, Gründer des „Bundes nationalsozialistischer Bühnen- und Filmkünstler", nach 1933 im Vorstand der „Reichstheaterkammer", 1936 „Reichsbühnenbildner", 1939 „Reichsbeauftragter für die Mode".

Der selbstgelernte Architekt und Bühnenausstatter prägt das äußere Erscheinungsbild der NS-Herrschaft mit: Als Reichsbühnenbildner kontrolliert Arent Inszenierungen an deutschen Theatern. Er gestaltet Hitlers öffentliche Auftritte mit, dekoriert etwa die Straßen für Staatsbesuche sowie für Massenaufmärsche der NSDAP. Ab 1939 entwirft Arent zudem den Orden und Uniformen. Seit 1944 arbeitet er an der Ausstattung von Theaterstücken für die Zeit nach Kriegsende. 1945 bis 1953 in sowjetischer Gefangenschaft.

MARTIN BORMANN
(1900–1945)

1927 NSDAP, 1928 Mitarbeiter im Stab der Obersten SA-Führung, 1933 Stabsleiter der Dienststelle „Stellvertreter des Führers", 1941 „Leiter der Parteikanzlei", 1943 Sekretär Adolf Hitlers.

Einer der engsten Vertrauten und ergebensten Gefolgsleute Hitlers. Bormann arbeitet ab 1930 als Leiter der Versicherungskasse der NSDAP, ab 1933 verwaltet er Hitlers Privatvermögen und die Einnahmen der „Adolf-Hitler-Spende der deutschen Wirtschaft", mit der Unternehmer gedrängt werden, den Diktator zu unterstützen. 1942 steigt Bormann zum Stellvertreter Hitlers auf. Regelt von da an alle Parteibelange und begrenzt den Zugang der Führungsspitze zum Diktator. Harrt 1945 bis zu Hitlers Selbstmord am 30. April im „Führerbunker" aus. Kommt zwei Tage später auf der Flucht zu Tode.

RICHARD DARRÉ
(1895–1953)

1930 NSDAP und SS, 1931–1938 Leiter des „Rasse- und Siedlungshauptamtes" der SS, 1933–1942 Landwirtschaftsminister und „Reichsbauernführer".

Der Diplom-Landwirt und Autor ist der Vordenker der „Blut und Boden"-Ideologie, die ein „rassisch reines" Bauerntum und dessen Landbesitz als Lebensgrundlage des Staates propagiert. Um eine „Herrenrasse" von nordischen Bauern zu schaffen, schlägt Darré vor, die Fortpflanzung durch „Zuchtwarte" zu überwachen. In den Jahren der Aufrüstung gerät sein Ideal eines rückwärtsgewandten Agrarstaats zunehmend in Widerspruch zur industriellen Massenproduktion. 1942 setzt Hitler ihn als Minister ab. Wird 1945 verhaftet und 1949 von einem US-Militärgericht zu sieben Jahren Haft verurteilt. 1953 Tod in München.

ADOLF EICHMANN
(1906–1962)

1932 NSDAP und SS, 1935 „Juden-Referent" im SD-Hauptamt, 1938 Leiter der „Zentralstelle für jüdische Auswanderung" in Wien, 1939 Leiter der Deportation der Juden aus Deutschland und allen besetzten Gebieten.

Der oberste Logistiker des Völkermords. In Wien erzwingt er die Auswanderung Zehntausender österreichischer Juden, koordiniert später von Berlin aus die Fahrpläne und Längen der Züge, mit denen Millionen Menschen in Ghettos, Konzentrations- und Vernichtungslager transportiert werden. Nach seiner Verhaftung bei Kriegsende gelingt Eichmann die Flucht nach Argentinien. Dort entführen ihn 1960 israelische Agenten; Eichmann kommt in Jerusalem vor Gericht, wird zum Tode verurteilt und 1962 hingerichtet. Er ist der Archetyp des Schreibtischtäters.

haber im Laufe des Jahres 1938 eine Vielzahl von Gesetzen und Verordnungen, die die Lage der jüdischen Bürger weiter verschlechtern. Immer mehr tritt nun das Vorhaben, möglichst viele Juden zur Auswanderung aus Deutschland zu zwingen, in den Vordergrund der antisemitischen NS-Politik.

25. September. In Berlin trifft der italienische Staatschef Mussolini ein. Der fünftägige Staatsbesuch des faschistischen Diktators soll das Bündnis zwischen Deutschland und Italien stärken, die 1936 die Bildung der „Achse Berlin–Rom" verkündet haben. Nur die Zukunft Österreichs, das Hitler mit Deut-

schland vereinen, Mussolini aber als Pufferstaat erhalten will, bleibt strittig.

5. November. Auf einer Konferenz der politischen und militärischen Spitzen des Reichs proklamiert Hitler die Notwendigkeit eines baldigen Kriegsbeginns. Schon in wenigen Jahren werde sich das militärische

Kräfteverhältnis in Europa zuungunsten des Reichs verändern, weil dessen jetzt moderne Waffen veralten würden, während die anderen Staaten weiter aufrüsteten.

6. November. Italien tritt dem „Antikominternpakt" bei, einem im Vorjahr geschlossenen Bündnis zwischen Japan und

HANS FRANK
(1900–1946)

1923 NSDAP, Teilnahme am Hitler-Putsch, 1928 Gründer des „Bundes Nationalsozialistischer Deutscher Juristen", 1933–34 „Reichskommissar für die Gleichschaltung der Justiz" und „Reichsrechtsführer", 1939 „Generalgouverneur" für das besetzte Polen.

Rechtsanwalt der NSDAP und persönlicher Anwalt Hitlers in der Weimarer Republik. Ab 1933 beseitigt Frank sämtliche juristische Berufsverbände außer dem BNSDJ, als Präsident der „Akademie für Deutsches Recht" begutachtet und verfasst er ab 1934 Gesetzentwürfe. 1939 avanciert er zum Generalgouverneur der meisten besetzten polnischen Gebiete. Er lässt Hunderttausende Menschen töten oder als Zwangsarbeiter deportieren und plündert den privaten und staatlichen Besitz des Landes. 1946 Hinrichtung als Hauptkriegsverbrecher in Nürnberg.

WALTHER FUNK
(1890–1960)

Staatssekretär im Propagandaministerium, stellvertretender Präsident der „Reichskulturkammer", 1938 Reichswirtschaftsminister, 1939 Präsident der Reichsbank.

Funk verschafft der NSDAP mit seinen als Journalist erworbenen Kontakten in die Großindustrie ab 1931 Millionenspenden; Hitler ernennt ihn zu seinem persönlichen Wirtschaftsberater und nach der Machtübernahme zum Pressechef. Als Reichswirtschaftsminister und Präsident der Reichsbank lässt Funk die Betriebe jüdischer Bürger enteignen. Gemeinsam mit Militärbefehlshaber Göring und Rüstungsminister Speer richtet Funk die Wirtschaft auf die Bedürfnisse der Kriegsproduktion aus. 1946 in Nürnberg zu lebenslanger Haft verurteilt, 1957 aus Gesundheitsgründen vorzeitig entlassen. 1960 Tod in Düsseldorf.

JOSEPH GOEBBELS
(1897–1945)

1924 NSDAP, 1926 „Gauleiter" Berlin, 1930 NSDAP-„Reichspropagandaleiter", 1933 „Reichsminister für Volksaufklärung und Propaganda" sowie Leiter der „Reichskulturkammer".

Der oberste Demagoge des Regimes trägt als Dirigent der NS-Wahlkampagnen, als Redner und als Lenker von kalkulierten Krawallen und Massenaufläufen maßgeblich zum Aufstieg Hitlers und der NSDAP bei. Nach der Machtübernahme 1933 unterwirft Goebbels Medien, Kunst und Kultur der NS-Ideologie. Seine über Zeitungen, Rundfunk und „Wochenschau-Filme" propagierte antisemitische Hetze, seine Führerkult- und Kriegspropaganda erreicht die gesamte Bevölkerung. Am 29. April 1945 ernennt ihn Hitler testamentarisch zu seinem Nachfolger als Reichskanzler. Zwei Tage später Suizid in Berlin.

HERMANN GÖRING
(1893–1946)

Teilnahme am Hitler-Putsch, 1932 Reichstagspräsident, 1933 Ministerpräsident von Preußen, 1935 Luftwaffenchef, 1936 „Beauftragter für den Vierjahresplan", 1939 als Nachfolger Hitlers nominiert.

Der Jagdflieger ist einer der größten Helden des Ersten Weltkriegs und verschafft der NSDAP mit seinem Ruhm Prestige und Kontakte unter Adeligen und Industriellen. Nach der Machtübernahme lässt er als Polizeichef in Preußen politische Gegner verhaften oder ermorden. Ab 1936 richtet Göring die deutsche Wirtschaft auf den Krieg aus; 1941 weist er Reinhard Heydrich an, den industrialisierten Massenmord vorzubereiten. Nach der gescheiterten Luftschlacht um England 1940 schwindet Görings Einfluss in der NS-Elite. 1946 Selbstmord nach Todesurteil in Nürnberg.

KARL KAUFMANN
(1900–1969)

1921 NSDAP, 1923 Teilnahme am Hitler-Putsch, ab 1925 „Gauleiter" Rheinland-Nord, seit 1929 „Gauleiter" und seit 1933 „Reichsstatthalter" in Hamburg, 1942 „SS-Obergruppenführer".

Nach der Machtübernahme leitet der ungelernte Hilfsarbeiter die Hamburger NSDAP, vertritt die Reichsregierung und steht an der Spitze der hamburgischen Landesregierung. Wohl auf Initiative Kaufmanns baut die SS das KZ Neuengamme; 1941 initiiert er die Deportation der Hamburger Juden und gibt so den Anstoß zur reichsweiten Deportation. Im Mai 1945 übergibt er die Stadt kampflos den Alliierten, wird interniert und später zu 14 Monaten Haft verurteilt. Nach seiner Entlassung arbeitet er in Hamburg als Seniorchef eines Versicherungsunternehmens. 1969 Tod in Hamburg.

RUDOLF MENTZEL
(1900–1987)

1922 SA, 1925 NSDAP, 1932 SS, 1935 Professor für Wehrchemie, 1936 Präsident der „Deutschen Forschungsgemeinschaft", 1941 zweiter Vizepräsident der Kaiser-Wilhelm-Gesellschaft.

Der Chemiker und Giftgas-Experte gehört zu den einflussreichsten Funktionären im NS-Forschungswesen. Als Referent des Wissenschaftsministeriums versucht er ab 1934, die naturwissenschaftliche Forschung auf militärische Zwecke auszurichten. Als Leiter der Deutschen Forschungsgemeinschaft fördert er zahlreiche SS-Projekte, darunter die Menschenversuche des Mediziners Josef Mengele im Vernichtungslager Auschwitz. Nach dem Krieg wird Mentzel als „Minderbelasteter" zu zweieinhalb Jahren Gefängnis verurteilt; kommt 1948 frei und arbeitet danach in der Industrie. 1987 Tod.

---

dem Deutschen Reich, das sich vor allem gegen die Sowjetunion richtet.

26. November. Wirtschaftsminister Hjalmar Schacht tritt zurück, weil er sich mit seinen Vorstellungen nicht durchsetzen kann. Während Hitler und „Wirtschaftsdiktator" Hermann Göring die Wirtschaftspolitik kon-

sequent auf einen künftigen Krieg ausrichten wollen, plädiert Schacht für eine Zurücknahme des Rüstungstempos und eine Konsolidierung der Staatsfinanzen.

1938
4. Februar. Hitler nimmt Gerüchte um angebliche private Verfehlungen des Kriegsministers Werner von Blomberg

und des Oberbefehlshabers des Heeres, Werner von Fritsch, zum Anlass, um die militärische Führung des Reichs neu zu besetzen. An die Stelle Fritschs, der Hitlers Zeitplan für den geplanten Krieg kritisiert hatte, tritt General Walther von Brauchitsch. Einen neuen Kriegsminister ernennt Hitler nicht. Vielmehr über-

nimmt er nun selbst den mit diesem Amt verbundenen Oberbefehl über die Wehrmacht. Ein „Oberkommando der Wehrmacht" unter General Wilhelm Keitel soll fortan die drei Waffengattungen Heer, Luftwaffe und Marine koordinieren. Zudem ersetzt Hitler den ebenfalls mit Kritik hervorgetrete-

nen Außenminister Konstantin von Neurath durch den überzeugten Nationalsozialisten Joachim von Ribbentrop.

12. Februar. Bei einem Treffen mit Hitler auf dem Obersalzberg stimmt der österreichische Bundeskanzler Kurt Schuschnigg der Regierungsbeteiligung eines NS-Sympathi-

santen in seinem Land zu, weil er den Einmarsch der Wehrmacht fürchtet. Seit Langem schon versucht Hitler Einfluss auf die Politik des Alpenstaats zu nehmen, dessen Annexion er anstrebt.

11. März. Wien: Unter dem Druck Berlins sowie österreichischer Nationalsozialisten tritt Bun-

JOACHIM VON RIBBENTROP
(1893–1946)

1932 NSDAP, 1933 SS, 1934 außenpolitischer Berater Hitlers, 1936 Botschafter in England, 1938 Reichsaußenminister.

Bis Kriegsbeginn der wichtigste Diplomat Hitlers. 1933 erste außenpolitische Missionen in London und Paris, das von Ribbentrop 1935 ausgehandelte deutsch-britische Flottenabkommen ermöglicht die Aufrüstung der deutschen Marine. Steigt 1936 zum Botschafter in England auf, 1938 zum Reichsaußenminister. Handelt 1939 den als „Hitler-Stalin-Pakt" bekannten Nichtangriffsvertrag mit der Sowjetunion aus. Insgesamt aber agiert Ribbentrop eher glück- und talentlos; während des Krieges verlieren er und sein Ministerium schnell an Bedeutung, Hitler betreibt immer stärker selbst die Außenpolitik. 1946 Hinrichtung nach Todesurteil in Nürnberg.

ALFRED ROSENBERG
(1893–1946)

1919 DAP (ab 1920 NSDAP), 1923–1938 Chefredakteur „Völkischer Beobachter", Teilnahme am Hitler-Putsch, 1934 „Beauftragter des Führers für die geistige Schulung der NSDAP", 1941 „Reichsminister für die besetzten Ostgebiete".

Verfasst seit 1920 antisemitische Hetzschriften; seit 1934 Chefideologe der NSDAP. Rosenberg agiert als Kulturzensor. Sein Amt überwacht die Linientreue innerhalb der Partei. Ab 1940 koordiniert er den Kunstraub im okkupierten Ausland. Der „Einsatzstab Reichsleiter Rosenberg" lässt Hunderttausende Kunstwerke nach Deutschland schaffen. Als Reichsminister für die besetzten Ostgebiete ist Rosenberg mitverantwortlich für den Völkermord an den sowjetischen Juden. 1946 Hinrichtung nach Todesurteil in Nürnberg.

GUSTAV SCHEEL
(1907–1979)

1929 „Nationalsozialistischer Deutscher Studentenbund", 1930 NSDAP und SA, 1934 SS, 1936 „Reichsstudentenführer", 1941 „Gauleiter" und „Reichs-statthalter" in Salzburg, 1944 „Reichsdozentenführer".

Der Mediziner macht zwei Karrieren im NS-Staat: In der Hochschulpolitik steigt er vom antisemitischen Agitator an der Universität Heidelberg zum „Reichsstudentenführer" auf, in der SS vom Stuttgarter Regionalchef des organisationseigenen Geheimdienstes SD zum Obergruppenführer. Ab 1941 „Reichsstatthalter" in Salzburg; Hitler ernennt Scheel noch im April 1945 in seinem Testament zum Wissenschaftsminister. 1945 Internierung, 1948 Verurteilung zu fünf Jahren Arbeitslager. Gehört später einem Netzwerk früherer NS-Kader an. Arbeitet bis 1977 als Arzt in Hamburg. Tod 1979.

FRANZ SCHWARZ
(1875–1947)

1922 NSDAP (Mitgliedsnummer 6), 1923 Teilnahme am Hitler-Putsch, 1925 „Reichsschatzmeister" der NSDAP, 1933 „SS-Obergruppenführer", 1935 „Reichsleiter".

Der NSDAP-Kassenwart verwaltet während der Weimarer Republik das NS-Vermögen so geschickt, dass Hitler ihn nach der Machtübernahme als Generalbevollmächtigten sämtliche Geldangelegenheiten der Partei regeln lässt – darunter auch Geheimprojekte wie die Finanzierung des Massenmords an Behinderten. Privat bereichert sich Schwarz an Hunderten zwangsverkauften Grundstücken, die er für Bruchteile ihres Werts von den jüdischen Eigentümern erwirbt. 1945 Internierung durch Alliierte, 1947 Tod in Internierungshaft, 1948 posthume Verurteilung als NS-Haupttäter und Vermögenseinzug.

ARTHUR SEYSS-INQUART
(1892–1946)

1938 NSDAP, 1938–1939 „Reichsstatthalter von Österreich", 1940 „Reichskommissar" in den Niederlanden.

Als Hitlers wichtigster Verbündeter in Österreich befördert Seyß-Inquart den „Anschluss" seines Heimatlands an den NS-Staat. Der Jurist gehört seit 1925 nationalsozialistischen Organisationen in Österreich an; 1938 zuerst Innenminister, dann kurz Bundeskanzler. Gliedert das Land als „Ostmark" in das Deutsche Reich ein und lässt vom ersten Tag an Juden und Regimegegner verhaften. 1940 ernennt ihn Hitler zum „Reichskommissar" in den Niederlanden; unter seiner Herrschaft werden Zehntausende Juden in Vernichtungslager deportiert und Hunderttausende Menschen als Zwangsarbeiter versklavt. 1946 Hinrichtung nach Todesurteil in Nürnberg.

WOLFRAM SIEVERS
(1905–1948)

1929 NSDAP, später Generalsekretär der SS-Forschungsabteilung „Ahnenerbe e. V.", 1939 stellvertretender „Generaltreuhänder für die Sicherung deutschen Kulturguts" in Polen, 1943 stellvertretender Leiter des Beirats des „Reichsforschungsrats".

Sievers organisiert die Forschungsarbeit des SS-Vereins „Ahnenerbe e. V.", der im Auftrag Heinrich Himmlers die Geschichte der „arischen Rasse" ergründen und deren Überlegenheit wissenschaftlich nachweisen soll. Nach Kriegsbeginn von 1939 bis 1941 beteiligt am Raub von Kunstsammlungen und anderen Kulturgütern in Polen. Zählt zu den Verantwortlichen für jene Morde, zu denen es ab 1942 im Auftrag des Vereins „Ahnenerbe" in Konzentrationslagern kommt. 1948 Hinrichtung nach Todesurteil in Nürnberg.

---

deskanzler Schuschnigg zurück. Zuvor hat der Politiker versucht, durch die Ankündigung einer Volksabstimmung den von Hitler geforderten „Anschluss" Österreichs an Deutschland zu verhindern. Nun bildet der Nationalsozialist Arthur Seyß-Inquart ein Übergangskabinett, in den meisten Bundesländern über-

nehmen Anhänger Hitlers die Macht.

12. März. Einheiten der Wehrmacht marschieren in Österreich ein. Als Anlass für diese Demonstration militärischer Stärke dient den NS-Machthabern ein angebliches (tatsächlich aber erfundenes) Hilfegesuch der österreichischen Regierung. Große Teile der

Bevölkerung des Landes begrüßen die Soldaten begeistert.

13. März. Die Regierungen Deutschlands und Österreichs verabschieden Gesetze, in denen sie die Vereinigung der beiden Länder zum „Großdeutschen Reich" verkünden. Für das vormalige Österreich bürgert sich bald der Name „Ostmark"

ein, für den Rest des Staatsgebietes die Bezeichnung „Altreich". Unmittelbar nach dem Anschluss beginnen die Schikanen gegen die österreichischen Juden. In Wien etwa werden sie gezwungen, antinationalsozialistische Parolen mit Zahnbürsten von Häusern und Straßen zu entfernen, unter dem Beifall zahlrei-

cher Schaulustiger. Bis Ende 1939 verlassen rund 100 000 Juden ihre österreichische Heimat.

10. April. In einer Volksabstimmung votieren 99,7 Prozent der österreichischen Wahlberechtigten für den bereits erfolgten Anschluss ihres Landes an Deutschland. Im „Altreich" stimmen

bei einem Referendum 99,1 Prozent der Wähler zu.

24. April. Nun plant Hitler die Zerschlagung des Nachbarstaates im Südosten, der Tschechoslowakei. Zu diesem Zweck bedient er sich der deutschen Minderheit des Landes. Rund 3,2 Millionen deutschstämmige Bürger leben im

ALBERT SPEER
(1905–1981)

1931 NSDAP und SA, 1932 SS, ab 1934 Planer und Architekt monumentaler NS-Bauprojekte, 1942 „Reichsminister für Bewaffnung und Munition" (ab 1943 „Rüstung und Kriegsproduktion").

Hitlers Lieblingsarchitekt und wichtigster Leiter der Kriegswirtschaft. Profiliert sich zunächst mit Umbauten des Propagandaministeriums und der Reichskanzlei. Plant den Ausbau Berlins zur monumentalen „Welthauptstadt Germania". Nach dem Unfalltod von Rüstungsminister Todt 1942 konzentriert Speer als dessen Nachfolger die gesamte Industrie auf Kriegswirtschaft. Und lässt Millionen von Zwangsarbeitern und Häftlingen aus Konzentrationslagern einsetzen, um die Produktion zu steigern. 1946 Verurteilung als Hauptkriegsverbrecher zu 20 Jahren Haft. 1981 Tod in London.

OTTO THIERACK
(1889–1946)

1932 NSDAP, 1934 SA, 1936 Präsident des „Volksgerichtshofs", 1942 Reichsjustizminister, Führer des „Rechtswahrerbundes".

Gehört zur NS-Juristen-Elite, die danach trachtet, den Rechtsstaat abzuschaffen und die Justiz zum Willkürinstrument der Partei umzuformen. Als Präsident des mit politischen Strafsachen befassten „Volksgerichtshofs" verschärft Thierack ab 1936 dessen Rechtsprechung; ab 1942 verantwortet er als Reichsjustizminister eine deutliche Zunahme der Todesurteile an den Gerichten. Ist am Völkermord beteiligt, indem er die strafrechtliche Zuständigkeit für „Fremdvölkische" an den Polizeiapparat überträgt und Strafgefangene der Justiz zur „Vernichtung durch Arbeit" in Konzentrationslager ausliefert. 1946 Selbstmord in britischer Internierungshaft.

WILHELM WEISS
(1892–1950)

Offizier, 1922 NSDAP, 1923 Teilnahme am Hitler-Putsch, 1927 Chef vom Dienst beim „Völkischen Beobachter", 1933 Leiter des „Reichsverbands der deutschen Presse", 1937 SA-Obergruppenführer, 1938 Chefredakteur des „Völkischen Beobachters".

Weiß gehört zu den höchstrangigen NS-Pressefunktionären; er leitet den Berufsverband der Journalisten und verantwortet die Entlassung von jüdischen und kommunistischen Mitarbeitern aus deutschen Redaktionen. Bestimmt den Kurs der NSDAP-Parteizeitung „Völkischer Beobachter", die er als williges Verlautbarungs- und Propagandablatt des Regimes führt. Die Auflage der Zeitung steigt auf mehr als eine Million Exemplare im Jahr 1941 an. 1945 Internierungshaft, 1949 Verurteilung zu drei Jahren Arbeitslager. Tod 1950.

ADOLF ZIEGLER
(1892–1959)

1925 NSDAP, Sachberater für bildende Kunst in der NS-Reichsleitung, 1936–1943 Präsident der „Reichskammer der bildenden Künste", 1937 Organisator der Ausstellung „Entartete Kunst".

Der auf Frauenakte spezialisierte Maler wird durch Adolf Hitlers Wertschätzung zum führenden Vertreter der offiziellen Parteikunst. Als Leiter der „Reichskammer der bildenden Künste" entfernt er im Auftrag von Goebbels Tausende Werke moderner Kunst aus deutschen Museen und Galerien. 1937 leitet er die viel besuchte Propaganda-Ausstellung „Entartete Kunst". 1943 wird Ziegler aus seinen Ämtern entlassen und für rund sechs Wochen in Dachau interniert, da er versucht hat, Friedensverhandlungen mit Großbritannien zu erreichen. Von den Alliierten nach dem Krieg als „Mitläufer" eingestuft.

Militärfahrzeuge und andere Rüstungsgüter herstellt.

30. Mai. Hitler teilt der Wehrmachtsführung seinen „unabänderlichen Entschluss" mit, die Tschechoslowakei in absehbarer Zeit militärisch zu zerschlagen. Der Diktator befiehlt die Vorbereitung eines Angriffs auf das Nachbarland bis spätestens zum 1. Oktober 1938.

13.–18. Juni. Im Rahmen der Aktion „Arbeitsscheu Reich" verschleppt die Polizei mehr als 10000 von den Nationalsozialisten als „asozial" eingestufte Menschen in Konzentrationslager. Zur Gruppe der „Asozialen" zählen unter anderem Landstreicher, Bettler, Prostituierte und Alkoholiker, aber auch Sinti und Roma.

6. Juli. Vertreter von 32 Staaten kommen auf Initiative des US-Präsidenten Franklin D. Roosevelt im französischen Évian-les-Bains zusammen, um über Auswanderungsmöglichkeiten für Juden aus Deutschland und Österreich zu beraten. Da kaum eines der vertretenen Länder bereit ist, eine bedeutende Anzahl von Flüchtlingen aufzunehmen, kann die zehntägige Konferenz die Situation der von den Nationalsozialisten verfolgten Juden nicht verbessern.

17. August. Eine Verordnung zwingt jüdische Staatsangehörige im Reich, die nicht einen von den Machthabern als typisch jüdisch definierten Vornamen tragen, ihrem regulären Namen vom

1. Januar 1939 an den Vornamen Israel bzw. Sara hinzuzufügen und diesen in allen offiziellen Dokumenten zu führen.

30. September. In München unterschreiben die Regierungschefs Deutschlands, Großbritanniens, Frankreichs und Italiens ein Abkommen, in dem Deutschland die von Hitler geforderte Abtretung des „Sudetenlandes" zugestanden wird; tschechoslowakische Politiker sind nicht eingeladen. Im Gegenzug kündigen die Westmächte eine internationale Garantie für den Bestand der Tschechoslowakei an (die jedoch nie zustande kommt).

Die Politiker sind auf Initiative des britischen Premiers Chamberlain zusammengekommen, um die Ausweitung der „Sudetenkrise" zu einem europäischen Krieg zu verhindern.

In den ersten Oktobertagen besetzen Einheiten der Wehrmacht das „Sudetenland", dessen „Wiedervereinigung mit dem Deutschen Reich" am 21. November per Gesetz verkündet wird. Der tschechoslowakische Staatspräsident Edvard Beneš tritt zurück und geht ins Exil nach London.

Das „Münchner Abkommen" ist der Tiefpunkt der von der Regierung Großbritanniens propagierten und von Frankreich mitgetragenen „Appeasement-Politik" – des Versuchs, Hitlers Expansionsdrang durch Zugeständnisse zu besänftigen. Angesichts der Zusicherung des Diktators, dass Deutsch-

---

sogenannten „Sudetenland" – Siedlungsgebieten entlang der Grenze zum „Großdeutschen Reich". In Absprache mit Hitler fordern die politischen Vertreter der Sudetendeutschen weitgehende Autonomierechte. Zweck dieser bewusst überzogenen Forderungen ist die Zuspitzung des Konflikts um die deutsche

Minderheit mit der Prager Regierung. Deren Reaktion soll Hitler den Vorwand für eine Intervention liefern und so den „Anschluss" des „Sudetenlandes" an Deutschland ermöglichen.

26. Mai. Bei Fallersleben nahe Braunschweig legt Hitler den Grundstein für ein Autowerk, in dem

in hohen Stückzahlen ein „Volkswagen" gefertigt werden soll, ein einfaches PKW-Modell für breite Bevölkerungskreise. Vom 1. August 1938 an gibt die „Kraft durch Freude"-Organisation – das Freizeitwerk der NSDAP, nach der das neue Auto den Namen „KdF-Wagen" trägt – Sparkarten aus, auf denen Mar-

ken zum Kauf eines Wagens gesammelt werden können. Der NS-Propaganda dient die Gründung des Werkes als Beleg für die erfolgreiche Wirtschafts- und Sozialpolitik des Regimes. Tatsächlich jedoch wird keiner der 330000 angezahlten Wagen je ausgeliefert, da das neue Werk während des Kriegs ausschließlich

land von nun an keine weiteren territorialen Forderungen erheben werde, glauben die Staatsmänner der Westmächte nun, sie hätten den Frieden in Europa gerettet. Tatsächlich ist Hitler jedoch fest entschlossen, auch den Rest der Tschechoslowakei sobald wie möglich seinem Machtbereich einzuverleiben.

Am selben Tag verlieren alle jüdischen Ärzte im Deutschen Reich ihre Approbation. Nur ein kleiner Teil von ihnen darf weiterhin als „Krankenbehandler" Patienten versorgen (allerdings ausschließlich jüdische). Weitere Einschränkungen der Berufsfreiheit folgen: Ab 30. November 1938 besteht ein Berufsverbot für jüdische Rechtsanwälte, vom 31. Januar 1939 an dürfen jüdische Apotheker, Zahn- und Tierärzte ihren Beruf nicht mehr ausüben.

5. Oktober. Eine Verordnung des Reichsinnenministeriums bestimmt, dass die Reisepässe deutscher Juden gekennzeichnet werden müssen. Passämter stempeln künftig ein „J" hinein.

24. Oktober. In Verhandlungen mit der polnischen Regierung fordert Hitler die Eingliederung Danzigs ins Reich. Da die seit dem Ende des Ersten Weltkriegs unter dem Mandat des Völkerbundes stehende Ostseestadt durch polnisches Territorium vom Reich getrennt ist, soll Polen Deutschland zudem den Bau einer exterritorialen Autobahn und Eisenbahnstrecke nach Danzig gewähren.

Als Gegenleistung verspricht Hitler die völkerrechtliche Anerkennung der deutsch-polnischen Grenze. Zudem soll die Geltungsdauer eines 1934 abgeschlossenen Nichtangriffspakts zwischen den zwei Staaten auf 25 Jahre verlängert und Polen der Beitritt zum Antikominternpakt ermöglicht werden. Die polnische Regierung weist die Vorschläge zurück, da sie befürchtet, in zu große Abhängigkeit von Berlin zu geraten.

27. Oktober. Deutsche Polizisten schieben über 12 000 in Deutschland lebende polnische Juden nach Polen ab. Zuvor hat die dortige Regierung angekündigt, ab 30. Oktober im Ausland lebenden polnischen Bürgern die Staatsangehörigkeit zu entziehen. Nun weigern sich die Behörden des Landes, die abgeschobenen Juden einreisen zu lassen, sodass viele von ihnen durchs Niemandsland irren. Erst nach einigen Tagen nimmt Polen die Abgeschobenen in Internierungslagern auf.

7. November. Paris: Wohl aus Protest gegen die Behandlung seiner aus Deutschland vertriebenen Verwandten feuert der 17-jährige Jude Herschel Grynszpan fünf Schüsse auf den deutschen Diplomaten Ernst vom Rath ab. Der Legationssekretär an der deutschen Botschaft erliegt zwei Tage später seinen Verletzungen.

9. November. Das NS-Regime nimmt die Ermordung vom Raths zum Anlass,

um gewaltsame Ausschreitungen gegen die jüdische Bevölkerung zu initiieren. In Absprache mit Hitler stiftet Goebbels SA- und SS-Männer im ganzen Reich zu Pogromen an, bei denen in der Nacht auf den 10. November Tausende Juden Misshandlungen erleiden und Hunderte ums Leben kommen. Zudem werden rund 1400 Synagogen und Bethäuser sowie 8000 jüdische Geschäfte zerstört. Herbeigeeilte Polizisten schauen meist tatenlos zu, auch aus der Bevölkerung leistet kaum jemand den Angegriffenen Hilfe. An den folgenden Tagen verhaften NS-Schergen unter Berufung auf die Ermordung vom Raths mehr als 30 000 jüdische Männer und verschleppen sie in die Konzentrationslager Dachau, Sachsenhausen und Buchenwald.

12. November. Eine Konferenz hoher NS-Funktionäre beschließt, den deutschen Juden für den Tod vom Raths eine „Sühneleistung" in Höhe von einer Milliarde Reichsmark aufzuerlegen. Bis August 1939 müssen dafür alle jüdischen Steuerzahler ein Fünftel ihres Vermögens an den Staat abführen. Zudem verpflichten die Machthaber die Opfer der Pogrome dazu, für den Sachschaden an ihrem Besitz selbst aufzukommen; alle fälligen Versicherungsleistungen werden beschlagnahmt. Die am selben Tag erlassene „Verordnung zur Ausschaltung der Juden aus dem deutschen Wirtschafts-

leben" verbietet diesen den Betrieb von Einzelhandelsgeschäften und Handwerksbetrieben. In den kommenden Monaten tragen zahlreiche weitere antisemitische Gesetze und Verordnungen dazu bei, den deutschen Juden die materielle Grundlage für ihre Existenz zu entziehen und sie nahezu vollständig aus dem gesellschaftlichen Leben auszuschließen. In der Folgezeit werden alle noch bestehenden jüdischen Betriebe „arisiert", also ihren Eigentümern durch Konfiszierung oder zwangsweisen Verkauf weit unter Wert entwendet.

8. Dezember. Heinrich Himmler, der „Reichsführer SS und Chef der Deutschen Polizei", ordnet die Erfassung aller in Deutschland lebenden Sinti und Roma an. Während des Zweiten Weltkriegs deportieren die NS-Machthaber auf Grundlage der erhobenen Daten Zehntausende deutsche und österreichische Sinti und Roma in Konzentrationslager und ermorden mindestens 23 000.

16. Dezember. Hitler stiftet das „Ehrenkreuz der Deutschen Mutter" („Mutterkreuz"). Die Auszeichnung erhalten „arische" Frauen, die vier oder mehr Kinder zur Welt gebracht haben.

1939
9. Januar. Berlin: Etwa 8000 Bauarbeiter nehmen in Gegenwart Hitlers an der Einweihung der Neuen Reichskanzlei in der Voßstraße teil. Auf einer Fläche von 16 300 Quadratme-

tern hat Albert Speer seinem „Führer" einen monumentalen Amtssitz mit 420 Räumen errichtet, den dieser jedoch schon bald nur noch selten nutzen wird: Nach Kriegsbeginn hält Hitler sich überwiegend in seinen als „Führerhauptquartier" bezeichneten militärischen Befehlsstellen auf, so der „Wolfsschanze" in Ostpreußen.

20. Januar. 14 Monate nach seinem Rücktritt vom Amt des Wirtschaftsministers wird Hjalmar Schacht als Reichsbankpräsident entlassen. In einer Denkschrift hat er zuvor gegen die nationalsozialistische Rüstungs- und Finanzpolitik protestiert, die das Land in die Inflation zu führen drohe.

30. Januar. In einer Rede vor dem Reichstag kündigt Hitler für den Fall eines Weltkrieges die „Vernichtung der jüdischen Rasse in Europa" an.

14. März. Bratislava: Der slowakische Landtag proklamiert die staatliche Selbstständigkeit der Slowakei und damit den Austritt dieses seit November 1938 autonomen Landesteils aus dem tschechoslowakischen Staatsverband. Die Abgeordneten kommen damit einer tags zuvor ausgesprochenen Forderung Hitlers nach, der auf diese Weise die „Rest-Tschechei" schwächen und die lange geplante Annexion des Nachbarstaates einleiten will. Noch am selben Tag reisen tschechoslowakische Politiker nach Berlin, um mit Hitler über die Zukunft ihres Landes zu verhandeln.

15. März. Am frühen Morgen unterschreibt der neue tschechoslowakische Staatspräsident Emil Hácha in Berlin ein „Abkommen über den Schutz des tschechischen Volks durch das Deutsche Reich", das die staatliche Eigenexistenz der Tschechoslowakei beendet. Zuvor hat Hitler den Einmarsch deutscher Truppen in das verbliebene tschechoslowakische Staatsgebiet angekündigt. Tatsächlich haben Einheiten der Wehrmacht die Grenze zum Nachbarland bereits überschritten, wo ihnen keinerlei militärischer Widerstand entgegenschlägt.

16. März. Der nach Prag gereiste Hitler erklärt die „Rest-Tschechei" zum „Reichsprotektorat Böhmen und Mähren" und damit zu einem Bestandteil des „Großdeutschen Reiches". Die Slowakei bleibt formal unabhängig, ist aber fortan de facto ein Satellitenstaat Deutschlands.

Die Westmächte Frankreich und Großbritannien, die mit dem Münchner Abkommen vom 30. September 1938 den Bestand des tschechoslowakischen Staats sichern wollten, reagieren auf Hitlers Vorgehen lediglich mit verbalen Protesten, da sie den Ausbruch eines Krieges fürchten.

17. März. London: Da Hitler sein im September 1938 gegebenes Versprechen gebrochen hat, nach dem Münchner Abkommen keine weiteren Territorialgewinne anzustreben, rückt Premier Chamberlain von seiner

Politik des Appeasements ab. Die öffentliche Meinung des Landes wendet sich nun vehement gegen Deutschland.

22. März. Litauen akzeptiert ein kurz zuvor ausgesprochenes deutsches Ultimatum und übergibt das Memelland an das Deutsche Reich. 1923 hatte die litauische Führung den 2400 Quadratkilometer großen, überwiegend von Deutschen besiedelten Landstreifen in Ostpreußen annektiert. Die Einverleibung des Memellandes ist der letzte territoriale Zugewinn für das Deutsche Reich vor dem Beginn des Zweiten Weltkriegs.

31. März. In einer Rede vor dem Unterhaus gibt Chamberlain eine Garantie für die Unabhängigkeit Polens ab, das den Briten nun als wahrscheinliches nächstes Opfer des Expansionsdrangs Hitlers erscheint.

3. April. Das Oberkommando der Wehrmacht beginnt auf Befehl Hitlers, einen möglichen Angriff auf Polen so vorzubereiten, dass die deutsche Armee zum 1. September 1939 zuschlagen könnte.

28. April. Hitler verkündet die Aufhebung des Nichtangriffspakts mit Polen sowie eines deutsch-britischen Flottenabkommens aus dem Jahr 1935.

22. Mai. Die Außenminister Deutschlands und Italiens unterzeichnen einen Freundschafts- und Bündnisvertrag und bekräftigen so die seit 1936 bestehende „Achse Berlin–Rom". In dem „Stahlpakt" genannten Abkommen sichern sich die beiden Staaten volle militärische Unterstützung auch im Falle eines Angriffskriegs zu. Hitler lässt aber die bei Weitem noch nicht kriegsbereite italienische Seite über seine Absicht im Dunkeln, Polen noch im selben Jahr anzugreifen.

23. Mai. Hitler teilt den Führern der Wehrmacht mit, dass er Polen bei der nächsten Gelegenheit attackieren werde. Als Ziel dieses Kriegszuges nennt der Diktator nun nicht mehr die Annexion Danzigs, sondern „die Erweiterung des Lebensraums im Osten".

12. August. Außenminister Ribbentrop lässt seinem sowjetischen Amtskollegen Wjatscheslaw Molotow mitteilen, dass er bereit wäre, nach Moskau zu reisen, um dort über einen Nichtangriffspakt zwischen dem Deutschen Reich und der Sowjetunion zu verhandeln. Schon in den Monaten zuvor hat sich eine Annäherung zwischen den beiden bislang feindlich gesinnten Staaten abgezeichnet.

Während Hitler sicherstellen will, dass er bei dem geplanten Angriff auf Polen nicht mit einer sowjetischen Gegenreaktion rechnen muss, geht es dem sowjetischen Diktator Josef Stalin vor allem darum, den für unvermeidlich gehaltenen Krieg gegen Deutschland möglichst lange hinauszuzögern und so Zeit für die sowjetische Aufrüstung zu gewinnen. Am

19. August gibt Stalin seine grundsätzliche Zustimmung zu dem Abkommen, zwei Tage später erzielen die zwei Parteien auch Einigung über den Termin für die Verhandlungen: Am 23. August soll Ribbentrop nach Moskau reisen.

24. August. Moskau: In Gegenwart Stalins setzen Ribbentrop und Molotow nach mehrstündigen Verhandlungen ihre Unterschriften unter den „Hitler-Stalin-Pakt", wie der Nichtangriffspakt zwischen dem Deutschen Reich und der Sowjetunion bald inoffiziell genannt wird. Ein geheimes Zusatzprotokoll weist das westliche Polen und Litauen der deutschen Interessensphäre zu, das östliche Polen, Finnland, Estland, Lettland und Bessarabien der sowjetischen. Da das Abkommen Neutralität bei Auseinandersetzungen mit Dritten vorsieht, hat Hitler nun in Hinsicht auf die Sowjetunion freie Hand für seinen Überfall auf Polen.

25. August. Um 15.02 Uhr unterzeichnet Hitler einen Angriffsbefehl, der den deutschen Einmarsch in Polen für den folgenden Tag vorsieht. Doch als am Abend der Oberbefehlshaber des Heeres mitteilt, dass das Militär noch einige Zeit benötige, und auch das verbündete Italien mangelnde Kampfbereitschaft signalisiert, lässt der Diktator den bereits begonnenen Aufmarsch der deutschen Truppen stoppen.

31. August. Erneut befiehlt Hitler den Angriff auf Polen, nun für den folgen-

den Morgen. Um der Wehrmacht einen Vorwand für den Einmarsch zu liefern, überfallen als polnische Soldaten verkleidete SS-Angehörige den deutschen Rundfunksender Gleiwitz nahe der polnischen Grenze. Auch an anderen Orten im Grenzgebiet täuschen SS-Kommandos angebliche polnische Übergriffe auf deutsches Territorium vor.

1. September. Um 4.45 Uhr nimmt das deutsche Kriegsschiff „Schleswig-Holstein" ein polnisches Munitionsdepot auf der Westerplatte, einer Halbinsel bei Danzig, unter Beschuss. Wenig später dringen deutsche Truppen entlang der gesamten Grenze in das Nachbarland ein. Großbritannien und Frankreich beantworten den Überfall auf Polen am 3. September mit Kriegserklärungen an das Deutsche Reich.

Der Zweite Weltkrieg hat begonnen, ein mörderischer Konflikt, der mehr als 55 Millionen Menschen das Leben kosten wird, darunter sechs Millionen Juden, die von den Deutschen systematisch ermordet werden. Für das Deutsche Reich endet der Weltenbrand 1945 mit einer totalen Niederlage, mit der Zerstörung und Teilung des Landes – und dem Untergang des NS-Regimes. □

Andreas Sedlmair, 47, ist Verifikationsredakteur, **Thomas Wachter**, 53, Kartograph im Team von GEO*EPOCHE*. **Tilman Botzenhardt**, 38, arbeitet als Journalist in Hamburg.

Drei Monate für eine Stadt

Seit Jahren entwirft der Illustrator Tim Wehrmann für GEOEPOCHE untergegangene Welten – diesmal gar eine Stadt, die nie gebaut wurde

Wehrmann mit seinem wichtigsten Werkzeug: dem 3-D-Programm

Tim Wehrmann hat für GEO*EPOCHE* schon eine Wikingerstadt und römische Amphitheater am Computer rekonstruiert. Bei der Arbeit an der virtuellen Wiederauferstehung jeder dieser alten Stätten nutzte er bis ins Detail Ergebnisse der Wissenschaft: Es gab erhaltene Gebäude oder archäologisch gesicherte Ruinen, dazu Grundrisse, manchmal auch originale Bilder – etwa alte Ölgemälde, Münzprägungen, ja sogar frühe Fotografien.

Diesmal stellte sich dem 38-Jährigen eine neue Aufgabe: die Rekonstruktion einer Stadt, die niemals gebaut worden ist.

Nach dem „Endsieg" wollte Hitler Berlin in die „Welthauptstadt Germania" verwandeln. Diese düstere Utopie sollte Wehrmann am Computer erschaffen (siehe Seite 42), obwohl von den megalomanischen Bauten so gut wie nichts begonnen worden ist. Was Wehrmann zur Verfügung stand, das waren die Pläne des Architekten und Hitler-Günstlings Albert Speer. Zudem haben sich Fotos eines Modells erhalten, das zeigte, wie Berlins Stadtzentrum schließlich aussehen sollte.

Die Grundrisse der Speerschen Bauten scannte Wehrmann ein und lud sie in ein spezielles Grafikprogramm, das ihm ermöglichte, die Gebäude mit exakten Maßen und Proportionen in drei Dimensionen zu errichten. Bei jedem Bauwerk ging er zunächst von einer geometrischen Grundform aus und modellierte dann mithilfe seines Programms sämtliche Konstruktionsdetails, etwa Fassaden, Dächer oder Säulen.

Anschließend gestaltete er die Oberflächen der Objekte so, dass die von Speer vorgesehenen Materialien deutlich wurden. Zu guter Letzt bestimmte er das Licht, das in den einzelnen Illustrationen auf die virtuell erschaffenen Gebäude fallen sollte.

Bei der Darstellung der Breitspurbahn und ihrer doppelstöckigen Züge, die von Berlin aus die Weiten des eroberten Osteuropas erschließen sollten, konnte Wehrmann auf eine reichhaltige Quellensammlung zurückgreifen: In fünf geheimen Bänden hatte das Reichsverkehrsministerium 1943 tech-

nische Zeichnungen zu allen Aspekten dieses Lieblingsprojekts von Hitler gesammelt.

Drei Monate dauerte es, bis Germania am Computer erschaffen war. Ein Problem aber blieb: Hitlers Utopie ist so gigantisch, dass auch die genaueste Rekonstruktion kein Gefühl für die Dimensionen der geplanten Bauwerke vermitteln kann. Meist zeichnen Illustratoren als Größenvergleich Personen in ihre Entwürfe. In den weiten Boulevards von Germania sind Menschen jedoch kaum mehr als schwarze Punkte. Das war von Hitler durchaus so gewollt: Seine Untertanen sollten sich winzig, ja zerdrückt fühlen angesichts der Stein gewordenen Macht.

Wehrmann beschloss, die Bauten aus einer Perspektive zu zeigen, in der auch ältere Monumente erkennbar sind: Neben der „Großen Halle des Volkes" etwa steht das Brandenburger Tor – in Nachbarschaft zu dem Koloss wirkt es klein wie eine Gartenpforte.

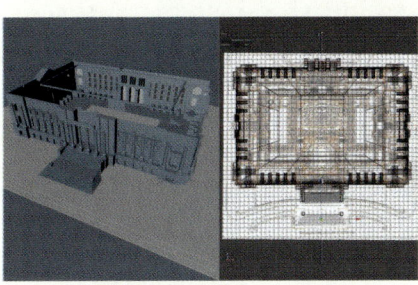

1. Schritt: Ein Haus entsteht zunächst als Quader auf einem Plan

2. Schritt: Details wie Kuppeldach und Vorsprünge werden modelliert

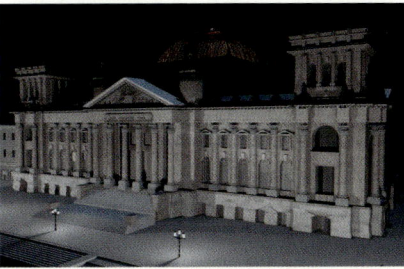

3. Schritt: Erst Licht, Textur und Farbe vollenden das virtuelle Bild

GEO EPOCHE
Das Magazin für Geschichte

Gruner + Jahr AG & Co KG, Druck- und Verlagshaus, Sitz von Verlag und Redaktion: Am Baumwall 11, 20459 Hamburg. Postanschrift der Redaktion: Brieffach 24, 20444 Hamburg. Telefon 040 / 37 03-0, Telefax 040 / 37 03 56 48, E-Mail (Redaktion): briefe@geo.de; Internet: www.geo-epoche.de

CHEFREDAKTEUR
Michael Schaper

GESCHÄFTSFÜHRENDER REDAKTEUR
Cay Rademacher

KONZEPT DIESER AUSGABE
Jens-Rainer Berg, Joachim Telgenbüscher

ART DIRECTION
Tatjana Lorenz

TEXTREDAKTION
Jörg-Uwe Albig, Insa Bethke, Dr. Anja Fries, Gesa Gottschalk, Dr. Frank Otto,

BILDREDAKTION
Christian Gargerle, Roman Rahmacher, Katrin Trautner
Freie Mitarbeit: Christian Gogolin

ILLUSTRATION: Tim Wehrmann

VERIFIKATION
Lenka Brandt, Olaf Mischer, Alice Passfeld, Andreas Sedlmair
Freie Mitarbeit: Dr. Henning Albrecht, Claudia Heinzelmann, Dr. Dirk Hempel, Carsten Juwig, Stefan Sedlmair

LAYOUT: Timo Zett
Freie Mitarbeit: Christine Campe, Eva Mitschke

WISSENSCHAFTLICHE BERATUNG
Dr. Josef Schmid, Kristina Vagt

KARTOGRAPHIE
Thomas Wachter, Stefanie Peters

SCHLUSSREDAKTION
Dirk Krömer

CHEF VOM DIENST TECHNIK: Rainer Droste

AUTOREN
Freie Mitarbeit: Christian Bartlau, Dr. Ralf Berhorst, Tilman Botzenhardt, Prof. Sir Richard J. Evans, Constanze Kindel, Dr. Christoph Kucklick, Dr. Mathias Mesenhöller, Ulrike Moser, Ulrike Rückert, Christina Schneider, Johannes Schneider, Johannes Strempel

HONORARE: Petra Schmidt

REDAKTIONSASSISTENZ: Helen Oqueka
Freie Mitarbeit: Heidrun Brockmann, Katrin Diederichs, Annette Riestenpatt, Cornelia Wawroschek

Verantwortlich für den redaktionellen Inhalt: Michael Schaper

HERAUSGEBER: Peter-Matthias Gaede
VERLAGSGESCHÄFTSFÜHRER: Thomas Lindner
VERLAGSLEITER: Dr. Gerd Brüne
GESAMTANZEIGENLEITUNG: Heiko Hager/G+J Media Sales
VERTRIEBSLEITUNG: Sascha Klose/DPV Deutscher Pressevertrieb
MARKETING: Antje Schlünder (Ltg.), Kerstin Füllgraf
HERSTELLUNG: Oliver Fehling

ANZEIGENABTEILUNG Anzeigenverkauf
G+J Media Sales / Direct Sales: Sabine Plath,
Tel. 040 / 37 03 38 89, Fax: 040 / 37 03 53 02
Anzeigendisposition: Bettina von Gierke,
Tel. 040 / 37 03 29 13, Fax: 040 / 37 03 58 87

Es gilt die GEO Sonderhefte-Anzeigenpreisliste Nr. 8 vom 1. Januar 2012,
Heftpreis: 9,50 Euro (mit DVD: 16,50 Euro)

ISBN: 978-3-652-00080-2; 978-3-652-00087-1 (Heft mit DVD)
ISSN-Nr. 1861-6097

© 2012 Gruner + Jahr, Hamburg
Bankverbindung: Deutsche Bank AG Hamburg,
Konto 0322800, BLZ 200 700 00

Druck: Mohn Media Mohndruck GmbH, Gütersloh
Printed in Germany

GEO-LESERSERVICE

FRAGEN AN DIE REDAKTION
Telefon: 01805/861 8003*, Telefax: 040/37 03 56 48
E-Mail: briefe@geo.de

ABONNEMENT- UND EINZELHEFTBESTELLUNG

KUNDENSERVICE UND BESTELLUNGEN

Anschrift: persönlich erreichbar:
GEO Kundenservice   Mo–Fr 7.30 bis 20.00 Uhr
20080 Hamburg   Sa   9.00 bis 14.00 Uhr

E-Mail: geoepoche-service@guj.de
Telefon innerhalb Deutschlands: 01805/861 8003*
Telefon außerhalb Deutschlands: +49/1805/861 8003
Telefax: +49/1805/861 8002
24-Std.-Online-Kundenservice: www.meinabo.de/service

Preis Jahresabonnement: 51,00 € (D), 57,30 € (A), 99,00 sfr (CH)
Abo mit DVD: 89,10 € (D), 99,60 € (A), 174,60 sfr (CH)
Studentenabo: 45,00 €, (mit DVD: 78,60 €)
Preise für weitere Länder auf Anfrage erhältlich

BESTELLADRESSE FÜR GEO-BÜCHER, GEO-KALENDER, SCHUBER ETC.

KUNDENSERVICE UND BESTELLUNGEN
Anschrift: GEO-Versand-Service, 74569 Blaufelden

Telefon: +49/1805/22 5059*   *14 Cent/Minute aus dem
Telefax: +49/1805/21 6603*   deutschen Festnetz; Mobilfunk-
E-Mail: guj@sigloch.de   preis maximal 42 Cent/Minute

DIE WELT AUS SICHT DER TIERE

Die verblüffende Geisteskraft von Abermillionen Geschöpfen, mit denen wir die Welt teilen

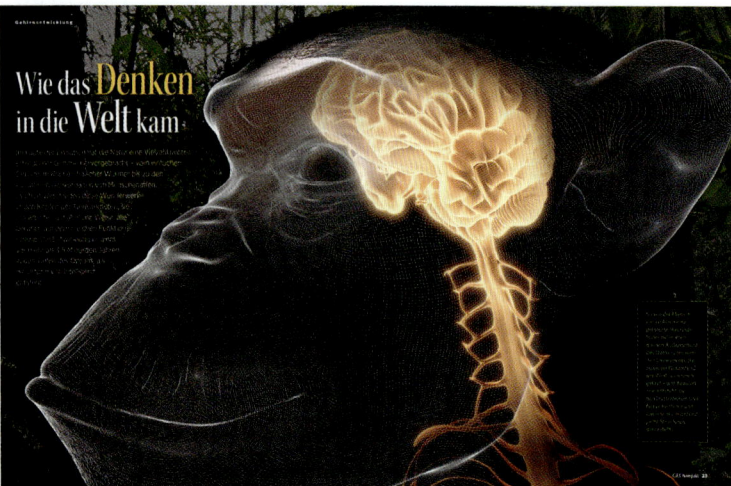

Ergebnis von Jahrmillionen der Evolution: das Hirn eines Schimpansen

Vor mehr als 650 Millionen Jahren begann eine der erstaunlichsten Entwicklungen in der Geschichte des Lebens: In den Körpern archaischer Quallen verbanden sich spezielle Zellen zu Netzen – den ersten simplen Nervensystemen. Sie ermöglichten es den Meeresbewohnern, Reize aus der Umwelt zu verarbeiten und Bewegungsabläufe zu steuern.

Noch waren die Nervenzellen simpel verschaltet. Doch bald verbanden wurmähnliche Wesen zahlreiche Nervenzellen in ihrem Vorderteil zu winzigen Knoten: den ersten Gehirnen. Im Laufe der Evolution entwickelten sich diese neuronalen Rechenzentren immer weiter, befähigten ihre Träger zu immer komplexeren Handlungen, zu Jagdstrategien, zur Partnerwahl, zu ersten Denkprozessen. Seither haben sich Millionen von Spezies entwickelt, Millionen verschiedener Gehirne und somit: Millionen verschiedener Arten, die Welt wahrzunehmen.

GEOkompakt berichtet von der verblüffenden Geisteskraft der Tiere. Etwa davon, mit welcher Raffinesse sich manche Vogelmännchen bestehlen, um einander die Weibchen auszuspannen. Wie Orcas im Team meterhohe Wellen erzeugen, um damit Robben von Eisschollen zu schubsen. Und wie manche in der Gemeinschaft lebende Geschöpfe gar lernten, einander mit Namen anzusprechen.

Die Welt aus Sicht der Tiere: im neuen GEOkompakt.

GEOkompakt »Wie Tiere denken« kostet 8,50 Euro, mit DVD (»Wunder der Wildnis«) 15,90 Euro

Weitere Heftthemen: Das Wunder der Wanderungen • Wie Forscher die Sprache der Tiere entschlüsseln • Die Erfindung der Familie • Weshalb manche Wesen mit der Zeit geistig abbauten • Die Meister der Sinne

ZEIT DER UMBRÜCHE

Die Mitte des Lebens zwischen 40 und 60 Jahren

Ab 40 geht es doch ohnehin nur noch bergab" – das glaubten lange Zeit selbst viele Wissenschaftler. Doch heute zeichnen Psychologen, Hirnforscher und Soziologen ein ganz neues, weitaus positiveres Bild: Die Jahre der Lebensmitte gelten ihnen vor allem als eine Phase der biografischen Neuorientierung. Also eine Zeit, in der viele Frauen und Männer noch einmal grundlegend innehalten und über den Sinn ihres Daseins nachdenken. In der sie die Frage stellen, was aus ihren ursprünglichen Träumen und Lebensentwürfen geworden ist und wie sich die kommenden Jahrzehnte gestalten lassen.

Die neue Ausgabe von GEO WISSEN erklärt, weshalb eine „Midlife-Krise" einen nicht zwangsläufig aus der Bahn werfen muss. Welche Chancen die Lebensmitte für die Entwicklung der Persönlichkeit bietet. Warum man sich immer wieder neuen Herausforderungen stellen sollte. Und wieso wir mit guten Gründen darauf hoffen dürfen, dass es nach einem Zufriedenheits-Tief um das 45. Lebensjahr wieder bergauf geht.

Mithilfe eines umfangreichen Tests lässt sich zudem ermitteln, ob man das eigene Leben als sinnerfüllt wahrnimmt und was genau dazu beiträgt.

Trennen wir uns, oder bleiben wir zusammen?

GEO WISSEN »Die Lebensmitte« kostet 9 Euro, mit DVD (»Leben mit Demenz«) 15,90 Euro

Weitere Themen: Wie sich das Gehirn jung erhalten lässt • Weshalb ein Pfarrer sich entscheidet, zur Frau zu werden • Welche Möglichkeiten es bei einem späten Kinderwunsch gibt

WUNDER ÜBER WUNDER IN DER NEUEN AUSGABE VON GEO

Hat die Madonna aus Gips wirklich Tränen aus Blut geweint? Können Tiere auferstehen?
Lässt sich Sibirien tatsächlich erobern? Antworten in GEO

Es gibt kein Wunder für den, der sich nicht wundern kann." Folgen wir also der österreichischen Schriftstellerin Marie von Ebner-Eschenbach – und wundern uns.

In der Januar-Ausgabe von GEO, über den Jahreswechsel 2012/2013 im Handel, ist einiges wunderlich. Zum Beispiel die Titelgeschichte, die vom Vertrauen der Menschen in das Unerklärliche handelt, von den religiösen Wundern in Christentum, Buddhismus und anderen Weltreligionen – und vom Wandel des Wunderbaren, das dem einen noch die unerwartete Heilung war und die plötzlich weinende Statue in der Kirche, dem nächsten eine überraschend gewonnene Schlacht, der Neuzeit dann die bewunderte Technik. Und nicht wenigen Deutschen („Das Wunder von Bern") ein Fußballsieg.

Staunenswert aber auch die Geschichte vom Winterschlaf, in den Igel und Murmeltier, Bär und andere Tiere fallen. Wie überleben sie das, wenn sie auf bis

zu minus 2,9 Grad abkühlen, wenn ihr Herz statt 300-mal nur noch achtmal in der Minute schlägt? Wenn Cholesterinschübe durch ihre Körper jagen.

Und warum überhaupt wählen sie diese ausgefallene Strategie, die kalte Jahreszeit zu überdauern? GEO erklärt es – und zeigt ganz leise entstandene, sehr intime Bilder aus den Winterschlafzimmern.

Das Wunder des Nordens – riesige Erdölvorräte, unermessliche Erdgasvorkommen. Russland will sie bergen. Die Ingenieure im Warmen sind voller fantastischer Pläne, die Männer im Eis, die diese Pläne umsetzen sollen, haben Probleme, die man ebenfalls fantastisch nennen könnte – wären die nicht so brutal.

Ein Vor-Ort-Bericht über festgefrorene Maschinen, eingefrorene Visionen, unverfrorene Befehle, schockgefrorene Kapitäne – und die täglich auftauenden Skurrilitäten im Reich des wunderlichen Herrn Putin.

Der Glaube an das nicht Erklärbare –
und warum es ihn bis heute gibt

Die GEO-Ausgabe 01/2013 – vom 21. Dezember 2012 bis zum 17. Januar 2013 im Handel

Außerdem im Heft: Kreuzfahrt mit Krokodil – ein Abenteuer auf dem Kongo • Berge im Nebel – die Bezwingung des Roraima-Tepui • Die Medizin- und Kulturgeschichte der Schwangerschaft

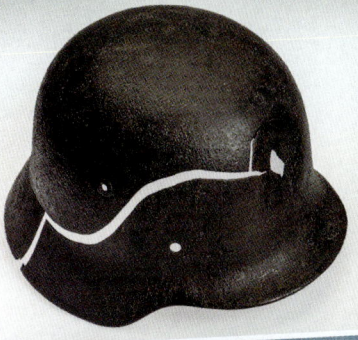

KRIEG *im Namen* GOTTES

Zehntausende christliche Krieger brechen im Mittelalter auf, um die Heilige Stadt Jerusalem zu erstürmen – sie alle kämpfen im Zeichen des Kreuzes

Von der Stadtmauer regnet der Tod auf die Christen hinab. Islamische Kämpfer verschießen Pfeile, schleudern brennende Geschosse. Doch nichts hält jenes Ungetüm auf, das sich am 15. Juli 1099 Jerusalem nähert: ein 20 Meter hoher Holzturm, von Knechten gezogen und mit Häuten bespannt, die ihn vor Feuer schützen sollen.

Tausende Christen belagern die Stadt. Mehr als 3000 Kilometer haben sie zurückgelegt, gewaltige Strapazen überstanden. Nun wollen sie Jerusalem erobern. Als der Turm die Festung fast erreicht hat, lassen Ritter eine Fallbrücke zur Mauer herunter und überwinden den Abgrund. Anschließend stürmen sie in die Gassen, plündern, rauben, töten. Der Erste Kreuzzug hat sein Ziel erreicht: Nach mehr als 400 Jahren herrschen wieder Christen über die Heilige Stadt. Es ist der Triumph einer Armee von Glaubenskämpfern, vom Papst mit dem Versprechen in den Krieg gelockt, Gott werde ihnen alle Sündenstrafen erlassen.

Zwei Jahrhunderte lang ringen Christen und Muslime fortan um Palästina. Und dabei wird das Christentum eine zerstörerische Macht entfalten wie kaum zuvor in seiner Geschichte: Der Heilige Vater wird sich zum Kriegsherrn aufschwingen, Kinder und Bettler werden aus religiöser Verzückung in ihr Verhängnis laufen, alte Dynastien untergehen und verschworene Ritterorden entstehen.

Sechs weitere Male werden große abendländische Heere ins Heilige Land ziehen, getrieben von der Hoffnung auf Erlösung – und doch am Ende alles verlieren.

Das Zeitalter der Kreuzzüge – in GEO*EPOCHE*.

WEITERE THEMEN:

DIE TEMPLER Sie beten wie Mönche, kämpfen wie Ritter und verleihen Geld wie Bankiers. Der Orden der Templer ist eine der wichtigsten Mächte im Heiligen Land.

SALADIN Um 1170 erwächst den Christen ein neuer, mächtiger Gegner.

KINDERKREUZZUG Der Marsch der Armen.

ASSASSINEN Wer waren die rätselhaften Attentäter – und warum mordeten sie?

KAMPF UM AKKON In den Mauern der Hafenstadt schlagen die Christen 1291 ihre letzte Schlacht.

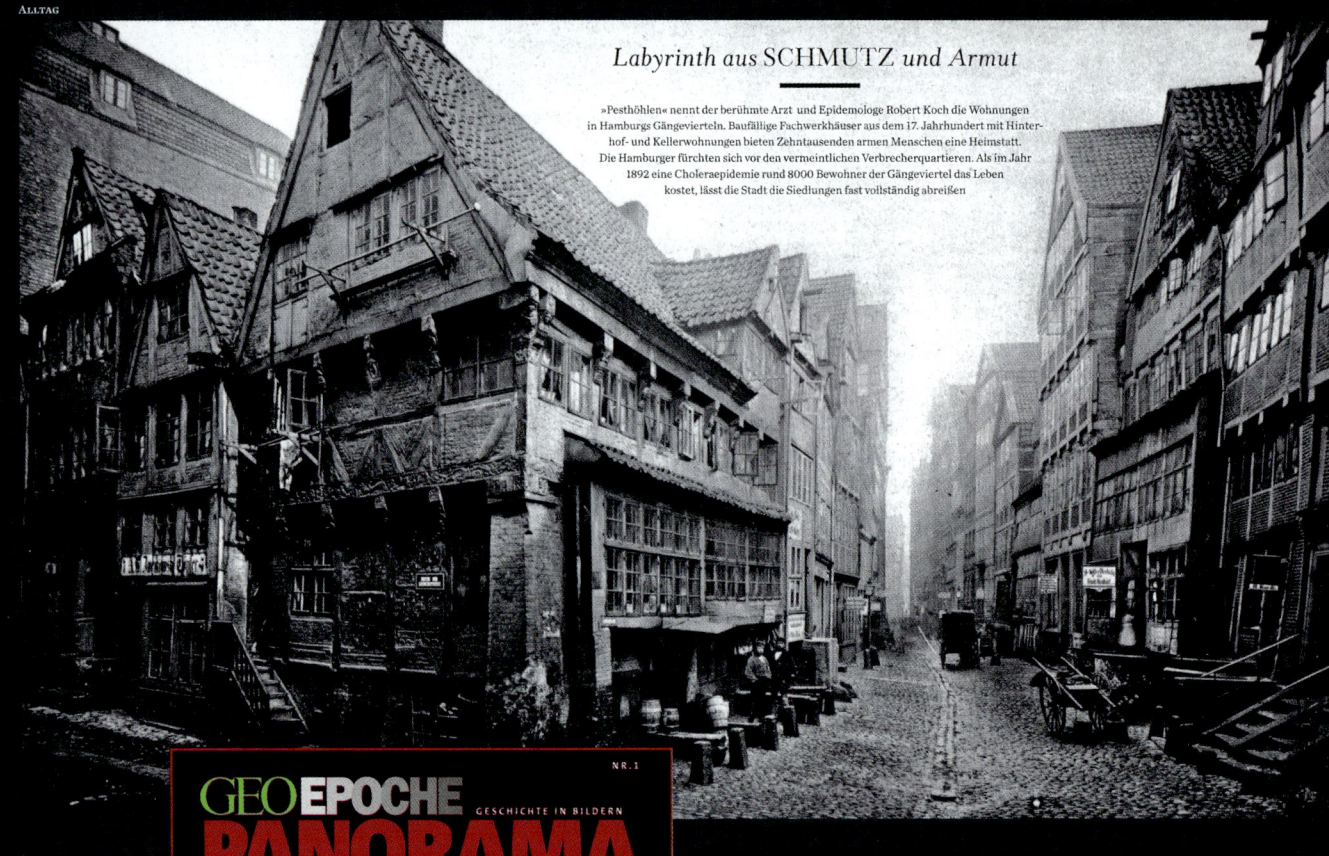